古本屋ツアー・イン・京阪神

小山力也

本の雑誌社

古本屋ツアー・イン・京阪神

まえがき

京都・大阪・神戸の三市は、その一字ずつを取って組み合わせた「京阪神」と呼び倣わされ、それぞれが特徴ある魅力的な大都市を形作っている。京都市は山に囲まれた盆地に、千二百年の歴史を誇る古都をベースにした雅な観光地として、常に賑わっている。大阪市は広大な大阪平野に、繁華な昭和的街並を何処までも敷き詰め、その中で人間という生物がエネルギッシュに活動を続けている。神戸市は北から緑豊かな六甲山地が間近に迫る、風光明媚な港町として知られ、古めかしい異国情緒と先鋭的な街並を、美しくミルフィーユのように狭く細長い土地に融合させている。

斯様な都市ある所、必ず古本屋あり！　ということで、この三市にも多くの古本屋が存在している。三市のお店にプラスして、滋賀のJR琵琶湖線沿いに奈良市中心部、大阪～神戸間のいわゆる「阪神間」の古本屋を訪ね歩き調査したのが、本書である。

京阪神を根城としない身としては、土地鑑の皆無な街を、ただただエトランジェとして彷徨うことしか出来ない、取材の日々であった。だがそれでも、懸命に歩を力強く進めて行けば、何かがボンヤリ見え出して来た……京都は迷路のような路地と大学近くに、大阪ではどの駅前にもあるのかと思えるアーケード商店街に、神戸では坂の途中とビルの二階と高架下に、街の古本屋さん・専門古書店・新興古本屋・老舗古書店・リサイクル系古書店・ブックカフェ・棚貸し店などが、たくましく個性豊かに存在していたのである。

ここでは、実際に足を運び、この目で見ることが出来たお店、二百店余を紹介している。京阪神のすべてのお店と言うわけにはいかなかったが、それでも各都市にどんなに面白く素晴らしい古本屋が根付いているのか、充分に分かる内容になったと自負している。

これを読み込み、お店を文中に訪ね歩いた後は、本から目を上げ腰を上げて、古本を買いに実際のお店へ！　京阪神の様々な古本屋さんは、あなたが来るのを待っている！

◉目次

3 神戸エリア

4 阪神間エリア

5 滋賀エリア

6 奈良エリア

[古本屋ツアー特別編]

※各店舗の下にある表記は駅名です。

造本　真田幸治

1
京都エリア

洛中
洛東
洛北・洛西・洛外

書砦 梁山泊

五条にある難攻不落の書の砦

営業時間 10時〜18時 **定休日** 水 **電話** 075・352・2566

鴨川近くの五条通から河原町通を北へ。途中、北から通りに切り込んで来た、一回り小さい寺町通に足を踏み入れる。狭くなった直線の道をさらに北に歩き続ける。郵便局のある十字路を過ぎると、左手に藤色の道路際看板があるのが目に入った。

ちょっと奥まった年季の入ったビルの前に立つと、左手ガラスの戸の向こうには階段があり、表に置かれた立看板には、一階ではなく二階が店舗であると明記されている。だが今目の前で、シャッターがガラガラと上がり始めているのだ。しばらく注視していると、うずたかい本の山が徐々に姿を現し始めた。そして右壁際では、シャッター開閉ハンドルをグルグルと鬼神のように回す、男性の下半身も見え始めた。どうやら一階は倉庫らしい。そう素早く判断して、階段への扉を開き、滑り込む。

色ガラスのタイルが壁を美しく彩っているが、右側には控え目に本が積み上がり、左には小さな文庫棚がガクガクと連続して行く。一番下は50均棚で、古い新潮・角川・春陽・改造・現代教養が並び、とても見応えあり。少なからず興奮しながら二冊を選ぶ。後は上まで★ひとつ50円の岩波文庫が並び続ける、格調高い〝岩波文庫階段〟と化している。二階入口前には、ミニショウウィンドウに収まった革装本と、厳めしい学術全集の壁。そして自動ドアから店内に入った瞬間に、クラリと目眩を覚えてしまう。何と奥深いお店なのか。右側は棚の向こうに帳場らしきものが見えているが、左は遥か彼方まで通路が続いている……静かな店内。どこか遠くから聞こえる雨音に耳を澄まし、まずは心を落ち着かせる。こりゃ棚を覚えるなんてとても無理だ。幸い棚脇に店内見取図が貼り出されているので、これを参考にして記憶を補完しつつ、店内把握に努めよう。

　通路は長く、計四本が店内を貫いているが、それを大体三つのゾーンに分けることにする。通り側の帳場前には未整理本の巨大な山があり、他に絶版文庫・評伝・短歌・会計・科学・数学・民俗学などが集まる。入口近くの中間ゾーンには、全集・農業・産業・労働問題・日本近代の軍人&政治家&官僚&思想家&知識人・昭和史・政治社会・日本文学・海外文学・建築・

映画・風俗・教育・哲学・思想・宗教など。左奥には、さらに全集・社会科学・歴史・経済・法律・政治・新書が集合している。
　硬く力強く、恐ろしい蔵書量を誇るお店である。日本近代に照準を合わせ、すべてのジャンルを形作るそのさまは、まさに難攻不落の書の砦！　日本近代学問に対する向上心がなければ、太刀打ちは難しいが、絶版文庫・日本近代人評伝&著作・映画・風俗などは、面白い本&珍しい古書あり。また通路に置かれた箱には、特集や安めのものが入っていたりするので要注意。値段は買い易いものから、高いものまで様々。途中エプロン姿のお嬢さんと通路で出くわし、思いっきりビクっとされる……驚かせて、すみません。春陽堂文庫『唐人お吉／十一谷義三郎』『勤王美少年録／奥村五十嵐』、解放社『百万人の映画知識』を購入する。……軟らかいものばかりで、すみません。

吉村大観堂

棚には硬い本、山には軟らかい本

営業時間 10時〜19時　定休日 無休　電話 075・351・9335

阪急線の8番出入口から地上に出ると、賑やかな目抜き通りの四条通。西にグングン歩き詰め、車通りの多い寺町通を300mほど南下。すると、古都と現代の街の姿が融け合わさる風景に、ぴょこんと「古本買入」の文字が浮かび上がる。二階から看板を飛び出させているのは、古い商店建築の一店。軒からは緑のダンダラ日除けが張り出し、その下右側には小さいがみっしりと文庫の詰まる100均木製ワゴン+値段様々新書箱。左側には立体感のある大ぶりな黒タイルで化粧されたショウウィンドウがあり、和本や豪華大型本や古書を並べている。面陳されている『古今東西 魔術大観』がとても気になる……。店名とショウウィンドウを見て、さぞかし仏教&学術的に硬いお店なのだろうと、覚悟を決めて中へ進む。

ツヤツヤのコンクリ土間に、古い木製什器が本を収める店内は、なかなか乱雑である。壁際はもちろん造り付けの棚に覆われ、中央には縦に背中合わせの棚が置かれているが、どの棚前にも本は腰辺りまで積み上がり、通路を狭くしている。そして両壁下はさらにひどい状況で、本タワーと、古本を詰めた箱が、争うように積み上がっているのだ。そんな空間の中、奥の帳場には官僚風のピシッとした男性が座り、大きなパソコンとにらめっこをしている。

棚脇の文庫棚を覗き込み、値段はないが一冊抜き取る。続いて入口左横を見ると小さな棚があり、なんとそこには官能文庫が固まっていた。おぉ、こういう本も置いてるんですね。そのまま壁棚を見ると硬い函入本が、歴史・文学・地理・宗教・郷土史・事典・史料など厳めしく並び続ける。だがその下は本の山で、その上に置かれた箱内には古少年雑誌や古雑誌が詰まっ

ていたりする。向かいも民俗学などの本が棚に並ぶが、下のタワーには児童書が派手に目立っていたりと、ちょっとアンバランスな不思議な感じである。右側通路に移ると、棚には古書の日本文学とともに、下には大型本がズラリ。入口右横には教養&文化系文庫の棚があるが、なんとその上には神棚が直に置かれている。

右壁棚の手前とその下には和本が集まり、和本を入れる木箱もごろりと横たわる。一部古雑誌タワーも確認。奥に進むと壁棚は山岳本で占められているが、その前には明治本・ボール紙表紙本・駄玩具本・講談本・小型本・漫画・童話などの詰まった箱が大量に集まり、細い細い行き止まり通路を造り出している。その道を奥まで進むと、目の前には冒険小説などが集められた面陳ゾーンにたどり着く。

　棚層と積上げ層の二種に分かれた古いお店である。棚はとことん硬いのだが、その周りに積み上がる本は、とても古いが柔らかなジャンルが多い。値段はしっかりめだが、時に安値のものも混ざり込んでいる模様。棚や箱の本に値段はあるが、積み上がっている本には見当たらないことが多いので、店主に帳場で教えてもらうことになる。新潮文庫『奇妙な花嫁／ガードナー』、岩波新書『パタゴニア探検記／高木正孝』を購入する。

営業時間 14時半〜20時　**定休日** 木

アスタルテ書房

復活！　幻想文学の殿堂

この京都で名を馳せた、幻想文学の一流サロンの如きお店は、店主の急逝により一時期存続を危ぶまれた。実際、二年という長い期間をかけての閉店セールも開始されていたのだが、急転直下、奥様がお店を継ぐことになり、今現在もその棚に幻想文学を充満させ、営業を続けているのである。

御池通から寺町通を下り、一つ目の十字路を過ぎれば、左手に一階を宅急便のサテライト施設にした、小さな白いマンションが目に入る。右端の急階段を上がり、左奥に進んで鍵の手に曲がり込めば、小さなライオンのノッカーが付いたドアが、薄暗がりに浮かび上がっている。それを叩かずとも、ちょっとだけ開いたドアを引き開ける。するとそこはほぼ正方形の、見通しの良い、天井から様々な種類の照明が様々な明るさで輝く、洋館の一室のようなお店であった。ドアの裏側には、芸妓さんの花名刺がびっしり貼られているので、ここが京都であることを改めて感じ取る。

正面の重厚なテーブル帳場に座るご婦人と挨拶を交わし、靴を脱いで黒革のスリッパに履き替える。左横には幻想文学・海外文学・日本近代文学を集めた文庫棚が一本あり、左右の壁はこれまた重厚な壁棚。奥壁は一部ガラス戸棚になっている。フロアには右に飾り棚、左手前にガラスケース、左奥にはソファセットが鎮座している。木床を踏み締め、右の金子國義グッズゾーンを通過し、右壁棚にソッと張り付く。澁澤龍彦・日本怪談・塚本邦雄・短歌・唐十郎・日本近代文学・海外文学（古書含む）・古時代小説（少々）・女流作家・幻想文学・数学などが並んで行く。奥に『ハリー・ポッター』シリーズが並んでいるが、これはいったい……？　飾り棚には、川端康成原稿複製・金子國義関連・橘外男・永井荷風・長田幹彦・三木露風・澁澤龍彦のレア本や関連掲載雑誌が飾られている。ガラスケース内では、稲垣足穂と中井英夫が幻想文学とダダ的ファンタジーの翼を、激しくばたつかせている。その上にはアンティーク絵葉書などが集合。帳場背後の戸棚には、アスタルテの包装紙が飾られており、その

横の棚には本&古本関連・出版・美術が並び始める。そのままさらに左壁の美術へと続き、海外幻想文学（古書多し）・三島由紀夫・永井荷風・日本近代文学・江戸明治文学と流れて行く。ソファー前には澁澤龍彦のポスター類が開かれ、まるでこの部屋の主であるかのように、あちらこちらにシブサワの影がひらめいている。最近は古本業界で値段の下がり気味な澁澤龍彦は、ここでは変わらず一番の神秘的で衒学的で価値の高い作家なのである。きっと三たびのリバイバル時には、お店もさらに光り輝くことであろう。

昔は、本が高い高いと思っていたが、今は日本文学などに一部隙ありな値付がされているのがとても嬉しい。この日も以前来た時にはなかった、春陽堂書店『青春五人男／サトウハチロー』（帯付き）を８００円で発見して、小躍りする。ご婦人に、お土産のように丁寧に包装していただき、物質感に満ちた本を受け取る。この瞬間が、なんだかとても愛おしい。

京阪書房

繁華街の中に昔のお店が隠れている

営業時間 10時半〜19時（日祝13時〜） **定休日** 水 **電話** 075・231・7673

御池通から河原町通を南下。繁華な道は繁華な一帯で三条通に行き当たるが、その手前に古い二軒の商店長屋建築が、都会の中にはまり込んでいる光景に、目を奪われる。左はハンコ屋さんで、右が古本屋さんである。京都に来た時に三条通をそぞろ歩けば、必ず義務のように店頭に張り付くのだが、相性があまり良くないのか、未だかつてここで本を買ったことはないのである。

だが今日は、一度も入ったことのない店内が気になってしょうがない。左右の扉脇の本棚と、真ん中に陣取る木製ワゴンに目を凝らし、何かないかと探し続ける。ちなみに店頭は100均ではないので注意が必要。ようやく一冊つかみ出し、左側から店内に潜り込む。

コンクリ土間の古めかしい店舗空間だが、明るく清潔な感じが漂っている。入ってすぐ左には、茶色の大ぶりなタイルで下部を化粧したショウウィンドウがある。完全に店内に入り込んでいるのが奇妙である。元は今立っている場所が店頭だったのかもしれない。昔は扉のない開放的なお店だったのが、交通量の増加により、後付けで扉を立てたのではないだろうか……。

左右の壁棚に挟まれ、真ん中には全集山脈と背中合わせの棚がそびえ立っている。二本の通路は、入口側でも帳場側でも行き来ができる。左に日本の歴史が、古代史から時代を遡りつつ大量に並び、奥にはその外伝のようにアジア史が連続する。右には語学・植物・林業・山岳などが並ぶ。棚下には計画的に大量の本が積み上がり、それでもなるべくたくさんの本が見られるよう、店舗としての効率を下げないよう、工夫されている。通路棚下には、地図や紙物を集めた箱も置かれている。そっと未整理文庫が前に積まれた帳場を過ぎると、マイク真木似の店主は、腕組みをしながら静かに目を閉じている……あ、気配を察知し、目がくわっと開いた。

右側通路は、左に全集山脈・日本美術・陶芸・建築。壁棚に新書・岩波文庫・日本文学・海外文学・古書・政治社会・思想・日本近代文学評論・日本古典文学・俳句と並べて行く。

歴史や文学研究＆評論が目立つ、硬めで真面目なお店である。時代を超えた生

硬さは、厳しい硬度を誇っている。値段は普通～ちょい高。中公新書『結び目の謎／額田巌』を精算しつつ、お店の気になる所を、心の中で反芻する。前述のショウウィンドウ位置もそうだが、右側通路に残る赤い柱と、天井に残る部屋の仕切りの痕跡。それにコンクリ土間に埋め込まれたように残る、石やメーター類。それらを見ていると、なんだか昔のお店の姿が、ぼんやり甦って来るようで、それだけで少し楽しくなってくる。さらには店名の〝京阪〟もポイントである。この京都と大阪に跨がりつながるダイナミックな名には、一体どのような思いや願いが込められているのだろうか……。

昔はなかったはずのサッシを開け、軒を見上げれば、日除けに隠れた看板文字の存在に気付く。店頭は、立って本を見ているだけで、人の流れの邪魔になるような、喧噪の中である。

尚学堂書店

まだ見ぬ本を求め、山を掘れ！

営業時間 9時半～20時半（第1・3・5日祝11時～） **定休日** 第2・4日 **電話** 075・231・2764

御池通から、武田五一設計の京都市役所西脇の寺町通を北上。市役所を通り過ぎおよそ50ｍも進めば、右手に街並に合わせたと思しき、新しめで和風な意匠と造作のお店にたどり着く。二階壁に縦に店名看板が架かり、今日は日が当たっているためか、白い暖簾が店頭左半分に下げられている。

その中を覗き込むと、中央には一冊二百円の単行本がドサドサ並ぶ、歪な五角形の三段棚。左には木製の和本ワゴンとスチール製の和本ラックがあり、良く見るとその後にはショウウィンドウが隠れている。中に進むと店内は程よく暗く、ひんやりとしている。

三方は天井までの壁棚に覆われ、奥の棚下に帳場が造られている。中央にはこれも高い背中合わせの棚が一本。左側ゾーンの方が広く、こちらは中央に掛軸箱や和本台がセットされている。左壁はほとんどが大判の美術本で覆われ、奥は奥壁も含め、なんだか古い紙の滝のような、横積みされた和本がボサボサッと大量に集まっている。向かいには古典文学や日本文化、それに郷土&京都や美術関連が収まっている。棚下にはかなり規則性を持って本が積み上がっているが、縦に横にと、三層構造になっている。なので余計に下の本は見難くなってしまっている。右側の通路に移ると、通路棚には哲学・法律・社会・俳句・短歌など。右壁は最近の日本文学や、ノンフィクション・戦争などから始まるが、手前中段には、引き出しのような超小型の移動式文庫書架が設置され、棚をガキッと動かせば、奥の本を見られる仕組みになっている。こういう仕掛けには、積極的に参加すると楽しいものだ。棚は奥に進めば進むほど古書率がアップし、実用や文学から、童話や児童文学までを揃え、最奥に至ると日本近代文

学に変わり、最終的には和本に先祖返りしてしまう。
そしてこのお店での一番の楽しみは、右壁棚下の本の山を発掘することである。前半は棚の中に古い文庫が積み重なるが、後半になると見たこともない古雑誌・貸本漫画・少年少女雑誌・絵本・カストリ雑誌・古パンフレット・児童文学・付録本などが無造作に入り乱れているので、ついつい夢中になって全列を確認してしまうのである。もちろんアタリの日・ハズレの日、共にあるが、しばらくの間ドキドキを味わわせてくれるのだから、感謝しなければならない。この日も必死に掘り起こし、昭和二十四年のカストリ雑誌、實話新聞社「月刊実話12月号」を発見する。目次を見ると、野田開作氏の「牡の血」という小説が掲載されていたので、目に留まったのだ。氏は第一回の「夏目漱石賞」で佳作を得ているのだが、この小説の見出しには「名作『見晴し台の女たち』で、一躍漱石賞を勝ち得た作者が、特に本誌のために書き下ろした、野心満々の力作」とあった。幻の漱石賞ではあるが、まがりなりにも当時は話題になっていたということか……。やはり掘り出す楽しみと喜び、ここにあり！
あまりにも毒々しい女性の絵が描かれた表紙を帳場の女性に差し出すと、「おおきに、ありがとうございます」と爽やかににこやかに精算していただいた。なにか……申し訳ありません！

営業時間 11時〜19時 定休日 月 電話 075・741・7546

ヨゾラ舎

超低姿勢店主が素敵な裏路地店

京都市役所脇から寺町通を一心不乱に北上する。「尚学堂書店」も「三月書房」も「村上開新堂」（まるでクッキーのようなロシアケーキが美味）も通過して、ズンズン北へ。結構歩き、やがて左手に見えてくる京都名物「進々堂 寺町店」の前で東に曲がり込み、次の十字路で新烏丸通を再び北へ。すっかり街の裏通りであるが、すぐに右手にビルの案内看板を枝のように生やした、黄土色のレンガタイル張りの小さなビルが目に留まる。近付くと、小さなエントランスにギター弾きと読書する女性と猫の線描が独特なタッチで踊る立看板が置かれ、頭上には星の散る日除けと、ガラスの向こうに古本とCDを並べた小さなお店があった。

安売CD箱には目もくれずに店内に入ると、すぐ脇に本の100均箱が置かれている。今日は雨だからこの場所なのだろう。左隅にはレコードプレーヤーがあり、後は一面の壁棚になっている。右は大型音楽本を並べた低い棚から始まり、大きなCD棚へと続いて行く。こちらの棚下には、レコード箱が多く並べられている。最奥がそのまま帳場になっており、アクのない若めの夏目房之介的店主が座っている。

入店の会釈を交わし、「雨の中すみません」という言葉を聞き流し左壁棚に張り付くと、マニアックな探偵小説文庫ゾーンから始まることに気付き、心臓がドキンとする。気になる一冊を最上段から背伸びして手にして戻したところで、店主が突然スクッと立ち上がり「高いところですみません。あの……古本屋ツアーさん」と正体を見抜かれる。どうやら日頃からブログを読んでいただいているようで、今回の京都行のタイミングでそれらしき男が入って来たので、ピンと来てしまったようだ。恐縮しながら色々お話しするが、彼

の丁寧さと超低姿勢がもはや芸術的で、たちまちこのお店が好きになってしまう。話す時は、その度に帳場で直立不動。「棚を憶えている途中なのに、話しかけてすみません」「なかなかお目に適うような本がなく、すみません」「スタンプカードの有効期限はありませんが、お店がなくなっていたらすみません」など、もう素敵におかしいのである。

肝心の棚はと言えば、さらにセレクト日本文学文庫・音楽文庫・食文庫・ジャンル別音楽・探偵小説関連・幻想文学・サブカル・カウンターカルチャー・アート・食・日本セレクト文学・古本関連・戸川昌士と続き、さらに棚下には100均本や「けんじ文庫」という名の山田稔や野呂邦暢を多く並べた貸し棚ゾーンもあり。ツボにはまる本、キモになる本をしっかり揃え、少ない冊数で細かい棚造りが為されている。野呂・殿山・小実昌・植草・上林・竹中労・小山清などがギラリと目立つ。値段はジャストな隙ナシ値。だが安い本もちゃんとあると扉をこじ開け、東和社『随筆東京／奥村信太郎』（裸本）、国書刊行会『私が選ぶ国書刊行会の3冊』を購入する。初めてお会いしたとは思えぬほど楽しくお話しできたので、京都では「善行堂」に続く、立ち寄るべきお店になりそうな予感が、背中を走る。

まだまだあるぞ古本屋

洛中

◉**三密堂書店**―河原町駅

営10時～19時 休第3水 電075・351・9663

四条通から寺町通を南下。二軒続きの看板建築右側のお店である。店名からすっかり仏教系専門店かと思っていたが、ミステリありアダルトありの楽しい古本屋さんである。仏教関連は右壁棚に集まるのみで、逆にそこから陰陽道・妖怪方面へと踏み込んだ棚も造られている。店内各所に配置された古書箱（和本中心だが、古雑誌・小冊子・紙物も含まれ楽しい）と、右側通路通路棚に集まる古書&児童書は魅力的。値段はきっちりだが隙もアリ。

◉**ELEPHANT FACTORY COFFEE**―河原町駅

営13時～1時 休木 電075・212・1808

河原町通から稲荷の図子という名の細い脇道に迷い込むと、ビルの二階にあるお店が目に入る。アプローチからして、隠れ家的で細長い本格派コーヒーのお店。だがお店の片隅窓際には、積み上がった100冊ほどの古本があり、すべて販売されている。お洒落的選書だが、サブカル&カウンターカルチャー&アングラが核になっているようで、不思議な味わいあり。コーヒーはちゃんと飲まねばならない。東京の三軒茶屋に支店がある。

◉平安堂書店―京都市役所前駅

営9時〜19時(日13時〜) 休無休 電075・221・3084

LoFt KYOTOの南側脇道にある。店舗は三階建て木造建築の一階にあり、美術書・図録の他に地図&ガイド系ビジュアルムックの新刊・歴史系新刊・美術雑誌新刊も取り扱う。帳場横の机に座り、お客を上品に出迎えるご婦人の微笑みは、まるで菩薩のようである。

◉赤尾照文堂―京都市役所前駅

営11時〜20時半 休無休 電075・221・1588

三条通から河原町通を300m弱南下すると現れる。一階のかざり屋脇にある300〜500均の文庫棚を眺め、木の階段を二階へ上がると、浮世絵や骨董品が集まり飾られ、足元に和本・紙物・古雑誌が置かれ、右壁一面が本棚となった空間。歴史・日本美術・足穂・清張などが並んでいる。

◉キクオ書店―京都市役所前駅

営10時〜19時 休日祝 電075・231・7634

河原町三条交差点北側にある。日本文化と歴史に強さと質実さを発揮したお店である。京都関連書も多く、観光の途中にブラリと入ると、その硬い魅力に旅先での知識欲を刺激され、引き込まれるだろう。二本の通路に置かれた古書箱や紙物

箱には、お値段お手頃な軟らかいものもあり。

◉其中堂—京都市役所前駅

営10時～19時(日祝12時～18時)　休木　電075・231・2971

寺町通北寄りにある、仏教や禅の本を経文から入門書まで取り扱う専門店。新刊京都本の販売もしている。とにかく静謐で、店内はまるで修行の場のようである。寺社建築をアレンジした店舗前面は見ていて楽しい。

◉文栄堂書店—京都市役所前駅

営10時半～19時　休日　電075・231・4712

其中堂の斜向いにある小さなお店。仏教書の古本と

新刊を敢然と並べている。

◉竹苞書楼—京都市役所前駅

営10時～18時　休木　電075・231・2977

寺町商店街の共通看板に書かれた店名が、達筆過ぎて読めないほどの歴史ある古書店。創業は寛延年間。売買される和漢洋の古典籍は、およそ三百年の時の中を、このお店に出入りを繰り返して、世間に流通して来たのではないだろうか。江戸時代の本屋を体験したければ、迷わずここを訪れるべし。

◉大学堂書店—京都市役所前駅

営13時半～19時半　休金　電075・221・5063

三条通から河原町通を南に50ｍほど進むと、その古

い店構えは、こつ然と、しかし堂々と現れる。店頭には100~300円本とともに、なぜか無料の家庭録画相撲VHS箱も置かれている。歴史や日本文化・海外文学に強いお店だが、入口通路には文庫や文学、映画パンフなども並べているので、古さを厭わなければ、誰でもスッとお店に入れるようになっている。

◉100000tアローントコ―京都市役所前駅

営 12時~20時 休 ほぼ無休 電 090・9877・1384

京都市役所西側の雑居ビル二階にある中古レコード+古本のお店。ビルのエントランスにはシャンデリアが下がり、螺旋階段でお店に近付くアプローチは、なかなか刺激的である。フロアはレコードの海となっているが、壁際にはしっかりとした古本棚が設置されている。並ぶ本は多ジャンルにわたるが、店主のこだわりがその棚造りに込められている。

◉文華堂―丸太町駅

営 10時半~18時半 休 日祝 電 075・231・3288

丸太町通から河原町通を100mほど南下。ビルの軒に古い木製看板がはまり込む、中の様子がうかがえない、いかにも硬そうなお店

である。美術の大判本&豪華本や、日本美術・古代史・考古学資料・和本が整然と並ぶ。新刊も一部あり。

◉今村書店—丸太町駅

営 10時半〜19時 休 水 電 075・231・2943

丸太町通から河原町通を北に50mほどのバス停前にある。通路の狭い細長いお店で、人文に強い硬質さを備えている。だが通路を狭くしている原因の腰下の棚や、右側通路奥の古書棚に文学や軟らかめの本も散見される。古書には探偵小説もしっかり値で混ざり込む。

◉ほんとレコード—丸太町駅

営 15時〜22時 休 無休

河原町丸太町交差点西北際に建つ、エレベーターのない三角形ビルの四階には、三角な部屋に、レコードと古本を並べたお店がある。SFと海外文学が充実、ポケミスや絶版文庫も光る、筋の良い品揃え。棚貸しの児童文学＋絵本棚もあり。精算しようと奥の角にある帳場に近付くと、左右の大きな窓から見下ろせる町の景色がダイナミック！

◉文苑堂書店—丸太町駅

電 075・241・2288

丸太町通から寺町通を南に200m南下。進々堂を過ぎた所にある。本はちゃんと並んでいるが、すべて書・文字・漢字・名句・名蹟などの本ばかり。完全なるフリーハンド・ジャパニ

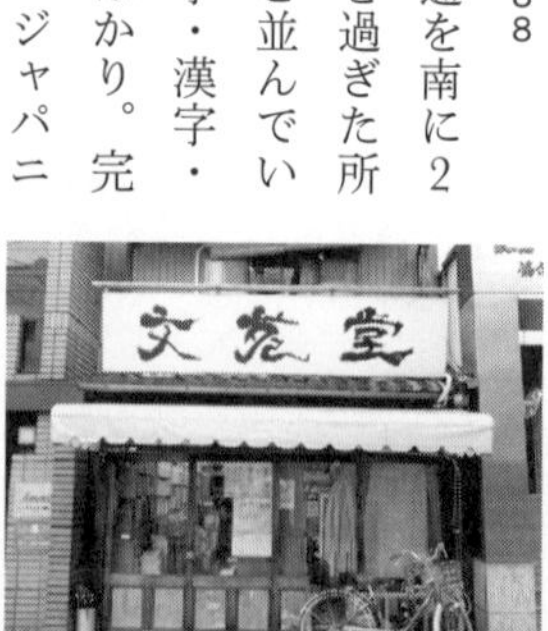

ーズ&チャイニーズフォント店なのである。

◉Umwelt—京都市役所前駅

営 10時〜18時 休 不定休

寺町通を北に真っ直ぐ進み、最初の信号で西へ。するとすぐ左手に現れるのは、和風にお洒落でスマートなアンティークショップ。入ってすぐ右に古本棚があり、食・旅・石仏・京阪神叢書などの古めの本を並べている。それらはすべて、水漏れ被害に遭い、現在別な場所に開店準備中の「あがたの森書房」の本であった。

◉Book Fabulous—烏丸御池駅

営 11時〜19時 休 木 電 075・255・6099

三条通を西へ西へと歩を進め、赤煉瓦の京都文化博物館を通り過ぎれば、左手に映画『ゴッドファーザー』風店名ロゴの立看板。雑居ビルの四階に上がり、赤いドアを押し開けると、店内もまた赤く、とことんロックンロールなセレクトブックショップになっている。サブカル・文学・アートに強い。入店時はカバンを奥のテーブルに置かねばならない。

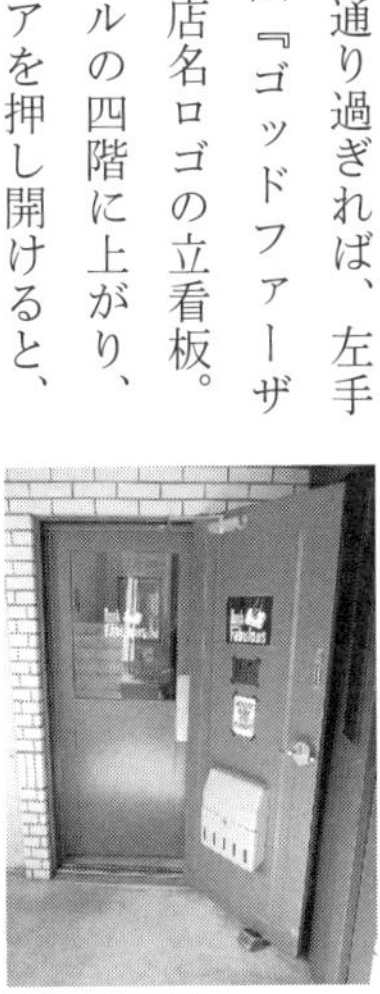

◉森晴進堂—烏丸御池駅

電 075・221・4736

三条通を堀川通手前まで進むと、地元的街中にふと見つけることができる。簡素なショウウィンドウもあるが、まるで問屋のような素っ気ない

趣で、店内には日本美術の大型本や特殊な専門雑誌が集められている。小さな看板には「美術書舗」の文字あり。入り難さはマックスである。

◉レティシア書房—京都市役所前駅

営 12時～20時 休 月 電 075・212・1772

京都市役所脇の寺町通から西に数えて七本目の高倉通を北に進むと、二つ目の十字路手前の静かな裏町に佇んでいる。内装も棚造りも端正で、細やかな気遣いが行き渡っているお店である。だがその繊細さは、女子系から探偵小説までと、幅広過ぎる貪欲さを備えている。

近江の祭と民俗

萩書房Ⅱ

店頭から帳場までマニアック

営業時間 12時〜20時　**定休日** 不定休　**電話** 075・712・9664

叡山電車を乗り捨て、駅のホームから出てすぐの曼殊院通りを東へ。一つ目の信号下を通ってさらにしばらく行くと、レンガタイルで化粧されたビルの一階、右側店舗が古本屋さんであった。駅からは300m弱ほどであろうか。店頭では、必死に均一本を選ぶ人が一人いる。こんなに熱心に食らいついているとは……良いお店の予感！

それにしても個性的な物が店前に置かれている。右にはトニー谷と思しき人物が、イヤミの「シェー」のポーズを採った立看板。絵とともに「明ルイ古書店ダ」「心配御無よう」「記念撮影オッケー！」「Wel-come! to Hagui Shobuow.」と書かれている。左の足元には、スキンヘッドで無精髯の正義のヒーローらしき中年男が、「心配御無よう 萩書房」をバックに、ポーズを決めた立看板……少しだけ不安になる。入口左側には200均の単行本棚があり、右側には100均本のワゴンが置かれている。ここには展開したダンボール箱が被せられ、どうやら日除けの役目を果たしている模様。そして扉を開けると、そこは細長〜い通路であった。

店頭に食らいついていた先客がそこにいるが、擦れ違うことは出来ず、向こうのペースに合わせて、奥へジリジリ進んで行く形をとることに。店内は二本の細長い通路で構成されており、左側通路の入口側は行き止まりとなっている。壁際は天井までの高い本棚だが、中央奥側は背中合わせのちょい背の低い棚が置かれている。奥にかなりムラのある塗り方をされた灰色のスチールロッカーを背後にして、店主がドッカリと座っている。第一通路右壁棚には、新書・文庫・海外文学文庫・児童文学・海外文学&評論・幻想文学と続いて行く。棚下にはダンボール箱が積み上がり、開かれた箱には、文庫・古雑誌・紙物等が詰まっている。左には100均文庫・200均本・食・日本SFミステリ探偵文庫が並び、通り抜け通路を挟み、海外ミステリ文庫、下にミステリ雑誌の山・探偵小説・ジュニア探偵小説・ミステリ評論と、かなり嬉しいマニアックな展開。左側の第二通路に移り、その裏側に日本文学文庫とエロ&官能（しかも同ジャンル古書あり）と別な意味でさらにマニアックな展開。帳場横には絵葉書箱や付録本が集まり、下には中原淳一を核にした少女箱も置かれている。左壁には帳場側から、日本文学（古書・大衆文学含む）・サブ&カウンターカルチャー・アングラ・音楽・映画・演劇・美術・建築・写真とドバドバ並んで行く。足元には相変わらずダンボール箱も連続。奥の壁際にはコミックが集まり、通路棚に漫画研究評論・音楽美術大型本・オカルトが並ぶ。

　細く、狭く、長く、マニアックである。烏丸通にある、町の古本屋の王者のような本店とは、かけ離れた弾けっぷりである。ミステリ系には目を瞠るが、左奥の文学棚もまたスゴい。値段はしっかりめ。そして値段札にも時折トニー谷が出現している。校倉書房『喜劇の王様たち／中原弓彦』（裸本なので、300円の激安！）を購入する。お金を貯めて、いつかあのジュニア探偵小説を買いに来よう……。

井上書店

小さな本に深みと面白み

営業時間 10時〜19時 定休日 日 電話 075・781・3352

鴨川を背にして、喧噪の今出川通を東へ500m。巨大な百万遍交差点を越え、さらに200m強前進する。知恩寺の門前を過ぎれば、そのお店は地味に平面的に姿を現す。道路際に「ふるほん」の立看板は出ているが、店頭には小さな100〜200円棚があるのみ。少し店から離れてみると、日除けの上にはシンプルな半円と直線の意匠があり、看板建築であることが見て取れる。その下には風雨に掠れた看板文字の痕が、うっすら浮かび上がっている。

店内に入ると、そこが早速メインストリート。奥行きはそれほどなく、中央に広い通路があり、正面の帳場には、ワイルドななかにし礼風店主が座っている。左右の通路はそれぞれ帳場側からのみ入れる、行き止まり通路となっている。その他にも通路と言えるのかどうか、いや入って良いのかどうかも分からぬ、サッシ戸に棚が迫り来る極細空間が、入口右横に存在している。表からガラスを通して本の背を見られぬこともないが、いかんせん微妙な距離があり、多くの本にはパラフィンが掛けられているので、見難いことこの上ない。ここは意を決して棚と近接にらめっこをするつもりで、蟹のように這い込むべきなのである。海外翻訳文学・日本文学・鉄道が並び、ここは他のゾーンより安めな値付がされている。

横這いで中央通路に戻ると、右側には日本文学を核に、ひょこひょこ古書が顔を出し、奥は映画・音楽となっている。何気なく黒岩涙香や雪岱装釘の鏡花袖珍本が紛れていたりするので、油断ならない棚である。おっ、小山書店の稲垣足穂『弥勒』が3000円か……。左側は文庫がびっしりで、入口側は一般文庫が主になっているが、奥に行くほど古い文庫や謎の小型本が飛び出して来る仕組み。棚の上にはミステリ雑誌&古書も固まっていたりする。中国関連本が集まる帳場前を通り、左側へ。奥側には自然科学本の短い通路があるが、引き込まれて入り過ぎると、いつの間にかバックヤードに変わるので注意が必要である。通路に戻って、壁棚には教科書や学術書が並び、行き止まり棚には民俗学や歴史、通路棚に岩波文庫と新書が収まっている。足元には古い文庫の直積みと箱あり。右側通路は心理学・大量の「現代思想」・哲学・洋書などで出来上がっている。足元には結束された、棚には並ばぬはずのコミックあり。

基本的には硬めなお店であるが、中央メインストリートの左右には、いつも珍しい本が含まれている。値段は相場よりちょい安い感じの、購買意欲を刺激するジャスト値。買おうかどうか、ちょっと迷う値段なのだが、たいてい欲しくなった本は思い切って買うこととなる。今回は前日「古書 善行堂」で買ったものと同シリーズの騒人社書局『名作落語全集 第四巻 滑稽怪談篇』を見付け、喜び勇んで購入する。しかもこれは安かった！

精算ついでに机上に置かれた名刺（「京大前で65年」の標語あり）を断りいただき、立ち去ろうと入口に向かうと、「持っていきます？」とオヤジさんが動いた気配。思わず振り向くと、帳場上に積み重なっていた本を持ち上げ、下敷きになっていた「春の古書大即売会」のちらしを視線で指し示していた。いや、多分必要ないのだが、オヤジさんの心意気に敬意を表し、一枚いただくことにする。

古書 善行堂

本好き&本読みのための古本屋

営業時間 12時〜20時　定休日 火　電話 075・771・0061

出町柳から今出川通をひたすら東へ。途中、京大前のミニミニ古本屋街に引っ掛かったりしながらも、さらに東へ。一キロほど歩いて、ゆったりとした坂道を上り詰める白川今出川交差点が近付けば、吉田山のふもとに、古本ソムリエ・山本善行氏のお店がある。青く角張ったテント看板の下には、たいていは開け放たれた木の格子戸。店頭にはイラスト入りの立看板と共に、角が優しく面取りされた「百〜三百円」木製ワゴンが置かれている。

通りとつながったような店内に進むと、コンクリ土間に木製棚が組み合わさる縦長の空間。手前は整然としているが、奥に進めば進むほど、古本屋さん的雑然さが増して行く模様。右壁は一面本棚で、奥には本の積み上がった二階倉庫への螺旋階段が巻き上がっている。中央には低い背中合わせの本棚と、本や台車やトートバッグや箱に埋もれた瀟洒なガラスケース。左壁は低い本棚から始まり、すぐに高さを増して奥の帳場まで続いて行く。そこに横向きに座るのは、ハンチングを被ったカジュアルファッションの善行氏である。

帳場奥は鍵型に通路が続き、そこの右壁にも本棚が設置されている。右壁棚はセレクト文庫・日本文学文庫・海外文学文庫・講談社文芸文庫・ちくま文庫・中公文庫・新書・古い新書サイズ本（二重に本が置かれた部分あり）・探偵小説&ミステリ文庫・海外ミステリ文庫が美しくピッチリ収まっている。棚の上には大判ビジュアル本が飾られている。しゃがみ込んで向かいを見れば、ペーパーバック・ポケミス・岩波文庫。

その裏には岩波文庫・講談社学術文庫・古本関連・エッセイ類が置かれ、最近再び日の目を見つつあるガラスケース内（ここはその後、新調した棚になっている）には、善行氏著書・太宰治・新聞小説切り抜き本・『デザイン街路図』などを確認する。上には夏葉社やみずのわ出版の新刊本と文学復刻本が並んでいる。左壁には晶文社本・ジャズ・植草甚一・海外文学（『恐怖の報酬』いいなぁ）・詩集・思想・美術・映画・カルチャー・音楽・芸能、そして上林暁や尾崎一雄や川崎長太郎や野呂邦暢や梅崎春生などのセレクト日本文学。最奥では、重厚で黒ずんだ文学系古書の集まる棚が、渋く静かに鎮座している。そして勇気を持って断りを入れてさらに奥へ。右

壁棚では、横溝正史（東方社本！）・小沼丹・野呂邦暢・内田百閒・泉鏡花・蔵原伸二郎などのプレミア本が、古本魂を震わせてくれるだろう。

　ここはいつ来ても欲しい＆欲しくなる本がちゃんと見つかる、本好き＆本読みのための古本屋さんである。毎回興味ある見たことのない本に出会えることは、嬉しく驚異でもあり、まだまだ己が勉強不足であることを思い知らされる。そして善行氏と、古本と古本屋について止めどなく話し込めば、ますます古本界の深みにはまり、お店にも愛着が湧くことになるだろう。値段は安めで、プレミア値の本も相場より低い設定が多い。たくさんお話ししながら、懸命にすべての棚を精査し、最終的にはいつものように古書棚前で粘りに粘り、最下段から同文館『心靈の秘密／平田元吉』を購入する。本を受け取った善行氏、「こわいなぁ、こわい本やなぁ」と子供のようにつぶやき、ニヤリ。

星と蝙蝠

螺旋階段の先にある別世界

営業時間 12時〜22時頃　**定休日** 不定休　**電話** 080・6606・0500

今出川通・知恩寺入口の西側に、小さな白い三階建てのビルがあり、昼過ぎになるとその三階に古本屋さんが開店する。道行く人を引き込むためか、黒い立看板が、道路側とビル側に二つ置かれている。ビル側看板の蝙蝠をあしらったロゴを眺めてから、小さな入口に入り込む。そこから上に向かうのは、小さな鉄製の螺旋階段である。クルクルカンカン上がって行くと、二階でメロディが鳴り響き、階段の色は黒から赤へと変化し、巻く方向を逆にしながら、まるで胎内巡りでもしているように三階へ。

　音楽が聞こえる。入口からは光が差している。小さな踊り場にはドサッと本の詰まった100均ダンボールが二つ置かれている。白い店内に入ると、明るく爽やかな風が吹き抜けている。京都の街から上空に数メートル離脱した、別世界である。

　店名から、もっと薄暗いお店を想像していた。しかし夜になれば、きっと相応しい表情を見せるのだろう。右側に棚に囲まれた部屋があり、壁に大きな丸い穴が穿たれた、屋上へのハシゴもあるバルコニーらしきものが付属している。窓際の足元には四種の『二笑亭綺譚』（元版、新書判、復刻版、ちくま文庫版）が並び、壁棚に寺山修司・アート・絵画・建築・写真・カルト漫画・妖怪・京極夏彦・日本文学・海外文学・村上春樹・中島らも・西原理恵子・乱歩・久作・吉本隆明・並木伸一郎・風俗・性愛などが集まる。角には鍵穴に鍵が挿さったままの、幻想文学&ア

ート系新刊を飾った陳列ケースがあり、勝手に鍵を開けても良いことになっている。再び入口前に戻ると、脇に社会や近現代の棚があり、窓際に帳場が据えられている。そこには丸眼鏡の青年が、机に覆い被さるようにして仕事中。帳場横の棚には、俳句・短歌・日本文学が集い、帳場正面には中井英夫・中上健次など。左奥に進むとそこは明らかにキッチン！　だがそこにも容赦無く古本が並んでいるではないか！

これは初めて見る斬新な陳列場所である。この精神なら、椎名町の「古書ますく堂」なみに、どんな居抜き物件だろうが、そのまま古本屋にすることが可能であろう。今は特別展示なのか、エロや性愛風俗関連が飾られ、シンクの上には板が渡されている。その隙間から、何故か作り物の手が、ニョキッと飛び出している……なんだ、この演出は。窓側にも棚は続き、映画の他に稲垣足穂と埴谷雄高が崇高に気高く並ぶ。

なかなか捻くれて深く、独特なチャンネルを持ったお店である。とにかくキッチン部分をお店として使う、前代未聞の展開には、ついついニヤッとさせられる。値段は普通〜ちょい高。今のところこのビルは、二階も開いているのだが（確かここは元古本屋さんだったはず）、いっそのことこちらもお店にしてしまえば、楽しいビルになるのではないだろうか。講談社現代新書『芸術とスキャンダルの間／大島一洋』を購入する。

古書 HERRING

ギシギシミシミシ古本を探す

電話 070・6680・1002

丸太町通を東に向かい、平安神宮の背中を撫でるようにして、敷地沿いに岡崎通に入り、東側の狭い歩道を南下して行く。信号が見えてくると、その手前に三軒ほどのお店が集まっていることに気付く。その中の一軒を良く見ると、椅子に乗せた古本文庫箱を出しているではないか。

その前に立つと、奥に少し高くなった古い民家の玄関があり、その周りも古本箱や棚に囲まれていた。そして壁に下がった黒板には、白墨でリアルな金魚とともに、店名が横尾忠則的に書き出されていた。開け放しの玄関に近付くと、上にはハガキ大の絵をつなぎ合わせて造られた、鴨川縁の光景が貼り出されている。

靴を脱いでスリッパを突っかけ中に入ると、観光地の喧噪はスッと遠退き、あっという間に古本に包まれた異空間に滑り落ちる。近くの「山崎書店」同様、ここも民家をそのまま古本屋にしている。しかもこちらは、完全にただの部屋に、棚と古本を押し込め並べた、よりピュアな形態である。入ってすぐ左に小部屋があり、ここは三方をサブカル・幻想文学・ミステリ・海外文学・児童文学でギシギシ固め、200均・300均・500均棚のある階段下と途中には、映画・博物学・食が、足をかける場所によっては、ミシミシと家が鳴る場所に置かれている。入口右横から広い部屋に入ると、そこは帳場も兼ねており、長身長髪髭面黒縁眼鏡の謎の男が、大きな本に一生懸命パラフィンを掛けている真っ最中であった。

左壁棚には、まだまだ続く幻想文学とともに、隠秘学・神智学・オカルト系民俗学が並び、貴重なSFなども混ざり込む。長押の上の棚にはプレミア本が飾られ、左の階段下には、哲学・思想・精神科学などで造られた、頭蓋を覗き込むような押入れ的小空間が魅力を爆発させている。奥の右側の小さな棚には、日本文学&探偵小説仙花紙本が一列。その下では箱に詰まった人文文学が、こちらに背を見せている。それにしてもこの辺りの棚は、ヌルヌルとあまり掴みどころがない。店主の考えがまったく読めないそのカオスさが、ラフレシアの強烈な香りのように思想の

受粉者を、酔わせて惹き付けているかのようだ。すでに強力な古本の流れに酩酊しながら、さらに奥の間へと進む。

四方に棚を張り巡らせ、中央にもぐるりと棚をまとめている。ここには昭和初期・都市・建築・アート・絵本・写真集・演劇・美術図録&作品集・カルトコミック・美術評論・シュルレアリスム・アングラ・悪趣味・音楽などが、妖しく毒々しい花を咲かせている。

ギシギシミシミシ色々な所を鳴らしながら、手元も良く見えない薄暗い中で本を探し求める姿は、まるで自分自身が形而上の怪物に変貌したような錯覚を起こさせる。それほど様々な方向から、人と世界の秘密を探求するような棚造りは、冥く、魅力的である。値段はしっかりのスキ無しタイプ。読売新聞社『かぼちゃと風船画伯/吉田和正』を購入する。表に出て靴を履くと、日光がことさら目に沁みる。思わず元の暗闇に引き返したくなる、強烈さである。

山崎書店

一軒家に美術本が大集合

営業時間 10時～18時 **定休日** 月 **電話** 075・762・0249

駅から地上に出ると三条通を東に200m進む。クロスする神宮通を北に曲がり込むと、常識を外れた巨大さを誇る平安神宮の朱色の鳥居が、否が応でも目に入る。圧倒されながら、中途半端に素っ気なく道路的な参道を前進。そして東へ延びる三本目の脇道にスッと入ると、左手に瑞々しい植栽に彩られた、瀟洒な一軒家店舗が目に留まる。目印は、玄関下の路上に出た小さな立看板と、入口にふんわり垂れ下がる店名入りの浅黄色の暖簾である。二段のステップを上がり暖簾を潜ると、そこはちょっと広い玄関。ラックや棚が壁や足元に設置され、美術評論&研究・ムック類などを多く集めている。お店はすでに始まっているのだ。

靴を脱いでスリッパを履き、玄関横の小部屋に上がり込むと、店舗兼帳場兼作業場になっており、正面では『満州図案集』などの本がディスプレイされながら、二人の男性（ひとりは実直そうな若者、もうひとりは高田渡的オヤジさん）が向かい合い、時に打ち合わせなどしながらパソコンに向かっている。

若者と挨拶をしながら大判の作品集を横目に、次の間である左の部屋に入ると、古家がすっかり古本屋さんに改造された、身震いするほどたまらない空間。右壁棚にはダダ&シュルレアリスム関連が集まり（瀧口修造作品も収録された『前衛シナリオ集』が欲しい！しかし4500円か……）、日本美術作家・日本美術・アジア美術・民芸と重厚に続き、続いて和本のゾーンが待ち構えている。中央には大きな平台が置かれ、浮世絵などの紙物や、古いビジュアルブックが面陳されている。左の手前は二階ギャラリーへの階段になっており、その周囲と下のスペースには浮世絵や和本が雅に集まっている。

奥へ進むと、二本の棚が縦に並んで短い三本の通路を造り、美術洋書・映画・写真・風俗を収めている。そこを通り過ぎると、つながってはいるが左右二つのゾーンになんとなく分かれ、左には美術図録がドッサリ大集合し、中央にはまたも古いビジュアルブックなどが面陳されている。右は机や棚が立て込んだ立体的な空間になっており、茶道・西洋美術&民芸を多く集めている。下にあったモガをテーマにした

手作りスクラップブックが最高！

さらに奥に進むと、天井から裸電球の下がる、長細い納戸のような小部屋にも踏み込め、彫刻・陶芸・染色・考古学など、美術の本流と、その周囲の流れも細かく収集している。ここで目を惹いたのは、箱の中に整然と大量にぴっちりと収まった、木の活字。文字やマークや屋号など、大小様々の味のある反転した図案が、立体的に浮かび上がっている。これがひとつ１００円とは。

美術関連本のオーソリティーの如きお店である。江戸から現代まで、東洋から西洋までと、幅広い美術の知識が一軒家にミッチリ集まっているのは奇妙な光景である。値段は美術関連なので高めであるが、レア本が多いので、眼の保養もたくさん出来る。それなのに美術本には手を出さず、木の活字と迷った挙げ句に、弘文堂書房教養文庫『航空發達史』を購入してしまう。

まだまだあるぞ古本屋

洛東

◉恵文社一乗寺店―一乗寺駅

営 10時〜21時 休 無休 電 075・711・5919

一乗寺駅より西、曼殊院道沿いにある。セレクト書店の草分けでもあり、今でも絶大な人気を誇っている。暗い店内は、深い深い本の森。棚造りは、見事なまでの理知を見せながら、ジャンルの壁を越えたつながりを紡いでいる。カラーブックスの山やマニアックな古書コーナーあり。

◉石川古本店―一乗寺駅

営 13時〜19時 休 不定休 電 075・711・5429

一乗寺駅西側裏の路地にある。お店は予約制なので、一見では入店叶わず。半開きのシャッターから店内を覗くと、絶版漫画に強いお店とのことだが、一般文庫や単行本も確認出来た。ただし店内は本タワーが林立する乱雑模様。

◉紫陽書院―茶山駅

営 11時〜19時半 電 075・702・1052

茶山駅東側、高原通りにある。表にはたくさんの50・100均箱。重い扉を開けて中に入ると、

本棚が立て込むが意外に広い。美術に強く、そしてレジ周りの壁に貼られた写真を見ると、猫がとても好きらしい。

◉欧文堂—茶山駅

電 075・724・4160

茶山駅から東鞍馬口通りを東へ。洋・和古書籍とあるので、半々くらいの割合かと思っていたら、ほんとどが和書であった。しかも古本屋としてちゃんと楽しめ、左側通路の文学古書が鮮烈。オヤジさんの軽快な鼻歌が心地良し。店内は少しずつ本に埋め尽くされていく途中のようである。棚の上部の雑然とし過ぎた本の積み方が、今にも崩れそうで一冊も抜き出せない……。

◉福田屋書店—元田中駅

営 10時～20時 休 不定休 電 075・781・3416

知恩寺の北100メートルの住宅街の中にある、住宅の一部を改造した小さなお店。だがその店内は高尚で、文学と美術が深い色合いで輝いている。古書も多いのが魅力的。街の古本屋より敷居は高いが、良いお店である。

◉臨川《りんせん》書店—出町柳駅

営 9時～17時半 休 第1～4土、日祝

電 075・721・7111

今出川通で鴨川を東に越えてすぐ。立派なビルの出版社兼書店である。古本は主に「日本の

古本屋」で販売されているようだが、時折店頭販売や、定期的に和洋古書のバーゲンセールを開いている。

◉富山房書店—出町柳駅

営 11時〜18時 休 日

百万遍交差点から西に100メートル。思文閣美術館の脇道を南に入るとある。入ったら女性店主が、ドリルで木材に穴を開けており、度肝を抜かれる。端正なお店で、謡曲や伝統芸能に強い。だが幅広く文庫や児童文学も扱っている。左側通路手前の文学系古書棚は見応えあり。店に入れて欲しがる猫の鳴き声が、ニャオニャオと裏口から聞こえて来る……。

◉吉岡書店—出町柳駅

営 9時半〜18時半 休 日祝 電 075・781・4747

今出川通り沿い京大前にある。店頭に三十ほどの古書箱を出し、赤い床の古めかしい店内にも店頭と同様の箱がはびこる。一般書は文庫・新書・右壁棚のみで、硬めの人文学術本や教科書類が多い。東に歩いて二十五歩のビル二階には、本店よりも広い支店がある。自然科学や趣味の本を集めており、こちらにも古本箱は平等にはびこっている。

◉竹岡書店—出町柳駅

営 10時〜19時（土日祝12時〜18時） 休 不定休 電 075・761・4554

善行堂の二軒隣りにある。一見入れない事務所店に見えるが、手動ドアと化した自動ドアを開けて中に入ると、優しく迎え入れてくれる。しかし長い通路は胸の高さまで本が積み上がる、古本けもの道。ジャンルはカオス気味だが、ちょこちょこと面白い本が顔を出す。

◉銀林堂—出町柳駅

電 075・722・4177

白川通今出川交差点北の白川通沿いにある。見た目はまるっきり新刊書店だが、店先には十三の20均木箱と四つの100均箱が置かれている。店内は、新刊書店＋文房具店＋古本屋になっており、意外にも古本のスペースが一番多い。単行本は硬めだが、文庫や児童文学が充実。そして安い。

◉ホホホ座—出町柳駅

営 11時半〜19時（2F） 休 不定休 電 075・771・9833

今出川通から白川通を南に500メートルほど下った、東の脇道にある。廃ビルのような廃倉庫のような建物を巧みに利用した、クールなアメリカンスタイルなお店。一階は新刊書店で、二階の一室に古書と雑貨が集まっている。元のガケ書房では、古本の棚が通路に集まっている感じだったが、こちらはかなり古本屋っぽい。棚造りは若向けカルチャー好きスタイルだが、幅広く深みあり。

◉マキムラ書店—神宮丸太町駅

営10時〜18時 休不定休 電075・771・2607

鴨川から丸太町通を東に200m。ひとつめの信号を過ぎると現れる。店頭には100均文庫棚や文庫箱やムック箱や美術全集類が横積みになっているが、かなりボロボロ。開くのが意外な自動ドアで中に入ると、三本の奥深い通路に乱雑な本タワーが林立し、人一人がやっと通れる状態。硬めな技術書・法律書・学術書が多いが、左端通路に文学・文庫・児童文学・コミックあり。値段は店主に聞かねば分からない。

◉創造社書店—神宮丸太町駅

休不定休 電075・761・7025

マキムラ書店の少し先にある、看板も何もなく通路に常に自転車を格納した小さなお店。店内の棚はほぼ時間が停まっているが、お話し好きのおばあちゃんが帳場に座っている時は、本の値を見って、少し安くしてくれたりする。「汚れてるし高いわね」と言って、少し安くしてくれたりする。入口左側の大衆小説棚と、右奥の文庫棚に突破口あり。

◉UNITÉ—神宮丸太町駅

営11時半〜19時 休水、第3木 電075・708・7153

マンションの奥にあるブックカフェギャラリー。文学本と美術本が仕切りの役目をする棚に集まっており、良い選書が為さ

れているが、これらはあくまでも読書用。カウンターに新書・暮らし・文学などの販売古本が並んでいる。

◉Books & Things —三条駅

営 12時～19時 休 不定休 電 075・744・0555

祇園北の細い路地に不法侵入のように入り込むと、敷居の高い町家の古本屋にたどり着く。畳敷きの店内に広がるのは、海外美術古書やオリジナルプリントで、静謐で落ち着いた空間には、常に凛とした気配が漂っている。それらに気圧されずに店主に色々話しかければ、たくさんの美術的知識を、丁寧に優しく教えてもらえるだろう。

◉中井書房—三条駅

営 11時～19時 休 不定休 電 075・751・5445

鴨川を越えた二条通をさらに東に進み、道がカーブした先100mほど右手にある。文学・民俗学・哲学・歴史に強い正統派古書店。お隣の「水明洞」が閉店して寂しくなったが、まだこのお店があるなら大丈夫。好きな所は右側通路壁棚下段の日本文学古書&仙花紙本と、左端通路通路棚奥下の古い文庫ゾーン。本を買った時に聞ける店主の「おおきに」は、心に響くものがある。

◉ロマン商店—三条駅

営 13時～21時 休 無休 電 075・751・0236

中井書房の50m先、郵便局隣のマンション二階にある。ほぼ中古レコード&CD屋さんだが、窓際に六本の古本棚があり、サブカルと音楽を核に50均棚も備えている。光書房『朱い挑戦者』（昭和三十年代のサスペンス官能小説）は拾い物なのか？ このお店は古本屋地図にはなく、その代わりレコード屋マップには掲載されている。

◉奥書房—三条駅

営 11時～18時頃 休 日祝
電 075・525・8822

黒い板塀に挟まれた暗い路地の奥を鍵の手に曲がると現れる、古美術・美術本の専門店……これはハードルが高過ぎる！ ガラス張りで店内はほぼ丸見えなのだが、並んでいるのは、豪華な函入り本や大型本や和本ばかり……入れない……。

◉鈴木古道具店—三条駅

営 昼頃から夕方 休 不定休
電 075・525・5055

三条通から東大路通を南に100mも下れば、たくさんの古道具やおもちゃ類で固められた異様な店構えが目に入るだろう。懐かし物玩具屋であるが、漫画付録・少年少女雑誌・駄菓子漫画なども取り扱っている。店主の武器はマシンガントークで、おもちゃの話から世界平和の進め方まで、取り留めなく止めどなく大きく広がるので、時間の無い方は注意が必要である。

◉舞妓骨董店—祇園四条駅

営 土日13時〜16時 休 平日は不定休 電 075・541・2626

祇園四条駅近く、新道児童館前にある。店名通り外国人観光客を意識したお店だが、紙物・古写真・ノート類・文学復刻本・付録本などが、店内&店外に点在している。少女ブックふろくのすずらん文庫『長編探偵小説 真珠島』を600円で発見出来たのは上出来であった。

◉homehome—清水五条駅

営 13時〜19時 休 月〜木 電 090・2416・5504

東高瀬川を上の橋で渡って東へ。銭湯脇を通過し、二本目の脇道を北に入ると、町家風な集合住宅をそのまま使う「五条モール」。玄関に入って靴を脱ぎ、窮屈な階段から二階へ上がると、201号室に小さな古本屋さんが入っている。食・児童文学・カルチャー・猫・京都・文学などが雑貨とともに、六畳間や押入れに広がる。このモール内には大きな白黒猫がおり、運が良ければモール内で出会え、さらに外に出たところを二階の欄干から見送ってくれたりもする。

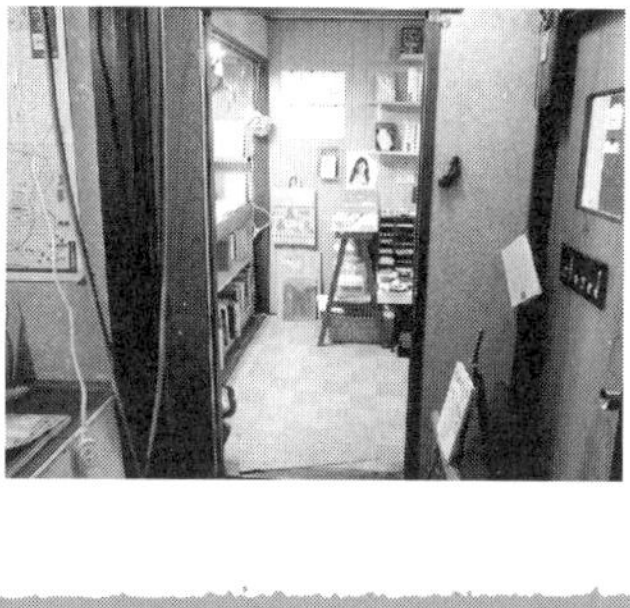

ふるほん
井上書店

上海ラヂオ　古本市常設店

営業時間　11時〜19時半　定休日　月

定点観測必至の激安店

自転車に乗っていると、東山丸太町交差点横のスーパー前で、古本市が行われているのに、偶然行き当たってしまう。児童文学・絵本、それに三十以上の文庫箱、単行本棚が十本ほど……すべて１００均である。講談社『殺意の餌／鮎川哲也』をつかんで精算するついでに「いつもやっているんですか？」と聞いてみると、「定期的に色々な所でやっています」と黄色いチラシを渡してくれた。「それに全部書いてあります。出町柳桝形商店街にお店もあります」と教えられ、何ぃー！とすぐさま自転車をカッ飛ばし、出町柳方面へ。

その商店街が何処にあるかは知らぬが、駅に着けば何とかなるだろうと高を括りながら到着し、件の商店街を探すが、影も形も見当たらない。仕方なく勇気を出して人に聞いてみると、何と鴨川の対岸だと教えられる。お礼を言い、河合橋→出町橋でトンビが低空で滑空する二本の川を越えると、出町地下駐車場の地上入口部分にたどり着いた。だがやはり商店街は分からない。周囲をグルグル闇雲に走り回り、またもや途方に暮れようとしていた時、目の前に突然見覚えのある頼もしき男の影が現れた！　ぜ、ぜ、善行さんっ！「あっ！」とお互いに声を上げた後、笑顔で挨拶を交わす。何と、これから市に向かう途中の「古書 善行堂」店主・山本善行氏と、恐ろしいほどの偶然で鉢合わせたのである。これぞ地獄に仏！と商店街について聞こうとすると、「そうや、この近くにいいお店が出来たんや」と、あっという間に足早に、勝手に探していたお店に案内してくれたのである。やはりそのお店を知っていたのかと驚き、自転車を押しながらついて行く。場所は先ほどの地下駐車場入口の西側向かいに、ちょっと鄙びた細いアーケード街があり、入り込んで西に歩いて二つ目の十字路手前に、「古本市開催中」のアナウンスを流しながらも、まだ看板はリビング用品店のままの古本屋が、確かにあった。

　店頭には実用本を集めた棚と、絵本やＤＶＤワゴンなどが置かれている。善行氏は素早く繁盛している店内に突入してしまった……。左に１００均文庫ゾーンが大きく採られ、奥の凹んだスペースにもそれは続く。棚下には大型本が詰まった箱が連続。中央には、児童文学・ミステリ＆エンタメの多い１００均単行本通路。そして右端通路は、１００均から少しだけ値段を上げた、

２００均単行本＆文庫、それに壁棚にほとんどが千円以下で大体は３００円の、映画・美術・幻想文学・寺山修司・日本文学・人文・文化・美術・児童文学が面陳も交えて続いて行く。この通路はとても熱い！　良い本が、安値で連続するのは、胸がすく光景である。店に入るなり、善行氏も無言で棚に張り付き、あっという間に数冊を確保していた……恐ろしい。邂逅わずか十分ほどで市に急ぐ氏と別れ、しばらくは店内で鵜の目鷹の目。
　う〜ん、これは近くにあったら、確実に定点観測店だな。と、最近出来たというこの激安店を羨ましく思い、入口右横の簡素な帳場で精算する。学研手塚治虫編集劇画サスペンス『地獄の魔犬／原作・ドイル画・小室孝太郎』『学校殺人事件／原作・ヒルトン画・はっとりかずお』『のろいの黒猫／原作・ポー画・大和田守』『地球さいごの日／原作・ワイリー画・香西邦雄』を購入する。

澤田書店

大学前でタイムスリップ

営業時間 10時〜18時半　**定休日** 土日　**電話** 075・451・0523

駅4番出口から地上に出ると、目の前で京都御所と同志社大学が、ともに広大な敷地を控えて向かい合っている。烏丸通をちょっとだけ北上すると、現代的な白いお店に挟まれた、暗く深い時間の淀みを湛えたお店が一軒……古本屋さんだ。

かなり古めかしい木造商店建築である。白い看板が乗った軒の瓦屋根の下には、木枠硝子のウィンドウと同型式の硝子戸が連続している。ウィンドウには全集が飾られ、硝子戸の向こうには、色褪せた古本の並ぶ空間が見えている。「学術書 法・経済書 全集 一般書高価買入」の金文字がある、入口として指示された一枚の戸を開けて、過去へ一気にタイムスリップする。静寂に支配された、古い家と古本の匂いが充満した店内。元々は大学前の古本屋さんとして賑わったのだろうが、今は超俗した余生を送っているような気配。壁際には造り付けの木製本棚、店内中央には空間を二分する天井までの棚があり、右と左の空間それぞれに背の低い背中合わせの棚が縦に配置され、狭い通路を生み出している。床はコンクリ土間。壁棚下部の平台下は、白いタイルで化粧されている。奥には居心地の良さげなカウンター帳場があり、真っ黒のサングラスを掛けた藤子不二雄Ⓐ的店主が、欠伸を噛み殺して店番中である。

　左壁には、経済・ビジネス・労働・法律関連が、時を停めつつズラリと収まっている。その向かいには、ビジネス経済関連の山と少量の児童文学。棚には日本文学・大衆文学・海外文学・時代小説が、昭和四十〜五十年代を中心にして並んでいる。店内二分棚には、コミック・ノベルス・日本文学・海外文学。帳場前まで進んで、カウンター下の左右文庫棚を屈んで眺め、右側ゾーンへ入り込む。棚脇のミステリ系文庫やノベルスを眺めてから、極狭通路に身を差し入れる。帳場から見て右には、歴史・文化・映画・音楽・演劇・美術・実用多種・短歌・文学が集まる。左は壁棚も含め、心理学・思想・古典文学・一般文庫・語学・外国文学研究・宗教・新書・洋書がみっちり収まっている。

　専門書が多く、棚にはあまり風が吹いていないようだが、そのおかげで文学周辺に妙な本が見受けられ、ワクワクドキドキ。値段はちょい安である。あまとりあ社SM選書第一集『死の島作戦／岡鬼一』（全ページ上段に挿絵が入る、C級エロ007モドキスパイ小説。絵は落合竜二こと椋陽児である）、永岡書店『新婚旅行ガイド 全国特選モデルコース』を購入する。本は丁寧に、コロッケを包むような包装紙で、フウフウ言いながら包んでくれる。

獺祭《だっさい》書房

硬めの良書がギュッと圧縮

営業時間 11時半～20時半　**定休日** 火　**電話** 075・431・1203

地下駅の2番出口から顔を出すと、烏丸通の向こう側は同志社大学。すぐに北側の脇道に入り込んで、西側の住宅街へ。道に行き当たり進路を再び北に採ると、左手に立看板以外は控え目なお店が見えて来る。

実はこのお店は、以前から入りたくて二度ほど近辺をウロウロしたのだが、発見まで至らず泣く泣く諦めたお店なのである。ちゃんと店の横には看板まで出ているではないか。何故気付かなかったのだろうか……。建物自体はペパーミントグリーンのマンションで、その一階だけ道路側に飛び出し、左側はマンション入口で、右が店舗となっている。100均文庫ワゴンの横に、人間大の重厚な木板の立看板。表面には象形文字から現代の漢字に変化中のような、店名看板文字が浮き出している。さらに入口前に立つと、「だっさいしょぼー」と大書され、文字の周囲には魚が泳ぎ、一番下では「獺」がそれを狙っているかのようなポーズを採っている。

おそるおそるドアを開けると、左に何故か大きな鏡がイーゼル上に置かれている。店舗は半地下とは行かないまでも、数段階段を下りた所に展開している。それにしても、ギュウギュウだ！　小さな店内に頑丈なスチール棚が立て込み、細かく短い通路を縦横に生み出している。かと言って、決して雑然としているわけではなく、整頓は隅々にまで行き届いている。ここまで棚が迫り来なければ、お店の印象はもっと違ったものになるのだろう。壁際はすべて本棚。フロアには縦に背中合わせの棚が二本、入口右横からも背中合わせの棚が一本突き出している。正面左奥が、手の届く場所にすべてが集まるコックピット的帳場があり、ラーメン大好き小池さん風店主が、静かに古本と対峙している。その背後に垣間見えるバックヤードも、店舗同様複雑なことになっているようだ……。

　静かで距離が近いので、緊張しながらまずは左壁。日本文学・ミステリ・日本文学古書・文学評論が並び、向かいには古典文学が厳めしく揃っている。入口右横にはヨーロッパ思想・文学が並び、裏側には哲学・言語学・心理学が控えている。中央短通路左側には日本思想が集まり、右には海外文学が集められている。右端の通路に入ると、入口側は行き止まりになっており、通り側に新書棚、壁棚に文学復刻本・大判ビジュアル本・予想外の児童文学・旺文社文庫となっているが、面白いのは棚中段にある古書ボックス。三つの書類入れを利用したもので、古い文庫本や小型本・付録本・紙物・パンフレットなどが収められている。おっ！　三村伸太郎の脚本集『人情紙風船』なんてのがあるじゃないか！　値段は４５００円か……くぅぅぅ……。また足元には、カバーのない文庫が入った50均箱なども置かれている。向かいには、ロシア・中国・アジア関連書が収まっている。奥壁には歴史&古典文学&社会科学関連文庫・日本文学文庫・本関連。

　硬く圧縮されたお店である。文学や歴史や思想関連に強い印象である。時々ミステリやＳＦなど妙な本も紛れ込んでいるが、そのちゃんとした値段から見て、これはオヤジさんの見識の広さをうかがわせるものである。値段は普通〜ちょい高だが、ジャストな感じ。大光社『ソビエトＳ・Ｆ選集1　怪獣17Ｐ／ナターリヤ・ソコローワ　リンマ・カザコーワ』（ビニールカバー・帯ナシ）を購入する。

マヤルカ古書店

路地のアプローチと裏庭が必見

営業時間 11時〜18時　**定休日** 木金　**電話** 090・1039・5393

千本中立売交差点から南に下り、ひとつ目の信号を東に。路地をツーっと進んで行くと、最初の細い私有地のような脇道入口に、子供椅子の上に置かれた、小さな小さな赤い立看板が目に入る。細かい街の中の目立たぬ場所なので、探し当てるのにずいぶんと手間取ってしまった……。だからこそ、たどり着けた喜びは大きい。立看板の向こうを見ると、ああっ！　右はブロック塀で、左に長屋の玄関が並ぶ奥の奥に、古本屋らしき姿が見えているじゃないか。かつて吉祥寺にあった「古本屋 さんかく」や浅草の「チェドックザッカストア浅草」とアプローチは似ているが、この20mほどの細さと長さは、それ以上に異世界への通路として存在している！

足を踏み入れ、少しお店に向かって下がりながら、路地をジリジリ前進する。お店の大きなガラス窓と、100均箱やカゴが近付いて来る。そしてお店の前に出ると、うわっ！　人を食ったような巨大なコケシのハリボテが、入口横で微笑んでいた。

お店を見上げると、やはり素敵な町家建築を改造したものである。大きな扉をスライドさせて中に入ると、左が奥まる逆さL字空間。右の窓際壁際にはチラシやカード置場になっており、二階ギャラリへーの急階段が高く伸び上がっている。左には小さなボックス棚が連続した、雑貨やマイナー新刊ゾーン、一部新書の古本も並んでいる。階段横には絵本と児童文学の回転ラックが置かれ、そこを越えると、右に壁棚、中央に平台、正面に大ガラス窓と棚群、左奥に隠されたようなコケシ売場と帳場が配置されている。帳場からは満面の笑顔を浮かべた女性が「いらっしゃいませ」と百万ドルの挨拶。いやそれにしても、古本より何より、窓から見える裏庭がすさまじい。大きな長い葉の植物が群生しており、とてもダイナミックで生命感あふれる、温室の如き緑の秘密の庭が、古本と雑貨の並ぶ店内と、好対照をなしているのだ。……これは良いお店だ。もうあのアプローチを体験させられて、店内でこの緑の裏庭を見せられたら、それだけで……と魂を奪われる。

　左の壁棚には、民俗学・旅・暮らし・音楽・伝統芸能・女流文学・日本文学が並び、下段に絵本・児童文学・アートが収まっている。平台の脇にはちくま文庫&日本文学文庫の棚と、さらに下には海外文学が少量まとまっている。ショッキングな窓の横には、本&古本・食・社会問題・コミック・現代日本

文学・海外文学が並ぶ。そして帳場の左横には、細い海外文学文庫棚が、下に行くほどカオスになりながら一本立っている。
　棚造りもお店の雰囲気も一本筋の通った女子向け店であるが、とにかくこのロケーションには絶賛の拍手を雨霰と贈りたい。値段は普通で、良い本にはしっかり値が付けられている。居合わせた相客の女子常連客は「今日はこの子にします。目がパッチリしてるから」と嬉しそうにコケシを購入している。こちらはいつも通りに帳場に古本を差し出す。四季書房『人なつこい季節／永井龍男』を購入する。店主に二階のギャラリーについて質問すると、「今は何もやってないんですが、来週からこれが。そして次はこれが」とイベントチラシをくれる。よし、今度は、あの路地を歩いて、裏庭を見て、そして二階に上がらせてもらおう。きっと何か心の琴線に触れる光景が、待ち受けている気がする……。

町家古本はんのき

運が良ければ古本眠り姫に会えるかも!?

営業時間 12時〜19時　**定休日** 不定休　**電話** 075・205・3286

駅を出たらとにかく千本通を北進する。丸太町通を越え、さらに北へ。そして千本中立売交差点手前の、信号機も横断歩道もない細い脇道とクロスする交差点で、名前が物凄く立派な仁和寺街道に入り込み、西へグングン進んで行く。町家や寺は入り交じるが、ここいらはもう立派な住宅街である。ワンブロック踏破して信号のある七本松通を越え、さらに西へ。途中左手に安養寺のベージュの壁が見えたら、その手前を南に曲がり込み、すぐさま西の小路地に入り込む。行き当たった所で南に曲がると、町家長屋が建て込む車の入れない路地。右手北から四軒目が、今出川から移転して来た新「はんのき」なのである……それにしても場所が分かりづらい！　超絶分かりづらい！　それに入口上に看板は架かっているが、外見は住宅的町家そのものなので、さらに発見しづらいのである……たどり着けて良かった……。

矢印の方向に引戸をスライドし、敷居を跨いで中に入る。そこは奇麗に掃き清められた土間で、右の畳敷きの部屋と奥の板敷きの部屋が古本屋として……ひえっ！　なんだ？　お、女の人が畳の上に横臥している。いったいどうしたんだ？　古本屋に入ると女の人が倒れている…これはまるで乱歩『D坂の殺人事件』！……だが良く見ると、女性は本を何冊か身体の上に乗せ、クークーと寝ているだけなのであった……そんな不思議な状況に、一旦外へ出て頭を冷やす。あの娘は、お店の人なのだろうか？　それにしても、良く寝ている。このまま帰っても良いのだが、必死に迷ってようやくたどり着いたお店なのだ。俺は、古本を買わねばならぬ。そう心を鬼にして、再び敷居を跨ぎ、子供のように眠りこける女性に「すいません」と、何度か声をかける。三回目くらいに「ヒィヤァ」と叫び声を上げ、本を身体から落としながら、彼女が起き上がった。何と素晴らしき漫画的光景。さすがにこちらも狼狽《うろた》えながら「お店やってますか?」と聞くと、彼女は両手で顔を覆い、ガクンガクンとうなずいた……。

　縦長の土間には、立派な100均・300均・500均の棚がある。靴を脱いでかなり高い四畳半＋板の間に上がり込むと、右側には酒・食・料理・ファッション・絵本などが幾つかの小さな棚に集まっている。真ん中には古雑誌・小冊子・女流作家の木箱があり。左のガラス障子の前には絶版漫画・少女漫画・カルト漫画の棚が置かれている。

奥は一面の壁棚になっており、郷土・京都・音楽・映画・動物・児童文学・絵本・雑誌がズラリ。左の板の間に移動すると、ガラス障子裏の階段には、串田孫一が集められ飾られている。奥壁側には、海外文学文庫・海外ミステリ&SF文庫・海外文学（充実しており詩集多し）・日本文学・歴史・宗教・政治と続く。真ん中には平台があり、おススメ本がディスプレイされ、探偵小説文庫・幻想文学文庫・日本純文学文庫が集められている。左奥には美術・哲学・思想の棚があり、奥の帳場では完全起床した古本眠り姫が、今はお仕事中である。
　本は見易く、良書が所々に安値で紛れ込み、しっとりと良いお店である。お値段もお手頃価格が多いので、場所の分かり難さを差し引いても、楽しめるお店である。入れて良かった。ソノラマ文庫海外シリーズ『ウイッチクラフト・リーダー／フリッツ・ライバーほか』を購入し、迷宮の古本屋さんを後にする。

ふみ書房

狭小直角三角形型店舗

営業時間 10時〜20時 **定休日** 不定休 **電話** 075・311・7084

西院駅から阪急京都線に乗って大阪方面へ一駅。土手の上に出来た駅は、すぐ横に西京極運動公園があるためか、ジャージ姿の男子女子の姿が誠に多い。改札を出てホーム沿いに西に向かい、ガード下を突き抜けている天神川通りを南へ進んで信号をひとつ越えると、住宅にくっついた小ぶりなお店が姿を見せる……だがまだ開いていない。時刻は午前十時過ぎなのだが、甘かったか。

仕方なくガードを潜って、三つの競技場が集まる公園に向かい、ベンチに腰を落ち着け日光浴をしながら開店を待つことにする……ちゃんと開いてくれるだろうか？ 十分ごとに高台に立ち、お店の動きをチェックする……早く開いてくれ！……結果から言うと、午前十時半になっても開いてくれなかった。ここは一旦諦めて、待ち時間稼ぎに長岡天神の「ヨドニカ文庫」を見に行くことにする。十分ほどで、いつか見たことのある駅に降り、いつか見たことのあるお店の前。

むぅ、もうお店の前に数々のダンボール箱が、流れ出しているじゃないか。だが今回は外箱にはあまり食指が動かず、逆に店内の棚に興奮。光風社『細い赤い糸／飛鳥高』（帯ナシ）、日本書房『月とあざらし／小川未明』、圖書新聞社『古書店地図帖 全国版（一九七三年）』、カラーブックス『珍本古書／高橋啓介』を計900円で購入する。幸先の良い手応えを感じ、西京極にトンボ返り。

再びお店の前に立つと、おぉ、カーテンが上がり「営業中 扉が重いので強くお引き下さい」の札が下がっている。だが、強く引かずとも扉はすでに開き放たれており、店内の床スレスレに、ご婦人の後頭が浮かんでいた。思わずギョッとするが、どうやら壁棚最下段のストックを整理していた模様である。そこに「見せてもらっても良いですか」と声をかけると、低い位置のまま訝し気な表情を見せたが、こちらの手に下がった古本入りの「古本まつり」袋に視線を走らせ、すべてを察してにこやかに「いらっしゃいませ」と立ち上がる。ちゃんちゃんこを着てショートカットなので、似ていないのだが自然と鬼太郎を連想してしまう……す、すみません。

　一段高くなった店内に入ると、何だこの薄さは！　何だこの横に長い三角形は！　素晴らしき哉、ヒューマンサイズ！　と、こんなことになったお店の運命を楽しく妄想しながら、棚の観察を開始する。入口左横には、距離なく重なるように100均文庫棚が二本。その横には大型本ラックがある。その奥には言葉関連の本が集まる棚がひとつ。左の三角形の極狭頂点には、換気扇の下に郷土本棚が置かれている。右に向かってナナメに奥まる壁棚には、映画・演劇・古典芸能&文学・日本文学・仏教・禅・歴史・東洋文庫・戦争・近代史が並んで行く。入口右横には重々しく回すのに一苦労する回転棚があり、性愛やルポ本を多く集めている。窓際には疎らに文庫が並び、右奥には文庫棚が置かれ、その横が極狭の帳場になっている。

　素敵な狭小変型店舗で、硬い棚造りが実に渋い。値段は結構しっかり目である。浅ましく必死に手頃な本を探し、旺文社文庫『枯野の宿／つげ義春』を購入すると、「おおきに」とお釣りを渡してくれた。関東人が関西に来たことを、グッと実感出来る一言である。

London Books

嵐山の洋風で雅な駅近店

営業時間 10時～19時半　定休日 月、第3火　電話 075・871・7617

四条大宮からフランス人と学生だらけの嵐山電鉄に乗り、だかんだかんと結構なスピードで嵐山方面へ。洛中の繁華街とは違った、ちょっと生活感のあるくすんだ京都の貌を車窓に流し、道路上も走り、映画村や金閣寺や龍安寺など観光地を、一両きりで健気につなぎ、嵐電は走って行く。二十分で簡素な無人駅に到着。ホームから下り、すぐの踏切を北に渡って商店街に踏み込んだと思ったら、もうすでに古本屋さんが姿を見せてくれていた。

白い建物から濃い青の日除けを張り出し、大きなウィンドウと緑の木枠ドアがお洒落な、カフェ的外観である。黒い立看板には「Secondhand book seller」の文字。しかし臆することはない。何故なら店頭には、100均単行本50均文庫二段ワゴンが出されているからだ！　ここは「￥100コーナー」「￥50コーナー」と名付けられており、それぞれに「こちらの本は書き込み・痛み等ある場合があります」と親切に明記されている。早速そこに張り付き、しゃがんで文庫を一冊摑み取り、カチャリと店内へ進む。広く見通しの良い、木を存分に素材として使用した、シックで上品な空間である。雰囲気は東京の「上々堂」に似ている。三方の壁を棚が覆い、フロア左には横向きの背中合わせの棚が一本と、奥に縦置きの背中合わせの棚が一本。フロア右側には丸テーブルの後ろに、縦置きの棚が二本連続している。入口左右両側のウィンドウは出窓になっており、アート・ファッション・カルチャー・暮らしのムックや雑誌が、敷き詰めたように積み上がっている。左奥に帳場があり、奨励会に合格していそうな、棋士の雰囲気を持つ男性が静かに座っている。

まずは右端通路へズンズン進むと、壁棚は300均本から始まり、自然・宗教・民俗学・哲学・思想・社会・映画・建築・写真・文明・音楽・サブカル・コミックと端正に連なって行く。各棚の下には低い平台があり、お薦め本が静かに美しく面陳されている。向かいは、海外文学文庫・コミック文庫・時代小説文庫となっている。

ゴトリゴトリと中央通路へ。右には日本文学文庫と、奥に日本純文学文庫・中公文庫、岩波文庫。左は横向き棚

に暮らし・京都・旅・鉄道・食が並び、奥にはちくま文庫と新書が揃っている。左端通路は、壁棚に海外文学&幻想文学・エッセイ・セレクト日本文学・函入り本・文学覆刻本・澁澤龍彦・日本幻想文学・特殊雑誌。奥の通路棚には、洋書・イラスト・手芸など。奥壁棚には、絵本・ビジュアルブック・アートがドッサリ集まり、帳場背後まで続いた所には、プレミア古書類と、ガラスケースの中に『タンタン』原書や横尾アート本などが飾られている。

　気高いお洒落さと趣味と町の古本屋が美しく混ざり合った、静謐で上品なお店である。古い本は遡っても六十年代くらい。値段は普通。春陽文庫『社長の娘／源氏鶏太』、角川小説新書『機械のなかの青春／佐多稲子』を購入する。店主は「ありがとうございます」の言葉を、「が」と「ございい」の部分にアクセントの頂点を持って来る雅な喋り方。「おおきに」は何度も聞いているが、このパターンは初めてな気がする……。

まだまだあるぞ古本屋

洛北

◉さらさ西陣―鞍馬口駅
営 12時〜23時 休 水 電 075・432・5075

鞍馬口通りにあるカフェ。玄関の立派な唐破風が、ちょっと銭湯を思わせる古家である。右壁窓際に「ガケ書房さらさ西陣店」のちらしが貼り付いた本棚がある。セレクトしているのはほぼ「はんのき」で、カフェ向けの清廉でお洒落な並び。

◉至成堂書店―北大路駅
営 9時〜17時 休 日祝 電 075・431・2345

大谷大学南東側にある。化粧レンガビルの一・二階に、ドイツ文学・哲学・フランス文学・英米哲学・ルネサンスの洋書が、大きく厳めしくぎっちりと並んでいる。太刀打ち出来ず！

◉萩書房―鞍馬口駅
電 075・431・3721

鞍馬口駅出口1から南へ進み、ひとつめの信号を過ぎると見つかる、黒い小さな出し桁造りのお店。入口が狭

く入り難いが、中はキレイな街の古本屋さん。単行本は硬めだが、足元の文庫に古いものが混じっていたりするので面白い。

洛西

◉あっぷる書店—二条駅

営 13時〜20時 休 月 電 075・462・2507

千本商店街の千本中立売交差点近くにある。広くて雑本的で、ラジオが流れているが静かなお店。一般書以外にも、絶版漫画や教科書類、それに100均も充実。おばちゃんはとてもフレンドリーで、スタンプカードあり。

洛外

◉ヨドニカ文庫—長岡天神駅

営 10時〜20時半 休 不定休 電 075・956・4775

駅東出口から線路沿いに南へ。ダンボールや木箱に古本を詰め込み、店頭に大量放出。店内も右側通路壁棚中央や、左側通路通路棚手前下段に面白い古書あり。値段は安めで、漁る楽しみのあるお店。

買入
大觀堂
TEL 351 9335

2 大阪エリア

梅田
天神橋筋
心斎橋・なんば
環状線周辺
郊外

中尾書店

古書のまち入口には孤高の建築者が

営業時間 11時〜20時　定休日 水　電話 06・6373・1118

　阪急梅田駅の階上の乗り場には向かわずに、ひたすら一階の通路で北を目指す。阪急三番街を通過するとやがて現れるのは、「阪急古書のまち」という、十一店の古本屋さんが集まった全長五十メートルほどの、屋内古本屋ストリートである。全店舗、ガラス素通しでピッカピカ……。その中の一番南側に位置するお店の前で足を止める。

　ウィンドウには大判の豪華本が縦横に組み合わさり飾られ、端には「あらゆる古書誠実高価買受」の看板がある。右のウィンドウには古典籍が縦横に……。入口付近には、横積み大判本タワーと100均文庫タワーが何本か。中に進むと、狭く腰高まで本の積み上がる通路が二手に分かれている。右に入り込むと、浮世絵などのプレミアムな紙物が飾られたガラスケースが壁際を巡り（品評会の入賞たすきみたいな物まで）、床には和本タワー、棚には書の本が収まっている。

　入口まで戻ると、まずは左に古雑誌・絵本・付録本・古漫画などが積み上がった山がある。少年誌・少女誌・幼年誌・野球&相撲雑誌……何かありそうだな。右には辞書の並ぶ棚の下に、地図や紙物が大量に置かれている。左に曲がり込むと、奥側にはカオスな本群に包囲された帳場があり、底の方で女性店員さんが元気に「いらっしゃいませ」。向かいは入口から続く本の山だが、段々安定度の高い大型本の割合が高くなってゆく。さらに奥に進むと、中央の低めの棚を中心に回遊路が造られている。そこには店主と思しき白髪カーディガン姿の男性が、ひとり蠢いており、本を移動させたり積み重ねたりを繰り返している……この通路はとても狭いが、安定的に本が縦横に積み上がる奇妙な光景は、彼が造り出しているのか。まるでレンガをひとつひとつ重ねて行くように、店内をどっしりとした末広がりの安定感で満たして行く……その後姿は、完全なる孤高の建築者であった。邪魔をせぬよう奥に回り込む。

　中央の棚には上部に一列だけ文庫が乗っかり、他は俳句・戦争・文学、そしてその下に古い婦人雑誌が集まっている。帳場横には写真絵葉書コーナーがあり、壁棚は大阪・歴史・古典文学・宗教・占い・美術・文学などが、ちょっと摑み難くカオス風に続いて行く。左通路側奥には大型本が集まっているのだが、その上に文学古書が積み上がるコーナーがあり、大衆小説やジュブナイルも含まれている。谷譲次の『浴槽の花嫁』が上手く大型本の支えに使われている！

　整然とは異なるキレイな店内だが、掘り出す楽しみがあるのは魅力的である。ただし値段はほとんどがしっかり値となっているので、資金を充分に用意して来るか、諦めずに納得を求めてとことん掘り下げてみるか、ある程度の覚悟が必要である。私は中途半端に掘り、鈴木出版手塚治虫漫画選集5『フィルムは生きている』（カバーナシ。何故かアニメ製作者バカ一代的内容を「宮本武蔵」になぞらえ展開させる奇天烈な漫画）を購入する。昭和三十四年当時の手塚タッチで描かれた、外国漫画映画キャラが散りばめられた表紙に心奪われ、思わずジャケ買いしてしまった次第。

本は人生のおやつです!!

フレンドリー&ハイテンションにKO!

営業時間 12時〜20時（土祝11時〜18時） **定休日** 日月 **電話** 06・6341・5335

地下から北新地駅11―5出口に出ると、大きな桜橋交差点。四つ橋筋を南に下り、二本目の脇道を西へ入り込む。フラフラと裏通りを歩いて行くと、やがて左手の角地にモダンな堂島永和ビルディングが姿を現す。そのビル入口に、堂々たる書体で「本は人生のおやつです!!」と書かれた木の立看板が置かれている。これが店名なのである。本は今まで様々な知的財産として例えられて来たと思うが、おやつに例えられたのは、人類史上初めてなのではないだろうか……。

重いドアを押して中に入ると、ビルの案内版にも当然堂々と店名が書かれている……もはやこの自由さは、ちょっとした悪夢のようだ。雰囲気ある階段を二階へ上がると、目の前に開け放しの扉が出現し、すでに本棚の並ぶ店内が見えている。おずおずと入り込むと、正方形に近く見通しの利く空間。高い壁棚は左壁のみで、中央には二つの机&棚島があり、右壁奥壁には低めの棚が連なっている。入口左横にはボックス棚が置かれ、その向こうに帳場があり、帽子を被った女性が手元の仕事に集中している。

ボックス棚の美術やカルチャーを見てから右壁を見上げると、そこには上村一夫がイラストを手掛けたLPレコード&シングルレコードが、大量に飾られていた。どうやら期間限定の展示のようだが、こういう仕事のまとめ方があったかと大いに感心していると、帳場の女性が立ち上がり「いらっしゃいませ」と言うや否や、上村一夫の素晴らしさをフレンドリーに楽しくハイテンションに語り始めた。向こうのペースに乗せられ、こちらもポンポンと言葉を交わし、何だか非常に楽しい気分になる。右壁沿いには展示とともに100均本と雑貨が並び、向かいに映画や思想本が並ぶ小さな棚がある。中央二つの机&棚島には、レコードプレーヤーや雑貨、それに文庫ラックとお薦め本、俳句評論&研究本などが集まっている。奥壁の窓際下には、雑貨・ポケミス・ポケSF・絵本・児童文学・SF文庫・海外文学が集められている。左壁は丁寧に細かくジャンル分けが為されており、詩集・日本文学・俳句・食・旅・民俗学・現代思想・本関連などが知的に並ぶ。ここには一部新刊もあり。

本はそこまで多くはないのだが棚造りは自由闊達で、ジャンルは結構絞られている。俳句と詩集に

渋味あり。そして店主の、すぐさま他人の壁を打ち壊す乙女的ハイテンションキャラが、かなりの魅力を発揮している。値段は普通。

学研別冊よいこのくに「つちをほったら/柿本幸造画」を購入すると、柿本+自分の好きな画家たちについて熱く語り始めながら、店名があの書体のままプリントされた袋に、大判の絵本を入れようと悪戦苦闘し始める。「どーしてもこれを使いたかったんです。この袋を新しく作ったんで、どうしても入れたいんです!」と、慎重だが半ば無理矢理に絵本を収納して行く。「取り出す時は大変でしょうが、どうしてもこの袋に!」……ワハハ、まだ言ってる。このような全力のユーモラスな接客が、大変に心を和ませてくれるのである。

ピチピチの袋を受け取り、見送られて階段を下る。しばらくはこの絵本を、心のおやつにいたします!と誓いながら。

まだまだあるぞ古本屋

梅田

◉梅田蔦屋書店—大阪駅

営7時〜23時 休不定休 電06・4799・1800

大阪駅駅ビルのひとつ、ルクアイーレの九階にある、500席ほどのカフェ席と融合した、競技場トラック型新刊書店。だが隅っこの4thラウンジ壁面に、ひっそりとだがわりと大きな古書コーナーがあり、アート・写真集・カルチャー雑誌・セレクト文学&文庫などが「ヴィンテージ」のシールを貼られて並んでいる。今後はミステリーにも力を入れるつもりとのことである。

◉阪急古書のまち リーチアート—梅田駅

営11時〜20時 休水 電06・6373・1117

限定本・稀覯本が飾られた、高級感溢れるギャラリー的お店。三島由紀夫署名入り『黒蜥蜴』に驚き、絵葉書・大型本・豆本・骨董などに大いに気圧されてしまう。入口横の新入荷本（建築&アート関連）が一番手に取り易いところ……でも、入り難い……。

◉阪急古書のまち 中尾松泉堂書店—梅田駅

営11時〜20時 休水 電06・6373・1116

大きなショウウィンドウがあり、宝物的高級感の漂う古典籍や版画、大きな掛軸や筆&墨などが飾られている。気軽には入り難い……とてもとても入り難い……おまけに奥のオヤジさんの視線がこれまた鋭いので、さらに入り難い……。

◉阪急古書のまち リブレリ アルカート—梅田駅

営 11時〜20時 休 水 電 06・6373・2524

鉱物や西洋アクセサリーや絵葉書とともに、洋古書が壁一面に重々しく並ぶ。瀟洒だが高級さも持ち合わせた小さなお店である。ここも、とてもとても入り難い……。

◉阪急古書のまち 稀珍堂書店—梅田駅

営 11時〜20時 休 水 電 06・6373・1160

古書のまちで、一番大衆的古本屋っぽいお店。入ってすぐのゾーンは棚も低めの平台も、とても雑本的である。だが奥に入ると、古く重い歴史本が集まり、ついでに在庫が積み上がる状態……何処までも街の古本屋さん的なのである。

◉阪急古書のまち 太田書店—梅田駅

営 11時〜20時 休 水 電 06・6374・2336

通路が曲がるところに跨がったお店である。その店内は、左にサブカル・探偵小説・幻想文学などが集まり、右に硬めの本や技術書が集まる。竹を割ったように痛快な精神的セパレートタイプで、文庫も古いところまでしっかりと揃えているので、一般的に楽しめる度合いが高い。

◉阪急古書のまち

萬字屋書店＋オリエントハウス萬字屋—梅田駅

営 11時〜20時　休 水　電 06・6371・7010（萬字屋書店）
電 06・6371・2008（オリエントハウス萬字屋）

斜向いに同系列の二店が存在するが、北寄りのお店は東洋美術を得意とし、通路中寄りのちょっと小さめなお店は日本歴史関連を集めている（こちらは文庫もあり）。両店共に青500円・黄300円・青200円とシールで色分けした、古書のまちではことさら嬉しい安売本が存在する。

◉阪急古書のまち

古銭切手　杉本梁江堂—梅田駅

営 11時〜20時　休 水　電 06・6371・1176

映画・音楽・演芸・役者・伝統芸能・演劇を濃厚に集めたお店。映画はシナリオやVHSビデオもある。ミヤコ蝶々の署名本が数冊固まり、光り輝いている。

◉阪急古書のまち **藤沢書店**―梅田駅

営11時〜20時 休水 電06・6373・0779

仏教・国史・古代・日本文化に特化したお店。通路に入るとそこはベージュの装飾性皆無の学術函入本と和本の世界。店頭には店内を凝縮したような500均ワゴンもあり。

◉阪急古書のまち **書砦 梁山泊**―梅田駅

営11時〜20時 休水
電06・6374・2582

京都に、まさに書砦と呼ぶに相応しい本店がある。社会・哲学・法律などに強さを発揮するが、映画・音楽・文庫もあり。古い什器にそこはかとない貫禄がある。また硬め本の200均ワゴン&300均木製ワゴンは見どころ。

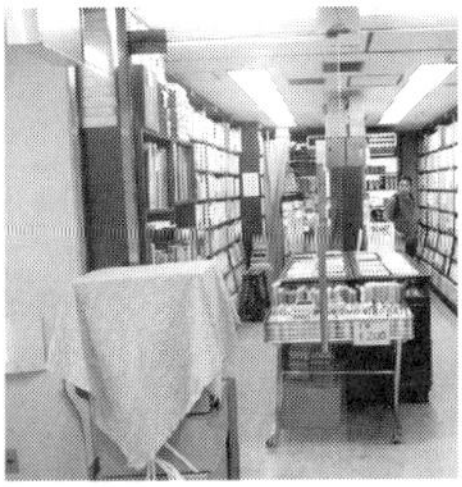

◉**まんだらけ梅田店**―梅田駅

営12時〜20時 電06・6363・7777

東通りの奥にある。日常から強制的に離脱させられる巨大洞窟風店舗には、二階のガラスケースに漫画付録・児童書・特撮関連児童書のレア本が集められ飾られている。付録漫画ファイルを一ページに四冊収めた巨大ファイル群は壮観である。

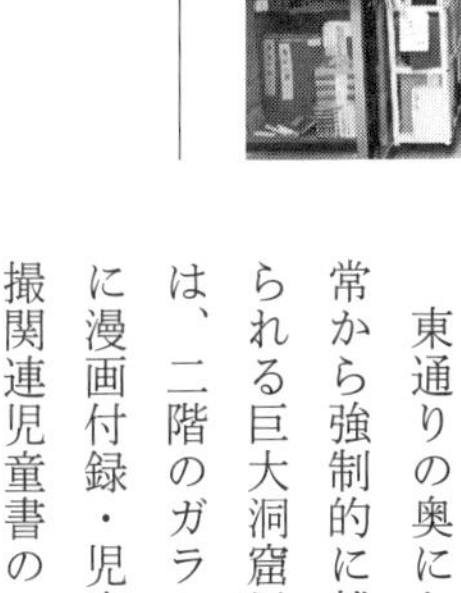

◉大阪駅前第3ビル古書店通り **古本 もっきりや**―大阪駅

営11時〜20時(土〜19時半、日祝〜18時) 休無休

大阪駅と直結する第3ビル地下二階にある。文庫・

雑誌・絶版漫画の、スカッと潔いお店。意外に広い整然とした店内が見事だが、壁面ラックに面陳された雑誌群がまた目を惹く。プレミア本ショウケースや、付録漫画コーナーもあり。

◉大阪駅前第3ビル古書店通り **汎書店**―大阪駅

営11時～ 休日 電06・6373・0779

通路棚と複雑な店内で構成された正統派な古本屋。右奥の歴史&宗教棚と左奥の古書棚に力あり。棚に貼られた「高いと思う物は買ってはだめです。本は出会いの物ですので、嬉しい！ ラッキー！と思う物だけお買い上げ下さい」という貼紙が泣かせてくれる。

◉大阪駅前第3ビル古書店通り **永井古書店**―大阪駅

営11時～ 休日 電06・6373・0779

奥に歴史・宗教・文学の古書がスヤスヤ眠っているが、前面には均一本と共に官能小説&ヌード写真集が集まる、硬く軟らかなお店。ところどころに多く出現する、80～90年代の劇画コミックも愉快な見どころである。

古本
楽人館
和光鍼灸治療

ジグソーハウス

ミステリ！　推理！　探偵！　ＳＦ！

営業時間 11時〜18時　**定休日** 月〜木　**電話** 06・6881・0339

駅を出て天神橋筋商店街に入り、南に遠慮会釈なく進み続ける。四丁目が終り、欄干の残る地上の橋の名残を渡り、三丁目に突入する。１ブロック過ぎた所で、東人と関西弁の流れとアーケード屋根にお別れして、東へ。途端に新しく高いマンションが建ち並ぶ、味気ない街路となる。３００ｍほど歩き運動場前の十字路を過ぎると、左手の小さなビルの前に、厚い洋書の上に乗った小さな黒い看板があるのが目に留まる。「週末ふるほんや」とあり、探偵小説・ミステリ・ＳＦ幻想・絵本・アート・綺想系・サブカルチャーと、あまりにマニアックな取扱品目が書き出されている。

ビルのドアを開けて階段を上がり、小さな「営業中」の札の貼り付いた青く重い扉を開けると、明るく細長く本がたくさん並ぶ空間が広がっていた。右奥の帳場には誰の姿もなかったが、奥から女性が出て来て「いらっしゃませ」と緊張を解きほぐす一言。床はカーペット敷きで、中央に背の低い背中合わせの棚が、左に長いものが一本、右に短いものが一本置かれている。入口左横からは本棚が続き、右は帳場前まで続く形である。奥側は一面が長い壁棚となっており、右奥は棚に囲まれた細長い行き止まり空間になっている。

入口左横はポケミスから始まり、創元推理文庫・ハヤカワミステリ文庫・ポケＳＦ・創元ＳＦ文庫・付録ジュニア小説などが続く。窓際には期間限定の１００均文庫箱と絵本棚（佐々木マキコーナーあり）。フロア棚左には上部に「金星文庫」の本が並べられ、日本作家ミステリ文庫・ＳＦ文庫・一般セレクト文庫・ペーパーバック・春陽文庫を収めている。入口右横には鮎川哲也文庫・ミステリ&探偵小説アンソロ文庫・絶版ミステリ&探偵小説文庫が揃っている。その前の棚には、日本作家ミステリ文庫が収まっている。奥の壁棚には、店名故か最上段にジグソーパズルの大きな箱がドバッと並び、その下に絵本・幻想系絵本・アートブック・オカルト・占い・幻想文学・海外ミステリ＆探偵小説、そして作家50音順日本ミステリ＆推理＆探偵小説が行き止まり通路をぐるっと囲んでいる。ここのオリジナル本は、大体昭和三十年代以降で構成されている（岡田鯱彦・新章文子・宮本幹也・三橋一夫などあり）。

面食らったのは最下段に置かれた紙物箱で、これがミステリ・探偵推理小説・幻想文学関連の紙物ばかりなのだから、たまらない！　全集目録・新聞切抜・日本推理作家協会報・広告チラシ・存在さえ知らないマイナー資料類など。とにかく視点が斬新なのである。斯様に探偵小説〜ミステリの世界を、中級〜上級の扉半開きくらいまで楽しめるお店。値段はちゃんと付いているが、相場より安めでお手頃感あり。

途中、くせっ毛の仲谷昇風男性が外から帰還し、「いらっしゃいませ」と囁きつつ帳場奥に座る。彼がこの頼もしいお店の店主なのだろう。神保町の「三省堂古書館」ではいつもお世話になってますと、心の中で頭を下げる。青樹社『あなたは名探偵／中島河太郎編』、岡大国文論稿『夢野久作宛 佐左木俊郎書簡／大鷹涼子』（何でこんなものを売っているのか！　そしてなんというものを研究しているのか！）を購入する。

矢野書房

名物商店街の質高き一店

営業時間 12時〜19時　**定休日** 無休　**電話** 06・6352・1056

駅からほぼ直結しているような、ロングロングアーケード商店街・天神橋筋商店街に入るとそこは四丁目の北端。「古本エンゼル書房」を左に見て、ズンズン南に歩いて三丁目に入り、ワンブロック進むと左に「栞書房」が現れる。その二軒先に間口は普通だが、奥深くなかなか複雑な通路を内包したお店が登場する。

軒の左側に開いた本をイメージした看板がかかり、店頭にも100均文庫棚や100均文庫ワゴンや100均ポケミスワゴンとともに、白い電気看板が置かれている。中に進むと、壁際は本棚やガラスケースで覆われており、フロアには低めの本棚・ラック・深めの棚や木製箱ワゴンなどが集まり、基本的に三本の通路を造り出している。左奥にガラスケースで出来た帳場があり、右奥はさらに深くなっている。帳場では留守番の女性がお仕事中である。左端通路は壁棚に、端正な日本純文学（かなりこだわりあり）・海外文学・幻想文学・伝統芸能・映画テレビ・役者などが続き、帳場前には絵葉書群とともに、縦長のガラスケース内に澁澤&三島のレア本が多数飾られている。向かいは70年代セレクト文学・ミステリ（違う店名の本があるので、一部貸し棚の可能性あり）・大衆文学・言葉・文章・文学評論家などが収まる。中央通路は、左にSF文庫・時代小説文庫・ポケミス・山岳・読書&本関連・工芸が並び、右は一般文庫箱・貸本漫画・付録漫画が集められている。

右端通路に立つと、えっ？　こりゃいったい……そこは今までのしっかりとした古本屋ゾーンから何光年も離れてしまったような、なんとジャニーズグッズ売場！　ポスター・写真・団扇・グッズ……突然の激しい変化に言葉を失いつつ、奥へ。すると右壁が文学評論・民俗学・美術となりホッとする。左側には横向きに小さな本棚が連続し、絶版漫画・児童書・漫画文庫・ミステリ文庫・ＳＦ文庫・春陽文庫・中公文庫・岩波文庫・ちくま文庫・海外ミステリを並べている。ここから奥は右がガラスケースとなり、絶版漫画・プレミア文学本・ガラス器などがディスプレイ。その向かいには、大きな台の上にたくさんの古書箱が置かれており、本をレコードのように見られるようになっている。だから、一冊一冊引き出さないと何の本か判然としないので、結局端から端まで見ることになってしまう……おぅ、この江見水蔭の鉄道旅行本にかなり心動くが、３５００円か……むむむ、こ、今回は、我慢しよう……。ちなみにほとんどが文学本であった。最奥に進むとそこにも棚があり、美術・漫画評論・食などの本が集まっている。

　とても質が高く、深く楽しいお店である……ジャニーズ関連以外は……。結構迷いながらいつまでもいられそうで、通路を巡る度に良く見たはずなのに、何か新しい発見が飛び出してくる。値段は普通で、良い本にはしっかり値が付けられているが、お手頃値段のものも時折見つかるので、ついつい血眼になってしまう。創元推理文庫『ダブル・ショック／Ｊ・ハドリーチェイス 田中小実昌訳』を購入する。

電話　090・7551・0689

メガネヤ

営業感ゼロのマンション内古本屋

６番出口から地上に出ると、天神橋筋の大通り。ここから北に真っ直ぐ進んで50ｍほどのマンションの一室に古本屋さんがあるはずなのだが、看板も目印も何処にも何も見当たらず、狐につままれたように途方に暮れる。仕方なく苦手な電話をしてみると、ぼやっとした男性の声が聞こえ、丁寧に道案内をしてくれた。美容院のあるマンション・ハイマート南森町に入り、２０８号室を訪ねよと言う。駐車場の入口みたいなエントランスを経由して、人気の無いマンション内に入り、二階で２０８号室を探すと、そこは長い廊下の突き当たりであった……やはり店名などは何処にもない。

チャイムを鳴らすとほどなくして鉄扉が開き、JUDY AND MARY・TAKUYA似のぞろっとした青年が、にこやかに優しく迎え入れてくれた。玄関横にコミック棚はあるが、古本屋さんという感じではなく、完全に人の住まいである。「いやぁ、運がいいですよ。木曜日は午前中だけ、ちゃんと開けることに決めてるんです。他の日は、気まぐれに開けるんで」……それはグッドタイミングであった。

靴を脱いで廊下に上がると、入口横のフローリング四畳半に案内され、「ここが一番本が多い部屋なんです。値段はほとんど付けてないので、まぁボクに聞いて下さい。そんなに高いことは言いませんよ」とニヤリ。彼は奥の部屋に集まる先客の相手に向かったので、ゆっくりと本を眺めることにする。入口から見て左上には児童文学棚が一列並び、正面は一面が児童文学&絵本棚となっている。フロアには机と棚が置かれ、そこにも児童文学と児童書が集まり、他に村上春樹・世界各国地図&ガイド袋・書き込み激しい教科書などが並んでいる。正面の右奥には、おぉ！　探偵小説・ジユブナイルSF・ジュニアミステリ・大判児童書・オカルトが並んでいるではないか。右壁には怪獣カードブック・UCCエヴァ缶・アートブックなど。入口右横の壁棚には、日本文学・ジュニアミステリ・児童入門書・乙女・アート・またもやの児童文学……むっ、カロリーヌの『せかいのたび』と『つきりょこう』があるじゃないか。児童文学&児童書が充実したお店である。だがこれは聞いてみると、店主の好みというわけではなく、たまたま買取で仕入れた本がそうだっただけで、これは今後の仕入れによっては変わる可能性があるとのこと。何だかアバウトだが、棚造りはキチ

ッとしているので、そうは見えないのが面白い。

お店がこのような営業形態なので、古本屋さんとして訪れる客は稀なそうである。奥の料理本や文庫やカルチャー雑誌が置かれた部屋では、イベントやパーティが開かれているそうなので、そちら目的で来る人が、時々本を眺めたりたまに買ったり、人にお店のことを伝えたりしているそうである。

さて、本を選ばなければ。大判の児童書怪獣モノの『なぜなに学習図鑑』シリーズの値を問うと「それは美味しい高級料理が食べられる値段です」と言われたので即座に諦め、棚の上にあったポプラ社『密林の孤児／南洋一郎』、光文社『塔上の奇術師／江戸川乱歩』（こちらは貸本上がり）にすると、「一冊千円くらいで。その辺は、誰も触りませんよ」とのことなので、有り難く買わせていただくことにする。う、嬉しい！

駒鳥文庫

映画オンリー小宇宙

営業時間 12時〜19時 **定休日** 月その他 **電話** 06・6360・4346

駅から地上に出たら天神橋筋商店街に入り、南に下って行く。ここはこの長い長い商店街の、始まりになるのか終りになるのかちょっと分からぬが、とにかく端っこ近くを歩いて行く。200mも歩いて東に入ると、お城クラスの石垣が目の前にドンと現れ、やがて立派で勇壮な大阪天満宮の表門前。ここから再び南に足を向けると、信号のある交差点に到達し、左手前方角地の、落ち着いた色味の陶タイルを張り付けたビルが目に留まる。

その一階に目をやると、濃緑の日除けが本の並ぶウィンドウ上に張り出し、建物沿いには木のベンチが据えられ、安売パンフ箱が並んでいる。面取りされた角の入口は、ガラスブロックと色タイルと木製ドアが、上質な雰囲気のあるお店を、華麗に演出している。そこに一台の自転車が到着し、帽子に黒縁眼鏡&髯の青年店主が、鍵を開けて入り込む。「映画関連古書専門」とある、可愛い店名ロゴの書かれた小さな立看板を見下ろし、握りがあまりに小さなドアノブを回し、羽のように軽い扉を開けて店内へ。天井が高く、センス良く構築された古本屋とは思えない異空間である。左にはソファと棚が続き、正面〜左奥にはカウンターテーブル。右にはとても背の高い棚が、入口右横〜右壁と続き、奥にも一部続いて行く。

あまりに高い上段のためか、大きめの本格的な木製脚立が壁に立て掛けられている。中央には大きなテーブルがひとつ置かれている。先ほどの店主はカウンターの向こう側に座っており、パソコンで何か映像の編集をしている模様。入口右横には映画雑誌各種・洋書が集まり、ボックス内には『スター・ウォーズ』とSFのコーナーも見受けられる。右壁前に回り棚を見上げると、天井から小さいが目を射るような明るさを放つ電球が、等間隔でぶら下がっている。それらが照らし出す本はもちろん映画の本ばかりで、まずはアメリカ映画・ヨーロッパ映画・アジア映画。そして日本人映画監督の自伝、評伝、エッセイ、研究。フィルモグラフィ、シナリオ集などが縦にズラリ。その横には、映画史・評論・ガイドなど。ちなみにこの棚には、そこかしこに8ミリカメラとそのフィルムパッケージが多数置かれ、映画的宇宙を大いに盛り上げている。見ているとパッケージでさえも少し欲しくなってくる。

　奥壁には映画の理念&技法（撮影・監督・美術・照明などもろもろ）、それにシナリオなどが集められている。この周辺には映画のキャンペーングッズなども飾られ、『ジョーズ3D』紙製立体メガネのショボさに涙する。左の窓際には大量のパンフが、まるでLPレコードのように並び収められている。カウンターにもパンフやノベルティなどが積み上がり、おっ！一番上に置かれているのは若松孝二のサイン色紙じゃないか……。

　シンプルだが、映画を最大限の武器として選択した清々しいお店である。それがセンスの良い空気と融合し、渋い非日常の世界をこのビル一階に出現させている。値段は普通〜ちょい高。東宝シナリオ選集『乱菊物語／原作・谷崎潤一郎 監督・谷口千吉 脚本・八住利雄』を購入する。

まだまだあるぞ古本屋

天神橋筋商店街

◉エンゼル書房—天満駅

営11時〜19時　休無休　電06・6356・3330

天満駅から四番街に入るとすぐに出現する。店構えは新しめで奥深く、文庫・コミック・アダルト・ミステリ&エンタメがメイン。右側通路奥には少し硬めに文化的な本あり。通路一番手前の壁棚が「趣味恋愛」棚となっており、何だか対称をなしている。

◉栞書房—天満駅

営11時〜19時　休不定休　電06・6882・5220

北から天三に入り、1ブロック過ぎたところにあるお店。店内は奥深く、ちょっと緩いスロープ状になっている。手前は女性ムックや文庫に絵本など、明るいリサイクル系店的だが、奥に進むと古書が現れ雰囲気は一変。オカルト・サブカル・絶版漫画・古雑誌と、途端に古書的に懐が深くなるのだ。映画・テレビの古書&雑誌も充実し、アダルトもしっかりと幅を利かせている。ワンダフル！

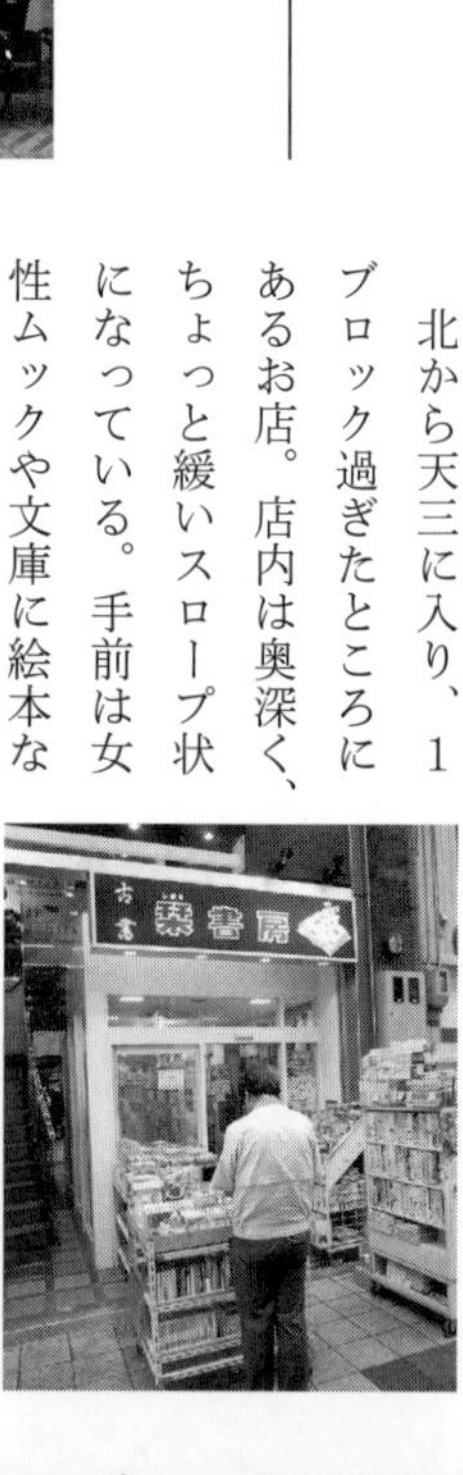

◉書苑よしむら—天満駅

営13時〜19時　休月　電06・6881・3965

栞書房から1ブロック進んだ所で西の脇道に入った、

古いビルの二階にある。本棚が壁の半分ほどを埋めているが、フロアに積まれた横積み本が、それを軽く凌駕する。美術・骨董関連が主だが、入口近くに上林暁や文学・文庫・安値の絵葉書などあり。店の奥にある黒白猫の陶器人形がとても可愛い。

◉天牛書店 天神橋店—南森町駅

営 11時〜20時 休 無休 電 06・6242・0155

「矢野書房」の南、右手にある。創業明治四十年の美しく端正なお店で、シックな新刊書店のようでもある。文庫や雑誌もあるが、文学・歴史・美術の単行本が、薄暗い室内で

魅力を存分に発揮。古書もところどころ＋左壁中盤にズラッと並んでいるので、一冊ずつのチェックをお薦めする。ガラスケースには美術文学本以外にも、プレミア児童書や探偵小説雑誌が飾られている。

◉ハナ書房—南森町駅

営 10時〜17時 休 無休 電 06・6353・1487

「天牛書店」斜向いの天三おかげ館の一階通路に入って、奥の階段を上がると、そこには夢のような昭和初期古書世界。文学・風俗・美術・探偵小説・ユーモア小説・プロレタリア小説となんでもござれ。見たことのない本が続出する本棚にただただうっとり。お金をたっぷりと貯めてから、買いに来ることにしよう……。

◉**杉本梁江堂 天神橋店**—南森町駅

営11時～19時 休日祝 電06・6755・4697

ハナ書房とコンクリの中庭を挟み向かい合う、良質な高級店。達人級にスキは無いが珍しい古書が多く、明るい店内では大いに眼の保養が出来る。大阪・民謡・性風俗・犯罪・落語・講談・映画がギラギラとエネルギーを発し、知識欲と所有欲を刺激しまくる棚造りに圧倒される。

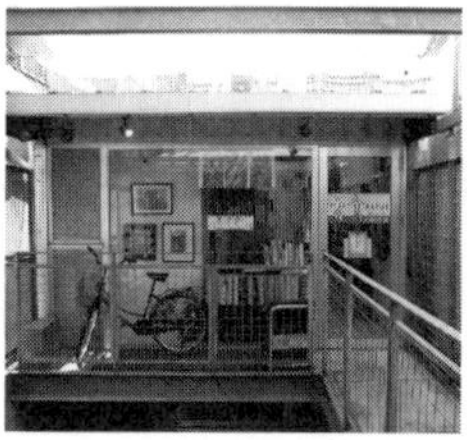

◉**駄楽屋書房**—南森町駅

営12時～20時 休不定休

電06・6353・6933

天三四ブロック目にある。ここも奥深いお店で、結構通路に本が積み上がっている。そんな

中を、作業服姿のオヤジさんが忙しそうに飛び回っている。右壁棚以外は、コミックと文庫と、ムックで占められているが、積み上がった本の上や棚に、妙な古書が紛れ込んでいるようなので、見逃せない。『若さま侍』の城昌幸本人による脚本が載った「宝石」を見つける。

◉**矢野書房 天満橋店**—大阪天満宮駅

営12時～18時 休日月 電050・1048・8069

「駒鳥文庫」から東に二ブロック進み、続いて南に二ブロック進むと、閑散とした小さなビル街にこつ然と現れる。間口は狭いが古本的には広大。入口付近と右側通路は一般的だが、左は笑い・カルチャー・音楽（レコードもあり）・セレクト文学に力こぶが入っている。天神橋筋「矢野書房」

の弟さんのお店である。

◉伏見屋書林—大阪天満宮駅
電06・6361・3188

大阪法務局北側にある、小さなビル一階の小さなお店である。通路は一応通行可能だが、大量の本が整然と横積みされている。一般的なものは文庫と児童文学&絵本ぐらいで、後は非常に真面目で硬いラインナップ。差別関連の本が、幅広く根気よく集められている。

◉エル・ライブラリー—天満橋駅
営10時〜17時 休日月祝（月が祝日の場合は直前の土） 電06・6947・7722

エルおおさか四階にある、労働に関する資料を集めた図書館。その入口に図書館運営資金を集めるための古本棚が二本置かれている。一般単行本（200円）・新書&ノベルス（70円）・文庫本（50円）など。訪ねた時は、たまたま室内でも古本市が開かれており、文庫台や文庫箱や単行本ラックを並べていた。

◉花月書房—天満橋駅
営11時〜19時 休日祝 電06・6314・6869

京阪天満橋駅巨大ビル南側向かいの、石段へ向かう風情ある脇道にある。狭い通路を三本造る白い棚は、ちょっと硬めの並びを見せているが、本がとにかく安い。そして所々に出現する面白い古書も、とにかく激安。

矢野書房
文庫

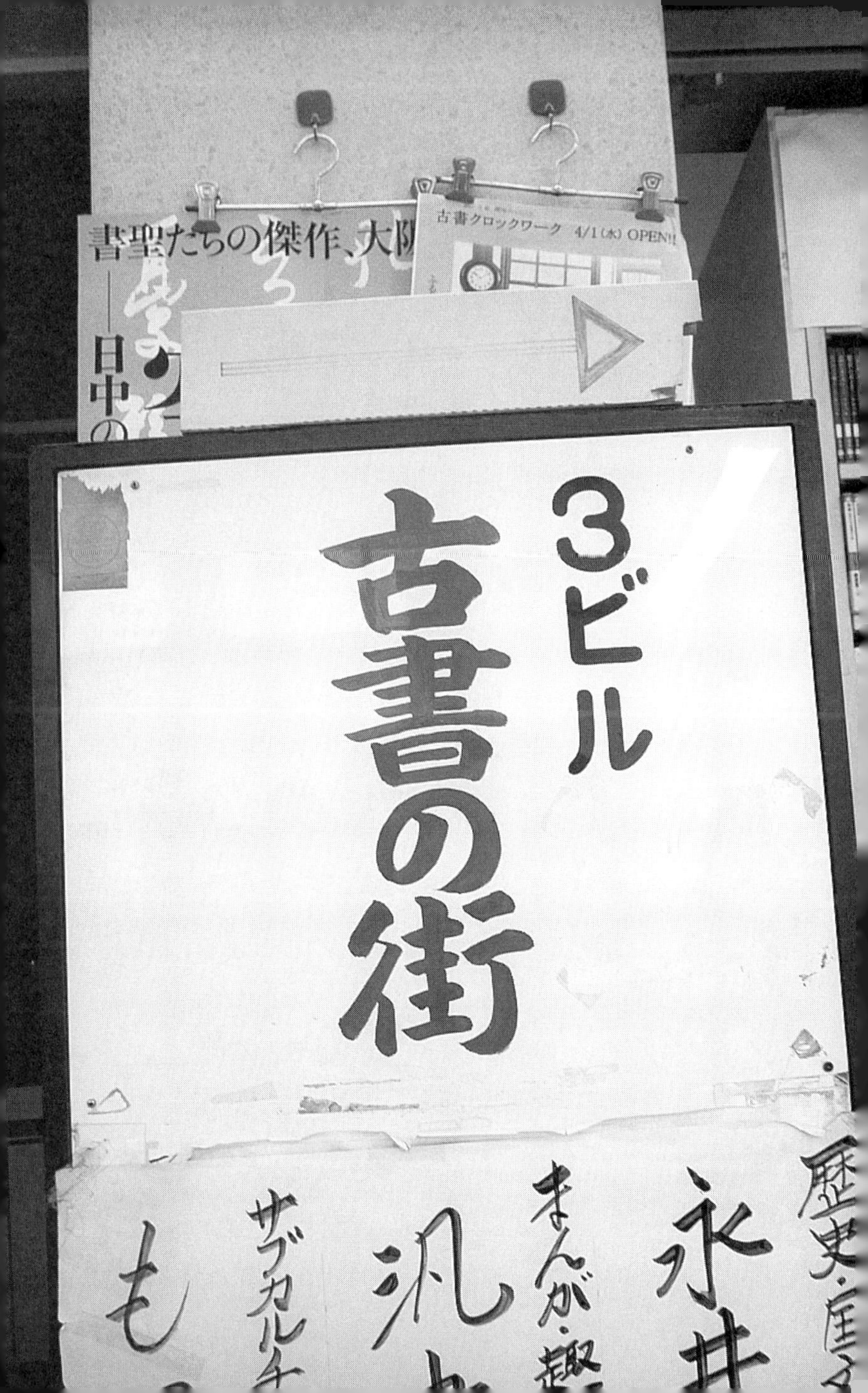
書聖たちの傑作、大
―日中の
古書クロックワーク 4/1(水) OPEN!!
3ビル
古書の街

まんだらけ　グランドカオス店

大阪にも海馬はあったんだ！

営業時間　12時〜20時　電話　06・6212・0771

難波交差点から、極太の御堂筋を北上して行く。高級店舗のビルが並び、大韓民国総領事館は、たくさんの警官に警備されている。その前を過ぎ、御堂筋三津寺町交差点から西に曲がり込む。繁華街の裏通りと言った街路をザクザク進んで行くと、右手角地のコンクリ打ちっ放しビルに設置された「まんだらけ」のデカ過ぎる看板文字が、目に飛び込んでくる。ここが「グランドカオス店」……つまり「壮大な混沌店」というわけか……。

脇の買取専用入口を回り込むと、壁際に十五本ほどの赤い安売棚が連続している……屋外に棚が出ているのかと多少面食らいつつ眺めてみると、その九十パーセントがコミックだが、左端の一本に文庫＆単行本が並んでいるのを発見する。梅田店は本をあまり売っていなかったが、ここは少しは売っているようだな。そう思って棚の最上段を見上げると、劇画タッチのショートカットの女の子の絵と共に「レトロな古書は２ＦへＧＯ！！！！」と勇ましく嬉しい言葉が書かれていた。

すぐさま暗い入口に飛び込み、左側のエスカレーターを上がって二階へ。ＶＨＳビデオがガラスケース内に飾られているのを物珍しく眺め、特撮本や写真集エリアを通り抜け、レジ前を通過して左奥に達すると、なんと！　そこには「まんだらけ海馬」が慎ましく広がっているではないか！　そうか、大阪にも海馬はあったのか。驚き喜び、左に漫画雑誌＆アニメ雑誌ゾーンを擁し、その前に展開する五本の横位置通路を探索して行く。第一通路はガラスケースに各通路ジャンルのお薦め本やプレミア本が集められ飾られ、向かいにアイドル本とアート写真集が並んでいる。第二通路は、

SF・探偵小説・仙花紙本探偵小説・ジュブナイル・日本セレクト文学（内田百閒・殿山泰司・田中小実昌・野呂邦暢……）・セレクトサブカル。第三通路は、映画・音楽・サブカル全般。第四通路は精神・オカルト・武術・東洋医学・魔術・雑貨など。第五通路は、児童文学・絵本・哲学・絶版漫画と、怒濤の勢いですべてがグイグイ迫ってくる。東京の海馬より遥かに規模は小さいが、圧縮陳列とガツガツな前のめり感と熱いポップたちが、赤い本棚と流れ続けるアイドル音楽といやらしく合体し、通路にしゃがんで最下段の本を懸命に確認しようとする、俺の脳を蕩かして行くのである。

さらに奥には回遊式のガラスケースもある作家別絶版漫画&復刻漫画&貸本漫画が並ぶ通路も存在する。作業場の横には、児童絵本&付録漫画のワゴンや、その漫画付録を一ページに四冊収めた巨大ファイルが、旧世代美少女コミック棚の下に何冊も並んでいる。当然の如く珍しい本も多いので、本当に蕩けて色々買ってしまいそうになるが、値段がこれも当然油断ナシなので、お金が無ければグッと我慢我慢……。だが、あのジュニアミステリ、欲しいな……裸本だけどこの探偵小説、いいなぁ……仙花紙本だけど、読みたいなぁ……馬場のぼるの絵本、可愛いなぁ……パチもん怪獣の付録漫画、必要だな……などと散々に苦しむが、結局昭和三十七年「少年」十二月号付録ゴールデンブック『世界の戦争／北川幸比古・山本輝也・武部本一郎』（世界各地と様々な時代の戦争と武具を、少年の心を煽りつつ紹介する小冊子である）を購入する。あぁ、時間と場所を失念した、ひと時であった。

宮本書店

喧噪の中に残る健気な大衆店

営業時間 10時〜21時　**定休日** 無休　**電話** 06・6641・8449

　5番出口から地上に出ると日本橋1交差点。堺筋を南へ50mも下ると、古い商店三軒が肩を寄せ合うように、都会の喧噪の中に佇んでいる。右から塗料屋・古本屋・金庫屋……三つのお店はまるで離れぬ兄弟のように、長い時を今まで共に過ごして来たのだろう。真ん中のその次男的お店は、実は私が初めてツアー&レポートした大阪の古本屋さんなのである。あれから八年……軒上の看板文字がだいぶ傷んでおり、「本書」と電話番号が、すっかり欠落してしまっている。だが店頭と店内は、以前とほぼ変わらないようだ。

　右側には安売のコンビニコミックと通常コミックス、それに女性誌の付録類など……『じゃりン子チエ』がたくさん並んでいるなんて、なんて大阪らしいんだ……。左には三冊百円（一冊五十円）&三冊二百円（一冊百円）単行本&文庫棚が置かれている。コンクリ土間の店内には、O字型の回遊路が造られている。壁は造り付けの本棚で覆われ、真ん中には上部が棚で下部が平台の棚が一本。奥の帳場では奥さまが背伸びしながら本の山とささやかに格闘している。

　正面棚脇の新書棚をチラッと見てから右側通路へ入ると、まだ午前中だというのに、通路側アダルト棚を真剣に一心不乱に吟味する青年がひとり。きっと、きっと何か大事な研究の資料を探しているのだろう……とそこへ、素早い動きのスーツ姿の青年が登場し、対面の鉄道本を見えない誰かと会話しながら読み始めた……きっと、きっと俺に見えないだけなんだ……そう信じて棚を見て行く。

　壁棚には戦争・鉄道・写真・美術・映画・音楽・囲碁・将棋・山岳・歴史が収まって行く。向かいのアダルトは青年に任せて左側通路へ。壁棚は一般文庫・時代小説文庫・戦争文庫・人文・日本文学・日本近代文学の古書、そして左奥には高く大きな本の山が出来ており、棚の半分は見ることが出来ない状態。一部の本の裏には「笑の泉」が埃だらけで隠れていたり、隅っこには少しポケミスも確認する。向かいは文学以外の様々な古書が並び、大判本にも古書が紛れ込んでいる。下には映画パンフ箱が並び、その下には在庫なのかどうか判然としない、埃にまみれた本が横積み収納されている。ほとんどの本に

は値段とタイトルが書かれた手製の白帯（作家名はあったりなかったり）が丁寧に巻かれている。

　大衆的なお店ではあるが、戦争・歴史・人文・文学古書が、鈍い光を放っている。値段は普通。昔との印象の違いは、古書が目立つことであろうか。以前のレポートを見ると「新しめの本が多く、街のブックオフのよう」と書かれているのだが、ただ見落としていただけかもしれない。色々悩んだ末に、袋入りの一水社「笑の泉 風流奇談百家選 第16集特別号」（昭和三十三年刊）を、中身を確かめずに賭けで買ってみることにする。

　後で昭和テイスト満点な薄く茶色い袋から、雑誌を取り出して中を確かめてみると、当時の識者が寄稿した艶笑話集である。落語家やお笑いの人が多いようだが、楠田匡介・椿八郎・妹尾アキ夫・城戸禮・山田克郎・宇井無愁・菱山修三・耶止説夫などなど興味ある人々の名をたくさん見出し、ちょっと喜ぶ。

天地書房 道具屋筋店

店内安売棚に異様な見応えあり

営業時間　11時～21時　定休日　無休　電話　06・6643・2222

髙島屋＋南海なんば駅東寄りのなんさん通りを南へ進む。LoFtを過ぎ、信号のある細い脇道を東へ入る。飲食店の看板や庇が頭上に覆い被さるほどの細道であるが、そこを抜ければ南北に延びるアーケード商店街の道具屋筋（東京の合羽橋に相当する料理器具店が軒を連ねている）と合流する。見上げればそこに、真新しいピカピカの店舗が、白く輝いていた。従来の「難波店」を閉店し、2016年の一月に「道具屋筋店」として移転オープンしたのである。

通路には「本」とある立看板が出ており、その後には細長いショウウィンドウ……当然の如くプレミア本が飾られている。中に進んで小さなシャンデリアに照らされながら、階段をぐるんと上がる。L字型をした店内が、ガラス窓とガラスブロックを通して何となく確認出来る。入口に入ると、左手に四本の通路が続いている。右側窓際には低めの棚が連なり、100～300円本が並べられている。

この初っ端がまず豊かである。古書が単行本&文庫本の中に大いに混ざり、古本心を惹き付けて止まないのだ。第一通路はガラス際に全集壁が築かれ、奥は帳場とガラスケーススペースにつながって行く。通路棚には、食&料理・山岳・演劇・キリスト教・仏教・神道などが並んで行く。第二通路には、手前側に海外文学・海外文学&日本文学評論・本&古本&出版&書誌・中国文学関連が揃い、奥側に岩波文庫・日本文学・古典文学と続いて行く。ここの日本文学は大いに見応えありで、純文や詩歌やそれに近代文学から探偵小説までと、非常に硬軟取り合わせた気持ちの良い並びが展開している。第三通路は、産業・財閥・戦争・自然科学・数学・美術・工芸・書が集まる。最後の第四通路には、歴史・郷土・近畿&大阪・国史・民俗学などが厳めしく集合。左壁には大型本や建築関連が集まっているが、下の平台には安売の冊子や映画パンフが積み重なり置かれている。ガラスケースゾーンに進むと、大型の面から面へスムーズに接続された博物館的ケース内には、当然豪華本やプレミア本がギュウギュウに大集合している。ここには古雑誌ラックや、小さな古書棚も置かれている。そして帳場にはたくさんの古書が積み上がり、二人の

男性が報告と指示を交換し、テキパキと忙しく働いている。

アカデミックに正統派なスタイルだが、深く柔軟なところがあり、易々と棚に飲み込まれてしまう。広く白くキレイで、良い古書が程良く顔を出す流れにも好印象。値段は相場より安めで、お手頃本がそこかしこに潜んでいる。何度も何度も気になる棚の前をウロウロし、背伸びしたりしゃがんだりして詳細にチェックして四冊を手にする。講談社ロマン・ブックス『十字路／江戸川乱歩』、朝日新聞社『ヒマラヤの傳説／藤木九三編』、楡書房『熊祭／更科源蔵』、大阪毎日新聞社『われ等のユートピア 大阪毎日新聞・東京日日新聞懸賞論文』(「生活そのものに関するユートピア」についての懸賞論文なのだが、そのうちの二編は都市やテクノロジー、それに生活環境システムが完全にSF的展開を見せており、大変面白いものである)を購入する。ここは定点観測したくなる、良いお店です。

文庫 櫂

日本近代文学と発禁本の底無し海溝

営業時間 13時半〜19時　**定休日** 日〜水　**電話** 06・6644・0026

1—B出口から地上に出ると、日本橋筋商店街の歩道アーケードの下。すぐ北側の通りを、西へトボトボ歩き始める。少し離れただけで繁華さと喧噪はたちまち遠ざかり、行く手に見えるのは巨大高層集合住宅群である。100mも進むと、そんな集合住宅の一階で、小さなお店が営業しているのに、はたと気づく。接近して様子をうかがうと、ウィンドウには陶器類が並んでいるが、簡素なガラスサッシ扉の向こうには、古そうな本を並べた棚がすでに見えている……店名は何処にもなく、扉には「防犯カメラ設置」「開放厳禁」「全古書連加盟店」などのステッカーがあるのみ。

丹田に力を集めて店内へカチャリ。すると奥のパソコンの向こうに座る、ゴルゴ松本十少しの安部譲二的エッセンスを纏《まと》った強面店主と視線が絡み合ってしまったので、まずはしっかりとお辞儀する。店内は壁際に白い本棚、左棚下にガラスケース、そして中央に作業机と背中合わせの棚が一本。そして私はすでに興奮してしまっている。お店の虜になってしまっている。なんたって並んでいるのが、古書ばかりなのだ。それも闇雲な古書ではなく、文学や風俗中心。しかも大好物の昭和初期周辺。入口左横から早速文学・風俗のその手の本が輝き、詩集が波のように押し寄せる。ぐむっ、城左門『近世無頼』の献呈署名入がぁ……。

通路には本の入ったダンボールが置かれているので、蹴飛ばさぬよう気をつけて通路棚前。おぉぅ、日本近代文学！　近代文学！　文学！　次々と見たことのない本が迫ってくる。奥に進んで行くと、帳場机が迫り出して狭くなっているので、「奥も見ていいですか」と店主に聞くと、意外に可愛い声で「いいですよ」とニッコリ許可して下さる。

ぎゃお！　そこに待っていたのは、性愛関連と思想（共産・社会・無政府）の稀覯本だらけの棚であった。さらに日本近代文学も続き、詩歌句・海外文学・署名入の純文系小説本などなど。古本屋さんに来たと言うより、本に触れる文学館に迷い込んだようである。

とにかく貴重な古書の海（またその背後に想像出来るさらに貴重な海溝！）に溺れ続けるのは、もはや幸福以外の何ものでもない。ただし当然値段がちゃんとしているので、金のない者は正当な不幸に見舞われてしまうのである。それでも手が出せる一冊を手にして、店主に精算をお願いするとともに、思い切って名乗りを上げる。実は二

ヶ月ほど前、偶然に櫂さんから一冊の本をヤフオクで落札した際、正体を言い当てられやり取りを交わしていたのである。店主は仰け反り喜び大笑い。たちまちそこから大波瀾万丈の古本屋半生譚劇場が、賑々しく幕を開けてしまう。

十五の時から古本屋を志し、何と野菜仲売人との二足のわらじスタイルで古本屋になったこと。幼少時は父が古書マニアだったことから、天牛新一郎氏と関わりを持ち可愛がってもらったこと。お店に全国セドリ行脚中の「上野文庫」さんがやって来たこと。めくるめく発禁本の世界や遥か高みの古書世界のこと。西成の何でも３００円の古本屋のことなどなど、多くの豊穣なエピソードを交えながら、一時間半が瞬く間に過ぎてしまった。いやぁ、これは楽しい。まだまだお話盛りだくさんなので、古本にヨダレを垂らしがてら、続きを聞きに参ります。東盛堂書店『山水紀行文範』を購入する。

兎月屋書店

アナログなサブカルに栄光あれ！

営業時間 11時〜21時　**定休日** 無休　**電話** 06・6633・6055

駅ビル東側沿いになんさん通りを南に素直に下って行く。難波中2交差点を通過して、「望月書店」前も通過して、「なんば古書センター」の入る黒い南海日本橋ビル手前を東に曲がり込む。道幅は広いがビルの裏通り然とした道を抜けると、街は突然華やかでマニアックな空間に早変わりする。道のさらに向こうにある、大阪の秋葉原・日本橋商店街の勢力が、この辺りまで波及しているのだ。アニメ・電器・ゲーム・特撮・コスプレ・アダルト・カレー・ラーメン・メイドで街が出来ているのである。そして十字路の右手前方には、そんな街に相応しく「サブカルチャー古本売買」と大書された古本屋さんが佇んでいる。

ビル一階の軒には青いプラ看板と謎のパイプオブジェが巡らされ、店頭左脇には安売DVDワゴン、店頭右側には分厚いレディコミ棚・週刊誌ラック・文庫&コンビニコミック棚・グラビア週刊誌ワゴンなどが固まっている。

自動ドアから中に入ると、マイナーな懐メロが流れる複雑な空間。正面奥に絶版漫画棚とガラスケースを基調とした、長めの作業場兼帳場が作られているが、そこからほぼすべての通路を見渡せる状態になっているようだ。左のポスター空間や、漫画『中間管理録トネガワ』の立看板の強烈な個性を気にし、右に『ジョジョの奇妙な冒険 第一部』連載開始時の古い「少年ジャンプ」やガラスケース内のソフビ（シルクハットにマントにモノクルを掛けた紳士のソフビ……一瞬、これはアルセーヌ・ルパンなのか?と勘違いするが、すぐにタイガーマスクのミスターXであることに気付く……）と自動車カタログの充実を感じながら、リーゼントスタイルの眼鏡＋髯の個性が際立つ店員さんが座る帳場前。

　まずはそこから通り側に向かって、短い三本の行き止まり通路の存在が見て取れる。手前からヨーヨー（新品）・絶版映画VHS・雑誌「SNOOPY」・アニメサントラ。次が懐メロCD・セレクト文庫・絶版漫画・少女漫画・カルト漫画・絵本・復刻漫画・古漫画雑誌・付録漫画。続いて児童入門書（裸本だが、ポプラ社の筒井康隆編『SF教室』がっ！）・ヒーロー絵本・プロレス・空手・ラジコン雑誌・野球・日本刀・プロレス雑誌・探偵小説・ジュニアミステリ・アニメ&特撮資料。圧縮された濃密な並びに圧倒されつつ、最後のバイク・鉄道・「明星」・「近代映画」で一息つく。ここから奥は、サイリウム（新品）と蜷川実花の仕事が多数飾られたパーテーションの向こうにちょっとだけ隠されたような、行き止まりのアダルト（古いエロ劇画や資料価値のある古いエロ本もあり）通路となっている。また通り側には横向きに一本の長い行き止まり通路がワゴンで造られており、そこにはプラモデルやLPや駄玩具類などがごっちゃりと集められている。

　濃いお店である。男子に寄った、看板通りにサブカルチャーを浴びることの出来る濃いお店である。その濃さが、バランスよく店内に充満している感覚は、常識を麻痺させるほど、とても心地良い。貴重な本もあちらこちらに顔を出しているが、値段はしっかり目。だが昭和三十年代の春陽文庫『滅私奉公／源氏鶏太』をわりと安値で見つけ、ニコニコ顔で購入する。

まだまだあるぞ古本屋

心斎橋・なんば

◉colombo cornershop —本町駅

営12時〜20時(日祝13〜19時) 休水 電06・6241・0903

難波神社の裏手の角地ビル一階にある。爽やかで瀟洒で高尚なお店である。信念ある審美眼でセレクトされた、アート・写真・建築・洋書を、少しの雑貨とともに販売。小さな店内にはカフェも併設している。表にはテラス席と300均本棚あり。

◉中尾書店 心斎橋筋本店 —心斎橋駅

営10時〜19時半 休第2・4水 電06・6271・0843

大丸北館裏、心斎橋筋にある。見るからに和に硬そうなお店だが、大阪・占いに関する本が充実。文学系の古書もあり。隅っこには探偵小説や「武侠世界」『幽霊新談』なんて本までもが並んでいる。しかし値段に抜かりはないので、覚悟して挑むべし。

◉アオツキ書房 —西長堀駅

営12時〜20時(日〜19時) 休不定休 電06・6648・8959

長細く古い8番出口から地上へ。そして南側の道を東にスタスタ400m。小さな三階建てビルの一階に、古本屋の看板が出されている。実はここは一軒の立派な古本屋ビルで、一階の階段上がり口に安売本、二階に喫茶＋古本（アート・サブカル・映画・音楽）、三階は土足厳禁のイベントスペース＋古本（絵本＋幻想文学＋ミステリ）という構造になっている。一見お洒落店にも見えるが、棚は深く練られており、良品に手頃値が多い良いお店である。

◉日本橋ブックセンター—日本橋駅

営 12時～23時（土11～23時半、日11～21時） 休 不定休
電 06・6213・0143

日本橋1交差点脇にある二階建てのお店。目の前に中国人のバス待ち列が常にあり、扉が開いたり閉じたりを忙しなく繰り返している。一階はアダルト・近代史・歴史・時代小説文庫に強く、二階はコミックと趣味。蛍光灯に焼けた本がチラホラ。古書もチラホラ。

◉イサオ書店—日本橋駅

電 06・6211・4766

千日前通から相合橋をつなぐ短いアーケード商店街、相合橋筋にある。以前は二店舗分をつなげた昔ながらの泣けるお店だったが、新築して半店ほどに縮小。コミック・アダルト・文庫のリサイクル系なお店となる。

◉望月書店—なんば駅

営 11時半～19時半 休 木 電 06・6647・7180

なんさん通りを南下して行くと、髙島屋駐車場出口

の先にある。オレンジの大きな日除けが目印。店頭は50均で、アダルトや文庫の多い広めな大衆店っぽさに満ちているが、左端に歴史通路、右奥に古書と法律関連の棚あり。結構オールマイティなお店なのである。

◉山羊ブックス—なんば駅

営 11時～20時 休 無休
電 06・6647・7135

なんさん通りをさらに南に進むと、すぐに黒い御影石の南海日本橋ビルが現れる。表通りから自動ドアを潜ると、そこが二軒だけの「南海なんば古書センター」である。手前のお店は古書も店頭に多く並べ、店内では文庫・絶版漫画・幻想文学・ミステリ雑誌を充実させている。マニアックさが心地良いお店である。

◉水成書店—なんば駅

営 11時～20時 休 無休
電 06・6647・7369

古書センター内奥側にある。一般書・文庫・コミック・アダルトの新古書店だが、アダルトがすべての通路に顔を出しているのがスゴいところ。

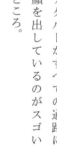

店主逝去により２０１６年７月閉店

青空書房

古本屋人生、ここに極まれり

以前は天五中崎通商店街にあり、店内に貼り出される箴言や名言や独特なイラストで人気を博した小さなお店だが、惜しまれながら２０１４年に閉店し、その後は店主が自宅でブックカフェの開店を希望していたはずであった。果たしてどうなっているのだろうか。

天神橋5交差点の西側歩道に立ち、天神橋筋の南側を見ると、路上に立看板が置かれているのが目に留まる。「大阪で一番高齢の文学青年です」「ホッとする路地の中の古書店」「あなたを待っている人が居る一冊がある」などと早速青空書房節が唸りを上げている。まずはその健在っぷりに、ホッと胸を撫で下ろす。ふと角のハンコ屋さんに目をやると、柱に「青空書房さんは司研堂（ハンコ屋）の隣でこの奥です」と書かれた貼紙が三枚も貼られている……よほど人にお店の場所を聞かれたのだろう……。路地に入ると細く狭い裏通りだが、前方にすでに扉が開けっ放しの家が見えており、そこには通天閣の絵が描かれた、紙の店名看板が貼付けられ、営業中の札が下がっている。近付くと折り畳まれた車椅子の置かれた小さな玄関があり、壁には店主の作品でもある様々な過去のお店のポスターが貼られている。

中に入り靴を脱ぎ、玄関横の四畳半に上がり込む。そこは、古本カフェではなく、完全なる自宅古本屋であった。畳の上にはござが敷かれ、中央には小さな文庫＆ノベルス棚が置かれている。右壁と奥壁には、前のお店から運んで来たと思しき棚が張り付き、最近のミステリ＆エンタメ本に混ざり、歴史・人文の硬めな本がしっかりと幅を利かせている。棚下にも本が背を向けて並び、棚と同じようなカオスっぷりを発揮している。ちなみに棚の中でちょっと飛び出している本は、すべて店主のお薦め本である。所々に大きめの付箋に書かれた箴言&名言たちが、本と古本の素晴らしき効能を語りまくっている。左壁には細長い歴史文庫の棚があり、その横の壁には店主の言葉がミニ色紙や封筒や反古に書かれたものが、４００～５００円で販売されている。奥の間には帳場と本棚が一本あり、そこには歴史系の本が多く並んでいる。さらに隣りにはベッドが置かれた部屋があるが、ここは完全に生活空間となっている。

　店主は先客と膝突き詰め合い、とても嬉しそうに話をしている。先客はお店で本を買う

のと、店主と話すのを楽しみにして来たようで、たくさんの本を買い、目の前の店主から滔々と溢れてくる人生訓や生きる楽しみと苦しみ、古本屋としての矜持などについて相槌を打ちながら拝聴している。こちらも本を選びながら、もらい拝聴してしまう。93という歳を感じさせない聡明さで、毎日感じて考え続けているのが、ふわりふわりと伝わって来る。話を勝手に聞いているうちに、この人はまさに古本屋として生き続け、そして生涯現役のまま、古本屋として死ぬことを決意しているのだと気付き、恥ずかしながら勝手に感動してしまう。

　感動したまま話に割り込み、西成区民クラブ『西成区民誌』（函ナシ）を差し出すと、「いい本を買ってくれてありがとう。これ、飛田のことが載ってますやろ。前に原稿書く時に使ったんですわ。いや、おおきに」と破顔一笑。こちらこそありがとうございます。必ず読んで大事にします。

■コラム

「青空書房」の色濃い面影

六月に訪れた時はパワフルに聡明に永遠に続くように営業中だった「青空書房」。だが、店主坂本健一氏が、古本屋人生を全うされたことにより、店舗も自ずと閉店となってしまった。その後、再び訪れた大阪で、弔意を胸に抱きながらお店の跡地を訪ねてみることにした。

天神橋5交差点。南側を見ると、裏路地の入口に立看板は見当たらず、角のハンコ屋さんの壁に貼りまくられていた「青空書房」道案内もすべて取り払われている。一抹の寂しさを感じながら、路地に足を踏み入れると、元店舗兼住居の扉も、ぴっちりと閉じられてしまっている。さらに募る寂しさと、あっけなさ。だが、扉が開いている時には気付かなかった、異様な物が視界に入る。路地を奥へと進む。こんな物があったとは……営業時は開けっ放しだった扉裏の死角、窓下壁面に設置されていたのは、商店街旧店舗に架けられていた、大きな軒看板であった。この小さな路地には不釣り合いな、また位置も低過ぎるメタリックな店名看板。「青」の字が少し欠けてはいるが、わざわざここまで移動したのは、ここに必ず架けなければならない物だったからだろう。ここが、古本屋さんであることの、証しだったのだろう。窓の向こうの部屋に見える、まだ残る本の列を見て、ぼんやりそんなことを考える……。

青空書房

高山文庫

商店街の横丁に潜む60～70年代

営業時間　12時～20時半（日祝～20時）　定休日　不定休　電話　06・6374・1837

堺筋線の地下駅から天神橋筋に顔を出し、そのまま南に百メートル強。天神橋5交差点で西を見ると、天五中崎通り商店街（別名おいでやす通り）のアーケードが、ぽっかりと薄暗い口を開けている。下からそのアーケード屋根を見上げると、日に透かされて白と赤の二色が明るく輝き、まるで錦鯉のお腹の中にいるよう。巨大な鯉の体内をズンズン進み、最初の十字路で明るい南側に出ると、すぐそこに一軒の古本屋さん。

赤色が基調の、ちょっとモダンな感じの店舗である。軒上に「日本の古本屋」のマークが入った袖看板、路上には「買受します 古本」とある紺色の立看板が置かれている。ウィンドウには横溝正史文庫や絵本が飾られている。店頭には安売本三段棚とラックがあり、今はその前に煙草を吸うオヤジさんが立っている……まだ頭髪の残る、ちびまるこのおじいちゃん風の方である。安売本を眺めようとすると、慌てて店内に、紫煙を残して走り去った……店主だったのか。

コンクリ床の長細い店内に踏み込むと、表と連続するように赤い棚が据えられているが、棚造りはモダンとは違う、頼もしい古さを見せている。奥に向かって一本の太い通路が延び、途中に木製ラックが置かれている。右側には一本の短い通路が存在し、奥の帳場前と入口近くで行き来ができるようになっている。入ってすぐの右壁には、お薦め本や委託本や絵本、それに大型のムックなどが収まっている。左壁は一般文庫から始まり、最下段に100均文庫を揃えつつ、奥へ奥へとまさに壁の如く続いて行く。途中から教養系文庫になり、月報不揃いの横溝正史全集・海野十三全集・ミステリ・サブカル&カウンターカルチャー・幻想などが帳場前まで続いて行く。右側は通路への入口を挟んで、新書がまずは並び、後は200〜500円の単行本がズラリと続く。ここは古書も混ざるほど混然としていて楽しく、後見返しの値段を見ると、店内の本が次々と値下げされ、この棚に卸されていることがよく分かる（半値になったり三割引だったりと、本により値下げ率はまちまち）。中央の細長い木製ラッ

クには、雑誌や小冊子が収まっているが、ちょっと元気がない様子。右側通路には、大型本・江戸風俗・アジア&世界・哲学思想・美術・建築・歴史・日本文学・海外文学・演劇・映画・全集などが、真面目な顔で集まっている。

少し硬めなお店であり、お店全体に60〜70年代近辺の薫りを多く纏っている。それは恐らく店主の趣味が、じんわりと棚に浸透しているということなのだろう。やはり注目するべきは200〜500円棚だと心に決め、そこに大いに集中力を捧げ、五冊ほどの候補の中から、二冊選んで奥の帳場へ。内田老鶴圃『世界の珍草奇木／川崎勉』（これは800円から500円へ値下げ）と小説朝日社『銀座八丁／菊岡久利』（こちらは1000円から500円に）を購入する。「ありがとうございます。おおきに」と二重のお礼の言葉を受け、お店を後にする。

山内書店

立ち飲み屋向かいの三層大衆店

営業時間 14時～23時　**定休日** 日・第2土　**電話** 06・6352・4996

北出口を出ると、広い線路下の駅構内。東に抜けてアーケードには入らずに、南寄りの道を進む。するとその先は、ちょっとした駅前広場風になっており、そこからさらに南へ。小道の坂と階段を上がる。土堤風の道に出るので、そのまま東へ歩いて行く。おぉ、50m先に「古書」と「古本」の文字が見え始めた。

高低差のある土堤際に建っており、裏通り側への下り階段と、一階二階が店舗となっている。店頭には壁棚にだいたい200円の単行本が並び、下には二十ほどの100均カゴが置かれている。階段を数段上がって店内に進むと、左に帳場があり、存在間のある店頭監視用モニターがこちらを向いて設置されている……何故だ。一階は壁棚に囲まれたフロアには、中央に背中合わせの棚が二本置かれ、奥の二階への階段室にも棚が置かれている。奥右は裏通りへの下り階段である。右壁はコミック・実用、そして日本文学に雪崩れ込み、古書や昭和三十～四十年代探偵推理小説（主に島田一男だが）や仙花紙本も交え、向かいの通路棚につながって行く。中央通路は一般文庫がにらみ合い、左端通路には壁棚に辞書・時代小説文庫・時代小説・古代史・新書が続き、向かいには日本現代文学・ビジネス・女流作家が収まる。奥に進み右の階段を下ると、階段に趣味・児童文学が積まれたり棚に収まっていたりする。下には出入口あり。二階への階段室に踏み込むと、映画・美術・鉄道&乗物雑誌・戦争・大衆文芸誌が集まり、階段には全集類が横積みされている。

二階へ上がると、そこはアダルトと古書が火花を散らす空間！　階段室にはアダルトがあふれ、フロア中央にはアダルト棚&ラック。そして壁棚にパラフィンに包まれた古書がズラリと並んでいる。入口側から見て右壁には、学術・歴史・思想・政治・古典文学・資料系の函入本が多く並んでいる。時折海外探偵小説や日本近代文学&評論の姿も。しかし照明との相性が悪いのか、パラフィン越しの本の背は、非常に見難い状況である。奥には岩波文庫・白が、硬く大量に集められている。左壁側に回り込むと、通り側には豪華本と文学復刻本が並び、壁棚もそちら側にはアイドル系写真集がどっさり。だが中央帳場横のスチール棚には古書が集まっており、文学からスポーツまでをカオスに並べている。そこに集中的に狙いを定め、ガサリゴソリ。

　結局安値の二冊を摑み取り、横に座っているご婦人に精算をお願いする。すると「ハイ。あっ…ごめん、今、下で精算してくれるかな。すみませんね、おおきに〜」と陽気に優しく下に送り出してくれた。

　大衆的なお店なのだが、なかなか侮れぬ本を二階に集めているので、探索は確実にしっかりと。値段は普通である。本を手にして階下に向かい、一階の女性に精算していただく。服部文貴堂『すぐ応用できる最新玉突術／藤原重男』（函ナシ）、東方社『月のぼる町／吉屋信子』を購入する。

　ちなみにこのお店は、夕方になると向かいの墓場前に人気の立ち飲み屋がオープンし、大変な喧噪が流れ込んでくる。だがそれが、ただうるさいというわけではなく、街の賑やかな雰囲気に飲み込まれる感じで、なかなか乙な古本探しの時間となるのだ。良い本を見つけたら、いや、たとえ買えなくとも、帰りに一杯引っかけて行くのがいいだろう。

古書 楽人館《らくとかん》

高架下世界にアジアが煌めく

営業時間 12時〜21時　**定休日** 無休　**電話** 06・6774・0741

暗闇が混ざる駅西口に出ると。そこは高架下ではなく、JR鶴橋駅のホーム下。目前に古い新刊書店があるのに目を瞠り、そのまま南に歩き始めると、頭上で低めにクロスする近鉄線のホームを潜ることになる。そんな場所に蝟集する小さな店舗たち……素晴らしき高架下世界の独特な都市風景に心震えながら、洞穴のような近鉄線ホームを抜けると、再び高く壮大なJRホーム下。そこを抜け出し陽光の下、高架沿いに南へ歩いて行く。すると100mほど先の高架下に「古本」の文字を発見。おぉ、高架下店舗・ナンバー87だ。

緑の日除けの下にはスダレが垂れ下がり。労働運動関連や学術資料本の多い100均ワゴンを守っている。入口横には雑誌や漫画のラックがあり、中に入るとセンサーで「ピイッ」と小鳥風の鳴き声が瞬間聞こえる。本がみっちり並んだ棚が三本並列し、合計四本の通路を造り出している。各通路の足元には、小さな本の山が連続している。奥に帳場があり、帽子を被った内田朝雄風のオヤジさんが、今は少しうたた寝中……。

静かに左端通路から棚を見て行く。壁棚は実用や自然から始まり、教養&文化系文庫が多く並び、足元にはムック類や写真集が集められている。古く高値な紙物が下がる柱前を抜けると、奥の帳場横には薫り高い古書棚。だが向かいの通路棚は、ちょっと味気ない時代小説文庫・日本文学文庫・海外文学文庫がピカピカの背を見せている。第二通路に入り込むと、その味気なさはたちまち吹き飛び、かなりカオスな古書混じりの景色が広がって行く。左に文学・旅・ガイド・探偵小説・思想・政治・世相・風俗・鉄道が絡み合いながら並び続ける。ただし二本目の棚のみは、しっかりと性愛（古書あり）や官能文庫で固められている。向かいには宗教＋美術や自然を織り交ぜた再び続くカオス棚。第三通路は、左に日本古代史・アジア・南方・中国・満州の様々な本が当然古書も含めて集められ、向かいはさらなる濃さで韓国＆朝鮮関連が充実の輝きを見せている。入口側の美術＆大判歴史本棚をスルーして右端通路に向かうと、左にはスポーツ・東洋＆西洋医術・東洋占・江戸風俗・囲碁将棋が並び、右の壁際には岩波文庫と改造文庫棚。そして奥に趣味本棚と、ちょっと小空間になった世界文明風俗棚が置かれている。そのさらに奥はちょっと大きめの小空間があり、経済・法律・アダルト・紙物の奇妙な大人の組み合わせが実現している。紙物はさらに、棚脇や通路下の箱など、様々な所に置かれたり貼り出されたりしている。

　韓国や日本を含めたアジアの、歴史・風俗・地理・紀行・政治・ダークサイドなど、古書を中心に多ジャンルを集めたお店である。しかし心を捉えて離さぬのは第二通路で、ここは油断ならないほど、気になる本が本の間に挟まり続けているのだ。何処にでも顔を出す文学や風俗関連の古書たち……恐ろしい。おかげで、たくさんの本を引き出し、見たことのない本を見続ける快感を味わい続ける。値段はしっかりめだが、それでも相場より少し安めで、懸命に探せば安値のものもちゃんと見つかるのが嬉しい。富文館『寫真圖解 世界奇風俗大観／石川成一』（函ナシ）を、いつの間にか起きていたオヤジさんから購入する。ここもまた駅から続く、素晴らしき高架下世界なのであった！

一色文庫

百均の嵐が吹き荒れるお洒落店

営業時間 12時〜19時 **定休日** 木 **電話** 06・6764・0881

駅西側に出て、高架下焼肉タウンを背にして下味原交差点から、幅広の千日前通を西へグングン進んで行く。ゆったりとした坂を上がるようにして、松並木の道を歩き続ける。坂の頂点に到達し、やがて小橋町交差点も越える。そして次の銀行角を北に折れ曲がると、道は谷にストンと落ち込み、街中の谷間の静かな交差点手前右手に、小さな洒落た古本屋さんが、ひっそりと存在していた。四鉢の背の高い観葉植物で隠された店頭は、まるで美容院のようである。

右の扉から慎ましやかに中に入る。裸電球が、木棚と木床を照らし出している。一足進むごとに、床がギイッ、ギギッと激しく軋む。足を動かすとたいていは軋むので、まるでお店全体が、鶯張りで守られているようである。右壁には頭くらいまでの高さの木棚が続き、フロアには手前に腰くらいまでの高さの棚が一本、奥はベンチと棚が一本。窓際には低めの文庫棚が置かれ、ちょっとナナメの左壁棚には木棚が五本張り付いている。また通路の所々には、小さな椅子が置かれ、誰でもいつでも腰を下ろせるようになっている。ちょっと高めの木製カウンターの向こうから顔を出したのは、鰓が控え目な山田純大風男性。会釈をして、右壁棚から検分して行く。

廉価コミック・一般文庫・100均文庫・日本近代文学古書・海外文学と続き、奥の帳場横に講談社学術文庫などの教養系文庫が収まっている。下には全集類も並んでいる。それにしても、谷崎・日夏・志賀・荷風・中・武者小路・犀星などの古いところが並んでいるが、大体500円〜1000円なのが驚きである。少し当てられドキドキしながら、フロア棚の方へ。入口側には実用・絵本・女性用ムック・100均雑本文庫・100均新書が並び、映画パンフを経由して奥に美術大判本や図録が並んでいる。窓際を見ると、そこには岩波文庫がズラッと並んでおり、値段を見るとセット本以外は100円100円100円……棚の端には「100」と書かれたサイコロ状の木片が置かれているではないか。しかもこの棚、古書を交えながら、文学・児童書・歴史・サブカル・美術・宗教・大衆小説・ミステリetcと、普通にイカした並びが続くのだが、奥の帳場前まで、すべて100均なのである！

すべての棚に、あの「100均サイコロ」が置かれているのだ。なんだ、このお店は！

非常に嬉しいのだが、お店の100均率を思うと、余計なお世話だろうが何だか心配になってくる。こんなに100均が幅を利かせていたら、「薄利多売」なんてレベルではなく「薄々利多々売」なのではないだろうか。そんなことを考えながら、旅先なので己をかなりセーブして、ここからは二冊。そして近代文学古書棚から一冊を抜き取り、荷物置場なのか大きな安心スペースのある帳場へ差し出す。浪速書房『落葉の柩／樹下太郎』、かりや書店『恋愛小説 紛失した娘／空木悦太郎』、眞日本社『宮澤賢治素描／関登久也』（これが一番嬉しい収穫。賢治と深い親交のあった歌人が記した、人物スケッチ集である。続もあるので、いつかは手に入れたい）を購入する。短いスパンでの定点観測に値する、良店を発見した思いである。

古書さろん 天地

新ビルの美しく奇麗なお手頃店

営業時間 11時～20時 定休日 無休（12月30日～1月4日休） 電話 06・6654・4881

巨大で騒然と賑わう駅南口を出て、阿倍野歩道橋であべのハルカスの足元を伝い、あべの筋を南へ。商店街の歩道アーケードの下を歩き続け、ひとつ目の信号を渡ったところで左を見ると、おニューなビルの案内板に、「古書」の二文字を発見する。以前は駅近くのビル地下にあり、ソファーも置いた店名通りのサロン的なお店だったそうである。

自動ドアを開いてロビーに進むと、そこは大きな吹き抜け空間で、入口側のカフェと向かい合う、古本を内蔵した飛び出したガラス箱のようなお店が、目に飛び込んで来た。美しく整然とし、ビルのイメージを崩さぬどころか、見事に調和した古本屋さんである。左にウィンドウがあり、掛軸など美術品的なものが飾られている。中に進むと、まずは通路棚があり、ノンフィクション・東洋文庫・文明・世界・政治・日本文学・詩集などを集めている。左のウィンドウ周りにも棚が設置され、新書・一般文庫・ノベルス・ビジュアルムック・自然・美術などを並べ、ここいらは普通のお店とそう変わらない。だが中に踏み込むと立派感&高級感が増し、左壁&奥壁には最上段に巨大な美術系豪華本がズラリと並び、下には美術写真集・作品集・図録・美術単行本・骨董・日本美術・仏教美術などが盛大に収まっている。中央奥はL字型のガラスケースカウンターになっており、リキテンシュタインの作品集や美術古書を多くディスプレイしている。そのカウンターの向こうには、黒ブチ丸眼鏡を掛けた何だか女探偵のような女性が、手を前に組み静かに立ち尽くしている。カウンター上左側には、これは整理中なのか単行本の山が美しく築かれている。帳場右横には日本語や言葉関連が並び、右壁に古典文学・歴史・郷土・

宗教など、硬く学術的な本が続いて行く。

　塵ひとつ落ちていない美しいお店に、美術や学術本が集められている。なので値段は高いのかと思いきや、これが開く本開く本、ちょっと拍子抜けするほど安めな値付けがされているので、目を丸くして喜ぶ。何を買おうかと大いに迷い、入口付近をウロウロ。最初は堀辰雄の詩集復刻版にしようと思ったが、それじゃあ何だかつまらない。せっかくだから、このお店に相応しい、もっと面白い本を買おうではないか。よし、思い切って、あのガラスケース内の本を出してもらうとするか。いきなり「これ下さい」ではちょっと変なので、まずは「あの、この本見させてもらってもいいですか？」と聞くと「ハイ」と言いながら素早く店員さんがカウンター前に回って来た。あ、こっちから取り出す方式か。

　彼女は跪きガラス戸を開け、A4サイズの青紫の本を恭しく差し出してくれた。明治四十年第三版の建築書院『和洋住宅間取實例圖集』である。千円の安値が付いていたので、それほど緊張もせず堂々出してもらったのだが、開いてみると校閲を伊東忠太がしており、序文まで書いているではないか。それに様々な大小館の実例平面図は、探偵小説に掲載される館の見取り図のようで、いらぬ想像が楽しく湧き出て来てしまう。特に後半の洋館大豪邸編がたまらない。当然の如く購入を決め、小脇に抱えて颯爽と店とビルを出る。

鈴屋書店

ロングロング超ド級下町店

営業時間　10時〜20時　電話　06・6641・1688

高架下の東改札から堺筋に出る。街の1ブロック右手前方には、角々しい通天閣の勇姿が見えている。そんな通りを200mも北に進むと、右に「SINSEKAI」のスペーシーなゲートロゴが現れ、活気のある猥雑さを昭和的に垂れ流す商店街を、遥か向こうに望むことが出来る。そちらには誘惑されずにさらに北へ進むと、脇に「古本」とある鮮やかなオレンジの日除けが張り出すお店に到着する……長ぇ……すごく長ぇ……。店頭には、右にアダルト雑誌の平積み棚が堂々と展開し、その隣りに100均の特製単行本棚がズラズラお店の長さに負けじと続いて行く。本には値段ラベルが貼られているのだが、中には直接表紙にペンで値が書かれていたりと、とてもおおらかな売り方に心を和ませてしまう。

中に入るとコンクリ土間で、壁際の高い造り付けの棚は、まるで迫り来るような迫力……お店は横長に合わせたかのようになかなかの薄型で、中央には古い木製の什器が置かれているので、通路がとても狭くなっている。さらに棚下には雑誌や単行本が腰辺りまでわりとキレイに積み上がり、さらに通路を圧迫しているのだ。身体を横にして棚を必死に眺めて行く。表側の通路左側には、一般文庫やノベルスが集まっている。右奥は棚にはアダルトDVDがズラッと並び、通り側にはアダルト雑誌や美少女漫画が構築物のように積み上がっている。壁棚にはコミックが収まり、左奥のほとんどを占領している。それは途中からミステリ&エンタメや一般書に変わり、さらに右奥では硬めの歴史書となり、帳場近くで美術・映画・日本刀・文化と移り変わって行く。通路棚には左に時代小説文庫、右には戦争関連が固められている。ちなみに棚は良く見ると二重になっており、文庫の奥にも単行本の奥にも、単行本がひっそりと並んでいる始末。また棚最上段の所々には、プラモデルの箱が頻出するが、これらが売り物かどうかは定かではない。

　戦争や歴史以外は、超ド級の大衆店である。アダルトと時代小説文庫とコミックが、新世界の側で華やかな光芒を放っているのである。というわけで、何を買おうか、長い店内をトラック競技のようにグルグルしてしまう。帳場に座るおばあちゃんは、それを冷静に、見て見ないフリをしてくれている……値段はとにかく安いので、あの日本刀関連の本を買ってしまおうか……う〜ん、でもなぁ。

　そんな風に二度目の帳場前を通過し、二度目のアダルトゾーンに突入する。その時、気付いてしまったのである。アダルト本構築物の最上段に、一冊のエロマンガが載っているのを。それは、桜桃書房『エロスの探偵1／劇画・中野ゆう原作・南条英機』というものである。古臭い感じの劇画エロマンガである。だがそのカバー絵の女の子は、良く見るとディアストーカーを被り、マントを羽織り、巨大な虫眼鏡を持ち、他にはカメラや懐中電灯などの道具を下げている。……これは、明らかにシャーロック・ホームズのパロディ。ならば、あの人に渡さなければならない。作家でホームズ研究家＆ホームズ関連蒐集家の北原尚彦氏に！いくらあらゆる物に手を出している氏でも、これを知らない可能性は、大いにあるのだ。そう確信して、勇気を持ってそのエロマンガを引っ掴み、おばあちゃんに眉ひとつ動かさずに精算していただく。あぁ、北原氏は、喜んでくれるだろうか……。

パーク書店

超薄型不思議建築に喝采を

営業時間 12時〜21時 定休日 日祝 電話 06・6631・8422

東改札口を出ると、目の前には神殿のような巨大パチンコ屋が聳えている。気圧されずに、堺筋西側の歩道を北に歩いて行く。場末感を醸す飲食店が並ぶ地帯だが、50mほど進むと、緑色の日除けを張り出した古本屋さんに行き当たる。ちょっと荒れた感じのある大衆的なお店である。

店頭には、ビニールカーテンの掛かった背を向けたアダルト雑誌ラック、それに傷んだ本が多めの単行本ワゴンがひとつと、木製台自体が傷んだアダルト雑誌ワゴンが二台置かれている。そこには道行くオヤジさんが次々と惹き付けられ、吟味に吟味を重ねて二冊三冊と満足そうに購入して行く。丁度店舗中央に昔の事務机で形作られた帳場があり、高村薫風のクールなご婦人がゲームをプレイする手を休め、アダルト雑誌を丁寧に梱包して行く。

それにしてもこのお店、超絶的な薄さを誇っている。入ってすぐの所と言っても過言ではない壁に棚が巡らされているのだが、そこにはコンビニコミック・動きの感じられない文学本・ちょっと動きの見えない一般単行本・あまり動きのない一般文庫本が、ブランクを所々に作りながら収まっている。一旦表に出てみる。そして北側からお店を眺めてみる。ゲッ！　やはりとても薄い！　南側は隣の建物が建て込んでいるので、建物の横幅が見えないのだが、北側は駐車場になっており、そのモルタル建築の側面が恥ずかしいほど曝け出されてしまっているのだ。その幅はおよそ一メートル五十センチほどだろうか。真横から見ると、建物ではなくただの灰色の柱にしか見えない……。

さらに裏側が駐車場であるのをいいことに、好奇心丸出しでお店の背後を取りに行ってしまう。そこにあったのは、見事なまでのトマソン物件！　平屋建築の屋根と母屋の形が、トタン板で塞がれきっちりと残っているのであった。ということは、昔は母屋に今と変わらぬ薄い店舗が付属していたのだろうか。奇跡の店舗建築に興奮しながら、再び表に回る。ここで新たに気付いたのは、二階の存在である。窓が左右に二つあり、エアコンの室外機や、換気口も確認出来る。上には人が住んでいるのだろうか……それにしても、出入りする所など何処にも見当たらないが……もはや古本屋そっちのけで、不思議建築の謎解きに必死になってしまっている。再び店舗に突入し、その左右共を注意深く眺めてみると、おっ！　左側の天井に穴が空いており、上部に収納されている木製ハシゴが見えているじゃないか。二階に上がる時はこれを引き摺り下ろし、グイグイと身体を持ち上げるのだろう。上階は、板敷きなのだろうか、畳敷きなのだろうか。畳だったら、縦に四五枚並び、まるで廊下のようになっているのだろう。

本が安めだが、結局何も買わずに、このお店の在り方に激しく心動かされてしまう。みんな冷静に普通に本を買い、店主も冷静に仕事をこなしているが、ひとり異質な視点で店舗そのものを観察し、大興奮しまくってしまう。

以前、東京の曳舟に、似たようなバラック建築の押入れのようなお店が存在していたが、ここはそれと同等の、現代に残ったエアポケット的奇跡の店舗建築なのである。大阪のみなさま、どうか古本を買いまくって、これからもこのお店を大事にして下さいね。

柳々堂書店

古本も扱う彰国社特約店

営業時間 8時半〜19時（土〜15時） **定休日** 日祝 **電話** 06・6443・0167

駅の6番出口を出ると、目の前には四ツ橋筋の人と車の大きな流れ。車の流れを横断して西側歩道に渡り、南へビルの足元を歩いて行く。信号のある交差点をひとつふたつとやり過ごし、次の信号のない脇道を西へ入る。角には京町ビルという近代建築が建っていたので、思わずうっとりと見上げてしまう。今思えばこのビルが、これから訪ねるお店への案内をしてくれた気がして、ならないのだ。道は裏町となり、飲食店やお洒落なお店もチラホラ。だがこんな所で古本屋さんが営業しているのだろうか……前方に西船場公園の緑が見えて来たところで、今度は南に曲がり込む。

すると右手に、町の新刊書店的お店が控え目に姿を現わす。二階の袖看板には「彰国社特約店」の文字が黒々と輝いている。彰国社……建築本専門の出版社ではないか。そこの特約店ということは、やはりここは新刊書店なのであろうか？　日除けの下に近付くと、その下に隠れていた「文藝春秋」「文春文庫」の看板が見える。中央のラックには、見事に新刊雑誌が華やかに並び、左にはフリーペーパーのラックが置かれている。だが！　右側に何と100均の文庫箱が二つ置かれているのだ。おまけにそこには、店内にも古本があることが書かれているではないか。新刊書店と古本屋さんのハイブリッド店か。そう確信して中に入ると、中央入口側帳場のTシャツ姿のご婦人から「いらっしゃいませ」と声がかかる。そしてその瞬間に、驚愕の店内に思わず目を瞠ってしまう。

基本はリノリウム敷き通路の中央に柱が立っているような、昔ながらの新刊書店なのだが、そこに並んでいたのは建築関連本&雑誌ばかりなのである。しかも、まるでリブロやジュンク堂や紀伊國屋の建築書コーナーに負けず劣らず、丁寧に美しく専門的花園を造り出しているのである。何故ここにこのようなお店があるのだろうか？　そんな思いが頭を掠める。近くに建築会社や建築学校でも存在するのであろうか？　そして彰国社の特約店とは言っても、もちろん他社の本も盛りだくさんなのである……なんというミステリアスな、街の新刊書店風建築書専門店！　完全に度肝を抜かれながら左側通路に回ると、本当に古本が登場してくれた。

まずは入口左横の棚二本に、文学全集・日本文学・児童文学・大阪本・一般書・文庫・建築関

連・雑誌（「大阪人」「太陽」など）が並んでいる。また向かいの通路棚にも、新書・時代小説・映画パンフと、ここはそれなりに古本屋さんっぽい並びを見せてくれる。そして左奥の棚一本に、建築古書がドドンと集められている。各古本コーナーは、小さな看板が貼付けられたり飛び出したりしており、新刊とは異なることをしっかりとアピールしている。だがさすがに建築書にそこまでの古い本はなく、品切れ本や新古書といった感じである。

文学や大阪本にはちょっと古い本あり。値段は安め〜高めと様々。珍妙で高尚な裏町のハイブリッド店に甚く感銘を受けながら、ＲＯＫＫＯ出版『ロンドン塔は残った 震災を超えた歴史的校舎保存運動の記録／神戸高校の校舎を考える会編』（まるで城塞のような建築様式の神戸高校の保存と解体を巡る闘いの記録である）を購入する。その感銘を胸に秘めつつ、先ほどの京町ビルに挨拶して帰路に着く。

天牛堺書店 船場店

営業時間 9時半〜18時半　定休日 日祝　電話 06・6264・3356

通路から大量のワゴンに食らいつけ

改札を抜けると、同型のビルが連結するように直列する船場センタービルの地下二階。地下一階の大阪船来マートを経由して、一階のラントレせんばにたどり着く。スタスタ歩いて目指すのは、3号館北通りの東端である。そこでは通路を古本ワゴンが堂々挟み、たくさんのお客さんが朝から群がる爽やかな光景が展開していた。

北側店の奥は間違いなく新刊書店だが、通路際には七台のワゴンが置かれ、150均文庫・150均ノベルス&新書・150均コミックがびっしりと詰め込まれている。こちらのレジには「新刊＋古本レジ」の札が掛かり、どちらにも対応していることを提示している。そこでは女性店員さんが、高めの澄ました声で「いらっしゃいますぇ〜」と間歇的に声を出している。南側店は純粋な古本屋さんで、通路際に六台の980均ワゴン（人文系がほとんど）と最近刊半値半額ワゴン、それに展覧会図録ワゴン・江戸ワゴン・アイドル写真集ラックが展開する。150均と980均は、ある周期ごとに値段やジャンルを変え、常になんらかのセールとして性質を変化させながら開催され続けている。オープンな店内に進むと、ワイシャツネクタイ姿の公務員風男性店員さんが、キビキビゴトゴト本の整理と補充を果てしなく繰り返している。

フロアには、左奥から980均ワゴン、続いてコミックセットの山塊&映画やアニメ関連の島、さらに右側帳場前には、ヒトラーワゴン（！）と鉄道単行本&雑誌のワゴンが大きく展開している。カクカクとした白い壁棚に近付く。左壁から書道・茶道・刀剣・建築・洋書から始まり、奥壁の自然科学・伝統芸能・映画・日本文学（近代文学もジュブナイルも詩集もある。

新青年叢書の『青バスの女／辰野九紫』があるじゃないか！……くぅ、一万円か……くぅ）・思想・哲学・宗教・最近刊ミステリ＆エンタメへと続いて行く。帳場背後には辞典やプレミア本が続き、さらに横のガラスケースには和本や巻物などが飾られている……。帳場には「古本レジ」とあるので、新刊はこちらでは精算出来ない模様。見通しの良い、1・5店分のオープンなお店である。特別セールには目玉本がしっかり紛れているのも魅力的。棚の本

には古書も散見されるが、値段はしっかりである。二店間をしばらく行ったり来たりするが、結局は均一ワゴンに集中し、しかも文庫ワゴンにさらに集中し、四冊をセレクトする。

講談社文庫『人形たちの夜』『黒鳥譚・青髯公の城』共に中井英夫、中公文庫『風雪の中の対話／日夏耿之介』、創元推理文庫『黒いハンカチ／小沼丹』を「新刊＋古本レジ」で購入する。「カバーおつけしましょうか？」と言うのを断り、そのまま袋に入れていただく。このプラ袋、ちゃんと「TENGYU SAKAI SHOTEN」と銘が入っているのだが、よく考えたら新刊書店の袋なのだな。一瞬「古本屋さんなのにプラ袋なんて、スゴい！」と思ってしまった……。それにしても、府下に広がる支店たちの、古本と新刊の割合は、どうなっているのだろうか。なんばの「ekimo 店」（2016年9月閉店）は、新刊書店に古本棚が間借りしているようなイメージだったが……。

FOLK old book store

カレー屋の下には古本屋がある

営業時間 13時〜19時(日〜18時)　定休日 不定休　電話 06・7172・5980

土佐堀通りから東長堀川西岸の道を南にたどって行く。今橋→高麗橋と通り過ぎ、やがて平野橋。少しモダン目な橋の風情を味わったら、さらに南へ歩を進める。すると小さなガソリンスタンドの隣りに、一階が茶色のレンガタイルで化粧されたビルが建っている。その一階は、洒落た感じのお店になっており、店頭にはブランクのある安売本棚とともに、カレーの絵や写真やメニューが貼り出されている。道路に出された立看板には「本日は谷口カレー臨時休業です。本屋FOLK（地下）は通常営業です。地下への階段は1F入って左奥です」とある。

なるほど、普段は一階でカレーを販売していると。そして地下が古本屋さんになっていると。そう納得しながらウッディな店内に入ると、スパイスの匂いが仄かに香り、カウンター席やテーブル席やボックス棚の什器類が、何となくお休みの寂しさをにじませている。入口横には100均棚があり、そこを眺めてから奥へコトリコトリ入り込んで行くと、カウンターの向こうからキャップに黒ブチ眼鏡の文化系お洒落青年が「階段を下りると下が本屋になってます」とニッコリ教えてくれた。

棚裏に回り込むと、おお！　そこには地下への立派な階段があるではないか。ソロソロと下って行くと、逆L字型の白っぽくちょっとごちゃついた空間で、コンクリタイルの床もざらつき、何だかぼんやりしている。下りてすぐの右壁には壁ラックが設置され、新刊やリトルプレスを飾っている。その奥は細かい壁棚になっており、児童文学・絵本・コミック・文庫などを並べている。一見無造作で摑み難い並びに見えるのだが、注意してみると、これが「身体」「海」などのぼんやりとしたテーマで括られていることに気付き、感心する。奥には女流作家のコミックと文庫本がチャンポンに並び、隣りに暮らしや服飾関連が集まり、さらにその横に音楽ＣＤが続く。

　左側ゾーンに移ると、奥には誰もいない帳場前に音楽本が並び、左に向かって、作品的な雑貨やＴシャツが飾られて行く。「OMAWARI」というタイトルの、90年代コミックタッチで描かれた警察官イラストＴシャツとトートバッグが、とても刺激的である。フロア

中央には木箱とスチールロッカーで築かれた島があり、文学・乱歩・ミステリ・旅・世界・大阪・雑貨・雑誌などを並べ飾っている。階段横の木箱で出来た壁棚に取り付く。すると裏の窓が開けられており、ここは地下とは言っても、川沿いの親水公園と同じ高さであることに気付く。その窓からは雨のために湿ってはいるが、気持ちの良い風が流れ込んでくる。壁棚には、日本文学・コミック・海外文学・未使用のバインダー&スクラップブックなどが並んでいる。
　一見やる気のないように見えるが、実は出来る子で、この脱力感が楽しく気持ちよいお店である。色々考えられているところが、じんわり好ましいのである。神戸の「トンカ書店」の緻密なズボラさと似た雰囲気と言えようか。値段は安め〜ちょい高と様々。「これええなぁ〜」と楽しそうに騒ぐ大阪弁女子二人と交代するように階上へ。アピエ社「APIED VOL.16 テーマ・江戸川乱歩」を購入する。

絶版漫画バナナクレープ

絶版漫画講義を受けに急階段を上がる

営業時間 14時〜20時（日祝12時〜18時） 定休日 水 電話 06・6765・7144

駅を出たら、巨大な千日前通を西へ。300m強歩けば、巨大な五角形の歩道橋が覆い被さる下寺町交差点にたどり着く。ここから進路を北に採り、問屋的なお店が多い松屋町筋をズンズン進む。四つ目の交差点に至ると、右の角地に黄色い壁面が鮮やかな古い雑居ビルが建っている。その四階を見上げると、窓に押し寄せる怪し気な紙類の影……そして「古本屋」「懐しマンガ」の文字が確認出来る。ビル脇の階段入口に近付くと、小さな立看板と入口壁に貼られた案内が、お店が空中にあることをアピールしている。

狭くほぼ前のめりになる急階段に足をかけながら、階段の色が緑なので「まるでメロンみたいなビルだ」とボンヤリ思い、古ビル内をほぼ垂直移動。やがて目的階に至ると出迎えてくれたのは、通路に溢れた漫画本たちである。文庫本やＶＨＳも見かけるその山々と少しの間格闘して、奥に見える、パッと見お店の扉とは思えぬような扉をカチャリと押し開く。

狭く本棚が圧し迫る、矢印の先の鏃を、半分に割ったような空間である。入って右の本や色々な物で出来た山の中には一人の男が立ち、「いらっしゃいませ」と軽快な声を上げる……一瞬そちらに視線を送って会釈しながら、まるで山田孝之が、入れ込んで古本屋店主を演じているかのような……などと連想。店内は中央に固まる本棚群と壁棚、それに左奥のガラスケースで出来ている。入ってすぐ左には、復刻漫画と児童文学・ジュブナイル。入口右横には、古めの少年漫画雑誌にアニメ系絶版ＶＨＳ。中央の本棚群には、貸本漫画・カード類・付録漫画・ＳＦ&アニメ系文庫・テレビドラマ&映画ノベライズ・横溝文庫・007・ミステリ・ゲーム攻略本・児童書・大判特撮&アニメムック本などがぐるりと収まっている。狭い通路に身体を押し込むようにして左奥に進むと、本と紙類の山が出来ており、奥のガラスケースはそのほとんどが隠れてしまっている。かろうじて壁棚のＳＦ文庫やアニメコミカライズ絵本、右に手塚治虫・石ノ森章太郎を確認。その手前に漫画の山があるのだが、何故か佐賀潜の本が混ざっているのが印象的。

奥から次第に右へ進んで行くと、永井豪・ジュニアミステリ・大量の絶版漫画（青年や付録類も含む）・少女漫画と続き、三角の角部分の何かの山に囲まれた作業場兼帳場に至る。物凄いお店である。

並んでいる絶版漫画もスゴいのだが、このギュギュッと締まった本だらけの空間が、店舗という常識を飛び越えてしまっているのに心震えてしまうのである。

値段はしっかり目だが、相場より安めなものもだいぶあり。本を裏返せば、値段札に詳細な情報が豆字で書き込まれている。偕成社『怪談／北條誠』、少年画報社『少年ターザンは行く／山田赤麿作・豊田稔・絵』（一ページ落丁あり）を購入しながら、店主にご挨拶する。実は「バナナクレープ」さんには、良くブログにレアな大阪古本屋情報のコメントをいただいたりしていたのである。色々お話ししながら、次第というか当然の如く、ディープな絶版漫画の話の深みに落ち込んで行く。石ノ森章太郎『ちゃんちきガッパ』……川崎のぼる『大魔鯨』……雑誌「ＤＯＮ」の単行本未収録藤子漫画……チンプンカンプンだが、無闇矢鱈に楽しくて、何か新たな扉が開いてしまいそうだ。これは嬉しくなるほど危険なお店だぞ……。

まだまだあるぞ古本屋

環状線周辺

◉ぷれこぐ堂—中津駅

営 16時〜24時（土日12時〜21時） 休 月 電 06・6359・6020

激渋な戦後的駅舎から北に出て、公園を回り込んで北の商店街らしき道に夕方にたどり着くと開店している。木材で内装されたオールド昭和的店内には、濃厚サブカルや映画やコミック・SFとともに、児童文学や女子本も並んでいる。独自の世界がしっかりと構築された良いお店である。奥の帳場に寝転び、欠伸しているトラ猫がプリティー。

◉空夢箱—中津駅

営 12時〜22時 電 06・6372・7508

ぷれこぐ堂の西にある、こちらも夕方から営業のカフェ。オレンジ色の店内では古着と共に、左壁のボックス棚に古本が並ぶ。ここまで来たならば、ついでに向かいの小さな洞窟のような商店街「中津商店街」には、ぜひ足を踏み入れるべし。

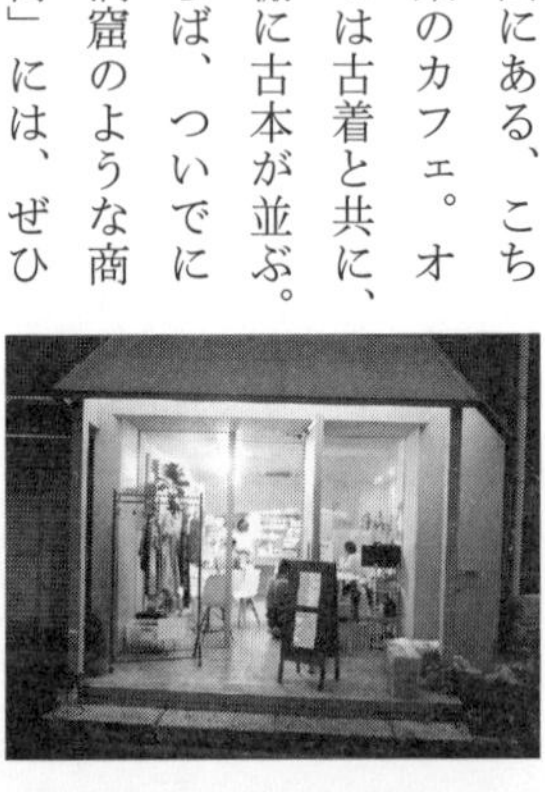

◉葉ね文庫—中崎町駅

営 19時〜21時半（土11時〜） 休 月水日 電 090・9271・3708

地下駅の2番出口から出て、西に信号を渡ると小さなロータリー。そこから北への楽し気な夜の小道に入り込んで行くと、左手にすぐ古いサクラビルが現れる。一階廊下中ほどの、靴を脱いで入るカーペット敷きのお店である。詩や短歌の新刊&リトルプレスを多く取り扱っており、古本は右壁に六段×七の本棚が置かれている。

文学文庫＋詩＋短歌の、若々しく非常に文学的な棚造りが為されている。女性店主が非常に丁寧に書皮を掛けてくれるのに、心打たれる。

◉珈琲舎・書肆 アラビク—中崎町駅

営 13時半〜21時（日祝〜20時） 休 水（火不定休）
電 06・7500・5519

ぐにゃぐにゃ続く小道の先にある喫茶＋古本のお店。入った瞬間に「喫茶のご利用ですか?」と聞かれるので、おそらく本を見るだけなのも大丈夫と思われる。幻想文学・シュルレアリスム・アート・獅子文六・吉屋信子・森田たま・探偵小説・推理小説・ポケミス・春陽文庫・貸本上がりの本が輝く。日本家屋を改装した店内であるが、洋館的にエキゾチック。

◉立志堂書店—京橋駅

電 06・6351・8143、06・6351・9059

駅北口から西に500mほどの、東野田町交差点近くの北東にある。町の小さな新刊書店で、昔ながらの商店の佇まい。だが左側の通路棚では、激安の最近刊文庫が販売されている。嵐寛寿郎風のオヤジさんは御歳81で、

隣接する建物が父親の経営していた元古本屋さんであることを教えられる。表に出ると雨戸は閉め切られているが、軒には「立志堂書店」の店名が残っている。かつては近くに阪大があり、学生が二階に屯《たむろ》するほど賑やかなお店だったそうである。素晴らしき哉、古本屋遺跡！

◉ブックランド本の森—桃谷駅

電 06・6325・1146

駅南口を出てすぐの桃谷商店街入口にある。三階建てで、一・二階は新刊書店。長い階段を上がって屋根裏のような三階に至ると、中古コミック棚の奥の奥に、五本ほどのリサイクル本棚がある。実用・ラノベ・児童文学・ゲーム攻略本が主。

◉古本屋さるやみ堂—谷町六丁目駅

営 13時〜23時 休 日月祝 電 06・6770・5269

空堀商店街の一本南側の通りにある。ガレージ風の入口と、奥がカフェになっている店内手前に本棚が集まる。猫本・カウンターカルチャー・横溝正史文庫などが目立っている。ガラスケース入りのプレミア本もあり。

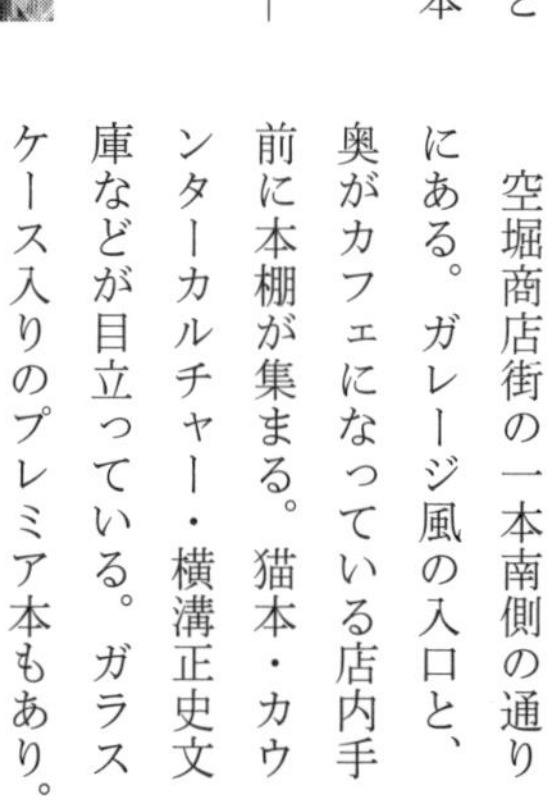

◉厚生書店—谷町六丁目駅

営 13時〜21時（土日祝12時〜20時） 休 無休

電 06・6773・9360

空堀どーり商店街西端のアーケード・ろまん街道内にある。店頭の100均文庫に古い創元推理文庫が目立つのを気にしながら店内へ進むと、児童文学が充実

し、奥に戦争関連が重厚に集まる好書店。店内でも猫マークの『吸血鬼ドラキュラ』を見つけ、200円で購入する。

◉セブンイレブン 大阪立売堀4丁目店—阿波座駅

休 無休 電 06・6531・7311

2番出口から地上に出て、目の前のあみだ池筋を南に下る。するとすぐにセブンイレブン。中に入ると横長なお店である。奥にグングン進むと、壁際ドリンクコーナーの近くに、何故だかどうしてだか六段の古本棚が一本置かれている。「なないろ文庫」の名が付いており、この店限定とのこと……素晴らしい。単行本500円、新書文庫は300円で、新しめの一般書ばかりとなっている。

◉ON THE BOOKS—阿波座駅

営 11時〜20時 休 月 電 06・6443・8108

8番出口から外へ。西へ進んで、古いモダンなビルを活用した大阪府立江之子島文化芸術創造センターのエントランスに回り込む。薄暗く重厚な階段を地下一階へ下ると、無機質な廊下の奥のお洒落なお店にたどり着く。両壁のボックス棚にアートブックや写真集や洋書を集めているが、良く見ると手前側にサブカル・コミック・仙花紙雑誌などもあり。

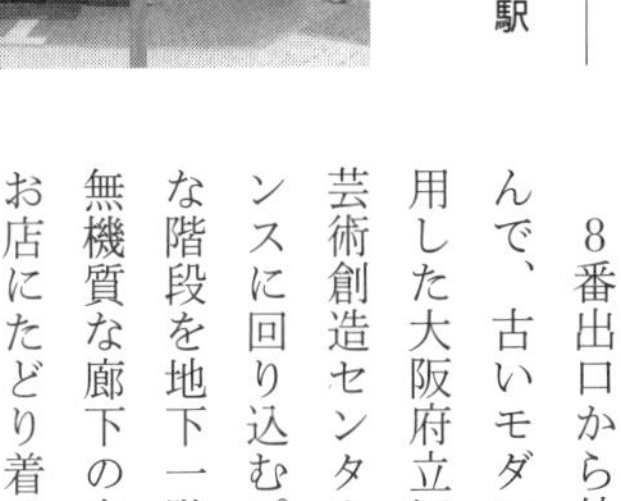

◉田村書店—西九条駅

電 06・6467・7300

阪急電車乗り場へ上がる一階エスカレーター脇の新刊書店。入口横におよそ定価の三分の一の新しめ文庫ワゴンあり。時代小説文庫多し。

◉リサイクルブック・リンク—西九条駅

営 11時〜23時半 休 無休
電 06・6460・1110

駅から大通りを西に進み、朝日橋で広い六軒家川を越えると、そこに一軒の古本屋さん。リサイクル系で、一般書は入口近くに文庫五段分と、奥に八本の細めの文庫&単行本棚が置かれている。本は比較的新しめで、残りはコミックとアダルトが占めている。

◉中尾松泉堂書店—本町駅

営 10時〜18時 休 日祝 電 06・6231・8797

御堂筋から淡路町3交差点を東に入り、二本目の十字路を北へ。……実際は散々迷った挙げ句、古い四階建て看板建築家具屋前の電柱に、これまた古い看板を見つけてようやく到着。お店は現代的なガラス張りで、ガラス戸棚に古典籍がドッサリ静かに収まっている。窓際の紙物シートを見ると、古い経文などで、お値段が六万五千円……ヒィッ！　すみません……。

お客さまへのお願い
● 出店時は、お買物なき場
隣の事務所受付に声を掛けて
レジは事務所受付で行なってお

天牛書店 江坂本店

一・二階に美しく本が溢れる老舗店

営業時間　11時〜20時　定休日　無休(12月31日〜1月3日休)　電話　06・6330・7879

南口から出て急階段を駆け上がり、東口のロータリー。緑が豊かな駅前広場の一番手前の道を南へ。歩道に出て、左に自転車駐車場を見ながら、そのまま南へ。下を道路が潜る半陸橋を越え、右に公園を感じながら、長い長い坂を下って行く。ここいらは坂の多い新興住宅街で、進めば進むほど、お店があるような気配は希薄になって行く……だが、500m弱の坂を下り来ると、中央にガラスブロックで化粧された巨大円柱のある、モダンなビルが目に留まる。駐車場越しに一階左側を見ると、そこに高尚そうな古本屋さんが、嘘のように営業していた。これが「創業明治四十年」の、噂の名古本屋さんの本丸か……。入口左には大きなショウウィンドウがあり、年季の入った木製直方体の「天牛書店」「古本」と各面に書かれた和式の立看板とともに、巨大な鉄製の西洋中世の扉のような物が飾られている。その中央には、洋書革装本の背が一枚だけ貼付けられており『Meyers』のタイトルが確認出来る……何か由緒あるものなのだろうか……。

入口横の50均文庫ワゴンをチェックしてから店内へ。うわっ、広い。そしてシックで、厳か。小憎らしいほど余裕のある通路が、突き当たりの90度分の円形カウンターを経由して、右奥にまで続いているらしい。正面にはまず四本の通路があり、入口左横の300均単行本棚&ワゴンや50均文庫棚を見てから、まずは左端通路に入り込む。そこは雑誌や洋書の通路で、正面には語学と辞書棚が相性よく連結されている。次が美術写真集&写真関連と、自然・動植物・ペットなどの通路。第三通路には、旅・趣味・食・暮らし・海外文学が収まる。右端通路には、歴史時代小説・ミステリ&エンタメ・日本文学・文学研究&評論・詩集・幻想文学が集まっている。トイレへの通路とガラスケース前を通過して右奥へ進むと、横長な回遊通路が設けられている。映画・音楽・美術・歴史・工芸・国史・古典文学・宗教・地方史・民俗学など。それにしても、何処の通路にも、ちゃんとお客さんがいるんだなぁ。荒削りコンクリ円柱が横に立つ階段を上がって、二階へ。

　ここも広い。上がり口付近には、全集揃いやノベルス・海外文学文庫。カウンターレジの奥には三本の通路があり、左からコミック・医療・教育・児童文学、中央通路には政治・経済・社会・犯罪、右端に戦争関連・自然科学・鉄道を並べている。階段吹き抜け越しのカウンター右側には、鉄道写真集ガラスケース・新書&文庫棚・一般文庫・岩波文庫・出版社別文庫・建築・哲学・心理学の二本の通路が存在している。そこを通り抜けて右奥に進むと、ガラス張りだがちょっと隔離されたような部屋があり、嬉しい１００均ルームとなっている（一部に１５０〜３００円あり）。

　美しく厳かで、何もかもがビシッとしたお店であるが、ロケーション・店造り・本の量など、すべてが常識外れと言えよう。だからこそ棚を見ていると、時間があっけなくスラスラと流れて行ってしまう。新し目の良書が多く、古書はそれほど見かけない。値段は店の雰囲気とは裏腹に、安めである。二階で、あまとりあ社『一本だけの雨／宇井無愁』を購入。お店を出て明るい空を見上げると、坂の途中に赤白の鉄塔が建ち、覆い被さるように巨大な積乱雲がモクモクと。

アジア図書館+アジアサロン

掘建て小屋店+できたて店

営業時間 13時頃〜20時頃　**定休日** 月祝　**電話** 06・6325・1651(アジアサロン)

西改札口を出ると、奥行きのない駅前。左にアーケード商店街を見ながら、線路沿いに北東に歩いて行く。歩道が無いのに、車が結構なスピードで行き交う、ちょっと危険な道である。ずんずん進んで地下道を跨ぐ小さな橋を越え、見晴らしの良くなった線路脇を、さらに先へ進んで行く。行く手に陸橋や踏切が見えてくると、その手前左側に、西洋朝顔に壁面を覆われながらも「古本まつり」の幟《のぼり》を立てた、不穏なアパートのような建物が見えてくる。ここは「アジア図書館」という一種の文化センターなのだが、その建物脇の掘建て小屋の如きスペースで古本を販売しているのである。

早速建物の右脇にある異様な空間に首を突っ込むと、奥に延びる乱雑な通路と、棚に並び続ける古本とともに、「入店出店時に必ず事務所に声をかけて下さい」と書かれた貼紙に気付く(あらゆる場所に貼られている)。なので隣の図書館に向かい、近藤春菜似のご婦人に古本を見たい旨告げると、「暑いですよ〜」と言われつつ「蚊がいるかもしれないんで」と、虫除けスプレーをアバウトに腕に噴射される。いざ準備は整ったので、古本掘建て小屋に突入！　全長は十五メートルほどで、両壁に本棚が連続して行く。壁はトタンで作られており、天井には簾も掛けられている……まるで海の家だな……。

本は雑本のオンパレードと言っても過言ではない。右壁側は、単行本・文庫・出版社別文庫・新書と一応つながって行くが、それでも雑本的であることに変わりはない。それに奥に行くほど積み上がった箱や本で通路が狭くなり、左壁棚は途中から完全に見えなくなってしまうのだ。ただ、気持ちの良い風が吹き抜けて行くのが、救いである。本には意外にしっかりした値段が付けられていたので、どうにか１００円の文庫を一冊掴み、西洋朝顔の中から顔を出し、事務所に戻って精算。すると件のご婦人が「もう倉庫みたいで本当にすみません〜。商店街の方のお店は行きましたか？新しく出来たんですよ。そっちはキレイで本も見易いですよ」と教えてくれた。新潮文庫『甲虫殺人事件／ヴァン・ダイン』を購入し、駅まで戻る。西改札口前から「淡路本町商店街」のアーケードに飛び込み、西へ。こちらもずんずん進んで行き、四本目の脇道を北に曲がり込むと、「アジアサロン」の看板を掲げたお店に到着する。

店頭には右に１００均文庫、左に１００均コミック＆児童文学。中に入ると妙なる風鈴の音が響き渡る、本棚が林立した複雑な空間。中央に雑貨類を集めたテーブルがあり、その周囲を実用一般書・心理学・歴史小説・日本文学文庫が巡っている。右側には一本の通路があり、ノベルス・新書・岩波文庫・女流作家文庫で構成。奥に鳥越俊太郎風男性のいる帳場があり、その左奥に海外文学・政治・社会・アジア・韓国・朝鮮・新書・日本文学・藤原新也・黒岩重吾などが行き止まりのスペースを作りながら続いて行く。こちらは確かに立派でキレイな古本屋さんで、何故か値段もかなりお安め。鱒書房『聞助捕物帖／櫻田門夫』（何とペンネーム丸出しな名前！）を購入すると、「線路際のお店は行かれましたか」と聞かれる。「先ほど行って来ました」と告げると「月曜はお休みですからね。これサービス券。お友達にたくさん宣伝して下さい」と真顔でお願いされる。色んな意味で面白い二店だったので、前向きに、善処いたしましょう。

Keats and Company

小さな商店街の目を惹く良店

営業時間 13時〜19時　定休日 日月　電話 06・6952・5785

西出口から駅前通りを北西に進む。すると右手には「良書専門」「民主的社会科学書・教育書」とある、ちょっと気になる新刊書店「風の本屋」が現れる。だがそこを通り過ぎると、信号の無い小さな交差点があり、北に向かって小さなお店が建て込んだ、何だか可愛らしい京街道商店街が延びている。ゆっくり足を踏み入れて行くと、右側角から九軒目に目指す古本屋さんがあり、今まさに開店の真っ最中であった。

「暑い〜暑い〜」とつぶやきながら、白髪の渋い壮年男性が、店頭に物や本を陳列し始めている。それを待ちながら、ちょっと三歩ほど離れて、改めてお店を眺めてみる。それは三軒が並ぶ、商店長屋建築の一軒なのだが、二階を見ると全体がレンガタイル張りで、ずいぶんとモダンなスタイルであるのが見て取れる。軒は瓦屋根だが、件のお店はそこに一頭のシーサーを乗せ、濃緑の日除けを張り出し、さらにその下に木枠のガラス窓と扉が並び、実にニクいスタイリッシュな店構えを完成させている。そんなこんなしているうちに、店頭が完成し、打ち水がされ、営業が開始された。店頭本のミステリやSFの多い並びとともに、扇風機・足漕ぎスクーター・椅子を眺めて店内へ。オイルびきの木床とマッチした木製本棚に古本が並び、壁棚はかなりの高さを誇っている。そして基本は当然古本屋さんなのだが、所々にアンティークや骨董の類いがアクセントのように置かれ、店内を渋いながらも華やかなものに仕上げている……センス良いなぁ。

お菓子や薬の缶・人形・瀬戸もの・自転車・前掛け・玩具……おぉ！　入口上の壁を見上げると、『タンタン』の洋書絵本がたくさん飾られているではないか。左壁の始まりはちょっと雑本っぽいが、古書や演劇関連を含みながら文学・芸能・文化が広がり、パリ・旅・ミステリ・幻想文学・澁澤龍彦・唐十郎・都筑道夫・横田順彌（他ではあまり見かけぬ、しっかりとしたラインナップ！）・SF・村上春樹・日本セレクト文学と続き、ガラスケースやペーパーバック回転ラックに守られた帳場横まで雪崩れ込んで行く。足元には壁とつながりある本が積み上がり、奥には雑誌類が続いて行く。フロア中央にはアンティークな机がどっしり置かれ、骨董・女性エッセイ・文庫・ポプラ社乱歩などを集めている。入口横には食関連とともに大橋歩や

児童文学。右壁には音楽・落語・映画・漫画関連（何故か、すがやみつるの手掛けた作品を多く見かける）・美術・建築・写真などが並ぶ。フロアはさらに右奥にカクカク続き、右壁小空間には陶器などとともに横山光輝・付録漫画・文庫・画集が収まっている。その裏のさらに奥に進むと、語学や英米文学の原書や研究本が、わりと厳めしくドッサリ集合している。

　棚造りはしっかりしているが、自由奔放な部分が多く、振り回されつつ楽しめる感じである。値段は安め〜普通。つまりは良いお店なのである。一瞬すがやみつるの『真田十勇士』を買ってしまいそうになるが、イカンイカンと首を振り、さらに棚に目を凝らした結果、学風書院『おばけの歴史／江馬務』（昭和廿六年刊の、幽霊や妖怪を文献や絵画の中に追いかける研究書。嬉しくなるほど挿画もたくさん）を見つけ出し、値段を見ると６００円！　間違いなくどひゃっほうです！

ひまわり堂書店 守口店

百円以下の本、色々あります

営業時間 12時〜21時 **定休日** 水、第2・4日 **電話** 06・6993・1340

京橋から京阪電車に乗り込むと、快速急行なら一駅で到着する。そして駅近くで左手車窓に流れる、古本屋さんの看板とお店の裏面……。西出口の階段を下り、京阪守口ビルの中を通り抜け、南に面した交差点。コンビニと銀行の間から南東に延びる道を、先ほどの車窓から見当をつけて眺めると、重なる袖看板の中に「古本」の赤い二文字を認める。近付くと二階ベランダに派手に洗濯物が翻っているが、その下には古びた「古本専門店」と書かれたテント看板があり、そのまま店頭の両袖をも覆っている。50均文庫や雑誌を流し、店内へ進む。

一見して、昔ながらなスタイルの大衆店である。入ってすぐ左に帳場があり、奥さまが真剣に絵本を読みふけっている。右壁は本棚、左壁は棚＋ラックの対応である。真ん中には背中合わせの長い棚が二本。右壁は硬めの学術歴史本と辞書から始まり、後は奥までズラッとコミック。ただし奥壁に、実用・児童文学・ミステリ&エンタメ・書などが収まっている。向かいは大量の時代小説文庫と、海外文学文庫（中文怪談文庫など妙な本も）・ハーレクインが並んでいる。中央通路は、右に一般文庫・官能文庫・日本純文学文庫。左に実用・歴史系文庫・またもや官能文庫・日本文学・囲碁将棋・東野圭吾など。奥の生活空間への通路は、少女コミックラックで塞がれており、似た感じのコミックラックは、さらに左端通路にも蔓延って行く。その左端通路は、壁棚に古書・時代小説、そして雑誌&ムックラックが長く続き、上段にはＡ５サイズコミックを奥まで並べまくっている。右の通路棚がなかなかの難物で、俳句・宗教・差別・部落問題など、所々ではジャンルが固まっているのだが、大体にじむようにして社会・宗教・歴史・エッセイ・実用・エンタメ・文学があやふやに混ざり合い、ぐにゃりとした感触の摑めぬ棚を形成している。

　時々妙に古い古書が混ざっているのが楽しいが、基本は雑本中心である。まぁ最初に感じ取った通り、ストレートな街の大衆店だが、値段がとにかく激安なのが嬉しい。なんたって、１００円しない本が店内にも堂々と並んでいるのだから。でも欲しい本はなさそうだなぁ〜と失礼ながら諦めていると、最後の帳場前の通路棚に、嬉しい一冊を発見してしまう。裸本だが、東方社『呪いの塔／横溝正史』（昭和三十二年三月発行なので、函ではなくカバーだろうか……）！　値段を探すと見返しには無く、堂々と表紙に鉛筆で「¥50」とあるではないか。いやぁ、うれしいなぁ。カバーナシでも、こういう出会いと展開は大好きだ。いっぺんに、このお店が好きになってしまったではないか。こんな本を見つけてしまったので、ついつい帳場横の見難い古書ゾーンを、静止して立ち尽くし、必死に背文字を見逃すまいと読み取って行く……いや、何も見つかりませんでした……。

　もう一冊、角川文庫『宝石泥棒Ｇ・オハラ／南條範夫』とともに差し出すと、告げられた値段は「90円です」。百円玉を渡し、十円玉のお釣りを受け取る。ワハハハハ、これが、平成時代の買物だろうか。しかも買った本人が、大いなる喜びを感じているのだ。やっぱり古本屋さんって、素晴らしい！

金箔書房

古書が安値の財布に優しい名店

営業時間　10時〜21時　定休日　日、第1・3月　電話　072・822・0809

京橋駅で京阪本線に乗り換え、京都方面へガタゴト。繁華街から離脱すると、高架の両側に広がるのは、低い家並みの無限にも見えるベッドタウンである。やがて目的駅に着き、南口の南側へ出ると、小さな駅前空中広場である。右側の階段を下り、すぐにはアーケード商店街の寝屋川一番街には入らずに、大きな駅前ショッピングセンター・アドバンスねやがわ沿いに南東へ進む。すると右手に「ねやがわいちばんがい」と平仮名で書かれたゲートが現れるので、そちらへ曲がり込むと、自転車置場の隣りに、明るいオレンジ色の古本屋さんを発見する。

とてもイカした店名である。建物は新しく、スペイン風な陽気さを獲得している。黄色いテント看板の下にはビニールカーテンが展開し、店頭は雨仕様となっている。ここで気になるのは左に掲げられた古いブリキ看板……「ご不用の本誠実に買います」とあるのだが、とても年季が入っている。旧店舗の物を大切に使い続けているのであろうか……。店頭左側は安売コミックで、右には50均文庫と安売本がドッサリと展開している。一段高い中に入ると、なんだかお店も本も新しく、リサイクル系な雰囲気。壁際はぐるっと本棚で、真ん中に長めの背中合わせの棚が二本横たわっている。右奥に帳場があり、母子のような年の差のある女性二人が、ほんわか華やかに働いている。入口右側の文庫棚に張り付くと、新しめの一般文庫が整然としているが無秩序に並んでいる。う〜むと視線を巡らしていると、古い文庫である新小説文庫を発見。しかも安値なので早速引っ掴むことにする。第一通路は、壁際にハーレクインとコミックが並び、通路棚には趣味・サブカル・タレント・辞書・実用などが並び、後の半分は

１００均単行本コーナーとなっている……ところが、ここに何だか古い本が混ざり込んでいる。嬉しい予感に身を震わせ、左壁のコミックをスルーしながら第二通路へ。

　おぉ！　60〜70年代セレクト日本文学がとても麗しい。下部には新書と相撲関連、それにミステリ＆エンタメが続いて行く。そしてやはり古書が所々に紛れ込んでいるではないか。しかも激安なのである。文学研究・伝統芸能・文化・性・美術を確認した後、最奥の通路に回り込む。通路棚には何の因果か仏教とアダルトが隣り合い、壁棚には大阪・郷土・社会・

建築・政治・服飾・生物・自然などが続き、やはりそこかしこに古書の姿を確認する。ただのリサイクル系のお店ではなかった！
　大正〜昭和初期の本が、一般本と平等な扱いで、それなりの安値で並んでいるのは、とにかく衝撃的である。主だった本には手書き白帯や紙カバーが巻かれ、値段と刊行年が記入されている。興奮しながら、あっちへウロウロこっちへウロウロ……ようやく三冊に決めて、文庫揃いやレコード＆古雑誌が前に集まる帳場に差し出す。新小説文庫『大阪百話　千日前／長谷川幸延』、日本評論社『思ひ出草（一白の巻）／下村宏』（函ナシ）、保育社の学習絵文庫23『虫あつめ』を購入する。そして「１００円」と印のある栞を渡され「次回来た時にこれを見せると、１００円引きになります。おおきに」「おおきに、またどうぞ〜」とお二人に、にこやかに優しくほんわか見送られる。ここは安くて大満足の良いお店であった！

古書四季

何かありそうでちゃんとあるお店

営業時間 12時～21時半（日～19時）　定休日 月　電話 0721・693・7074

南出口から出ると、ほぼ低い家並の住宅しかない駅前。南に向かうようにして、その住宅街に挑みかかり、ほどなくして見つけた、鉄柵のある小さな水路に沿って歩き始める。水路は「五社の水」と呼ばれ、やがて筒井池へと流れ込む……だがその場所に池はなく、あるのは白い砂の筒井池公園であった。その公園の南端から滴り落ちるように、寺町の道を真っ直ぐ真っ直ぐ南に歩き続けると、車通りの多い道に行き当たり、左手に大型スーパー・コノミヤが。探し求める古本屋さんは、この辺りのはずだが……。

大通りに出てみると、ちょうどスーパー向かいに六軒の商店建築が肩を並べており、そのうちの一軒が見るからに古いタイプの古本屋さんであった。軒から大きな青い日除けが張り出し、直方体の緑とオレンジの店名立看板・児童文学&絵本箱・コミック箱・文庫箱・雑誌箱・入口両翼のアダルトラックを守っている。そっと敷居を跨ぐと、古本が迫り来る通路の狭めな、素晴らしく年季の入った、昭和な空間である。こういうお店は、否が応にも期待に胸が膨らんでしまう。

横長の店内は左右を壁棚に覆われ、奥は左が壁棚で、中央に奥の生活空間への入口、右壁は中段がカウンター帳場風に抜けた本棚となっている。緑っぽいコンクリ土間には背中合わせの棚が三本並び、その足元の所々に薄めの横積み本タワーが迫っている。右壁には児童文学・絵本・自然・実用・コミック・アダルトが並んで行くが、入口側の最上段に目をやると、レアな特撮本が並んでいるではないか。当時モノ怪獣図鑑や怪獣飛び出す絵本を、引き出してみるとわりとしっかりの値段が付いているが、相場よりはかなり安めな印象である。惹き付けられてそのまま入口上の棚に視線を巡らせると、絶版漫画や古い漫画雑誌が、分かる感じで並んでいるのであった。うわぁ〜。通路棚には一般文庫が並び、隣の通路にも一般文庫とコミックやノベルス。素早く第三通路に身を移すと、右には少女漫画と怪奇漫画が並び、左では戦争・アダルト・日本文学・推理探偵小説・海外文学文庫が出迎えてくれた。文学&推理にはワクワクドキドキ。そして左端通路には戦争・社会運動・古めの新書サイズ本・歴史文庫・古文庫・哲学・歴史・民俗学・和本が集まる。入口側上の棚は、文学類となっている。スペシャルなのは左奥の

日本文学古書棚。明治〜戦後辺りの古い本が茶色く集まり、詩集も含め力強い光芒を放っている。

お店の奥では達磨大師風店主が、真剣に本を朗読しているのが、とても気になってしまう。客がいようといまいと関係なく、己の世界に没入している。しかも納得がいかなければ、または意味を飲み込むまでは、何度でも同じところを繰り返し読み上げるのである……何か、邪魔しているようですみません……推理探偵棚で見つけた、探していた朝日ソノラマヤングシリーズ『ブンとフン 1億ゲバ・ヤング／井上ひさし』、三笠新書『二笑亭綺譚／式場隆三郎』を差し出すと、「おっ、いらっしゃい。1300円……1000円にオマケしときましょう」と嬉しい値下げ。ありがとうございます！　安め〜しっかり値の、何かありそうあるはずだの、穴場的店舗であることを認定いたします！　あの怪獣飛び出す絵本、思い切って買えばよかったかなぁ……。

居留守文庫

住宅街で知性がスパーク

営業時間　10時〜19時　定休日　火　電話　06・6654・3932

3番出口を出ると、巨大な高架高速道路と、古い木造長屋が向かい合う、時空を超えた都会風景。南に歩き出して、すぐに東に曲がり込むと、古い住宅とちょっと古い住宅が混ざり合う住宅街。そのまま道なりに東に歩いて行く。数種の二階建て長屋と出会いながら、細い道を奥へ奥へ。すると、右が高校の裏手で左手に銭湯がある、なかなか好ましい街角にたどり着く。その先の、銭湯隣りの廃墟と化したような床屋の横を北に入ると、路地の途中に古い住宅を端正に個性的に改装した古本屋さんがあった。

なぜこんな所で古本屋さんを……と失礼ながら思ってしまったが、もはやここで営業する決意が燦然と輝いている店頭を見ると、それが愚問であったことにすぐに気付く。なんたって、午前十時に来たら、ちゃんと開店しているのだ！

先ほどから降り出した雨のため、店頭に本は並んでいないが、左は六段×三のボックス棚（ひとつは郵便ポスト）になっており、扉の上には明朝の変形で店名が透かし掘られている。そっと中に入ると、木と木箱で作り上げられた、細長い空間である。入口近くの第一空間は、文庫や児童文学や単行本やコミックに囲まれており、100均と200円単行本が混ざり合っている。頭上に渡された棚のせいで、何だかゲートのようになっている場所を潜ると、途端に薄暗くなり、BGMと混ざり合った雨垂れの音が、奥から規則正しく聞こえてくる。左側にカウンター帳場があり、長身で鋭いイメージの加藤賢崇風男性が「いらっしゃいませ」と、静かに迎えてくれた。それにしても、住宅街の中にこんな空間が存在しているとは。右壁はうずたかく積まれた統一規格の白木の木箱で埋め尽くされ、左も木箱で造った棚が小空間を二つ形作り、最奥の広い空間には壁際は当然縦横の木箱で埋まり、中央には四分の一円型棚がドドンと置かれている。……そして何とつかみ難いジャンルたちなんだ……。

　一応何となく把握したイメージを列挙して行くと、右壁にセレクトコミック・旅・思想・哲学・宗教・政治・民俗学・日本文学・郷土・アジア・政治・歴史・古典文学・海外文学。左には帳場周辺から、児童文学・文壇関連・セレクト文庫・文明・心理学・児童文学・建築・都市・町づくり・政治思想・美術・海外文学・詩集・幻想文学・建築・近代思想・精神・宗教。奥のフロア棚には美術・詩集・

日本文学・満州などが集まり、右奥では大きなポストカードフォルダーが壁を覆っている。とこのように書いてみたが、残念ながらとてもこの不思議な棚造りを捉えられたものではない。繰り返し似た分野が執拗に登場し、知性が青い火花となりスパークしまくっているのだ。何という難解な構成……太刀打ち出来ないと分かったら方針をサッサと変更し、木箱の数をとにかく数えてみることにする。
　奥から懸命にバカみたいに大小の箱を追い、その数がおよそ三百五十であることを突き止める……これぐらいしか、俺には、出来なかった。値段はちょい安〜普通。この硬めな知の空間にただただ圧倒され、その崇高さに打たれながら春陽文庫『赤い夕陽の満州で／秋永芳郎』を購入する。帳場に置かれた栞は、ペラリと開くとスタンプカードの役目も果たし、300円でひとつ押印され、20個で300円引きの小ラッキーに与ることができる。

大ギンガ書房

商店街に渦巻く硬めな古本

営業時間 11時～19時　**定休日** 不定休　**電話** 06・7710・1104

路面電車の阪堺電車で南に下って行く。専用軌道と路面を走り抜け、住吉大社前を通過して、目的駅に到着する。踏切を西に渡って小さな駅前を離れると、やがて大きな車通りと合流するとともに、北側に地元型巨大アーケード安立商店街。ちなみに安立町は、一寸法師ゆかりの町をアピールしており、アニメ調のキャラクター「一寸法師 あんりゅーくん」が、街中にちょこちょこ登場している。その商店街に入ると、シャッターの下りた店も多いが、商店街には下町的な活気がしっかりとみなぎっている。だが200mほど歩いてたどりついたお店は、午前十一時の開店時間をとっくに過ぎているのに、シャッターを下ろしたままひっそりとしていた……もう少ししたら開くのだろうか？　そう信じて昼食を摂って時間を潰してみたが、シャッターは一ミリも動いていない。仕方なく一旦引き揚げて、午後五時にしつこく再び訪れてみると、やった！営業中だ！

軒看板は、簡略化された銀河をバックに六十年代少年漫画風フォントの店名が踊っている。隣りには「入居者募集中 2階空き室あり」の古風な貼紙が。店頭は左に100均棚があり、その横では子供服や子供洋品が販売中。右側には文庫箱とともにムック&雑誌ラックが置かれている。緑の床の店内に進むと、ちょっとガランとした印象で、空き店舗に木箱の棚を設えたようである。その三段重ねの木箱棚は両壁&奥壁を低く這うようにぐるっと覆い、フロアには右に木のベンチと背中合わせの木箱棚列が二本置かれている。奥にはガラスケースもあり、その奥には本や物が置かれた、広大で雑然とした倉庫的空間が見えている。するとそこから突然、田嶋陽子風老婦人が顔を見せ「いらっしやい」と声をかけてくれた。彼女がこのお店のオーナーなのか?

　入口右横にはコミック箱があり、棚にはレコードプレーヤー・大判ビジュアルムック類・文学・コミック・SF・音楽・小西康陽・乱歩・バッドテイスト・思想・古書・写真集などが、意志を持って並べられ続いて行く。奥の上にフィギュアやソフビが置かれたガラスケースには、『カロリーヌのつきりょこう』が飾られているではないか。足元にはLP&EPレコード箱あり。フロア棚の右側には、入口側に知育玩具&児童文学コーナーがあり、さらに

児童文学・絵本・女性実用ムック・映画パンフが収まる。左の棚には、実用・将棋・時代小説文庫。左の壁には、一般文庫・歴史・スポーツ・文学などなど。棚上のだいぶ余った壁面にはイラストや絵画、ちあきなおみポスターなどが掲出されている。
　この若くねじれたセンス……絶対に老婦人がオーナーじゃないはずだ。むしろそうだったら、これは恐るべきことだ。その老婦人がいる奥からは、「♪あなたが噛んだ、小指が痛い～」と懐メロが間断なく流れて来ている。それにしても、お店の様子から、もっとサブカル寄りなのかと勝手に予想してしまったが、思いのほか真面目な棚作りだったのは、意外であった。だが古書もちょこちょこ含まれているので、タイミングが合えば良い本に出会えそうな予感がする。そして安い本も多いが、これはと思う本にはちゃんとした値が付けられている。講談社『将棋童子／藤沢桓夫』を購入する。何はともあれ、開いてて良かった。

まだまだあるぞ古本屋

郊外

◉渡辺金文堂書店—十三駅

営 9時〜19時　電 06・6302・2708

ホーム端の東改札口から賑やかな駅前に出て、十三東駅前商店街を北へ北へと向かう。踏切に続く道に行き当たったら東北に向かい、十三東本通商店街の果てまで進む。そこには古い店構えの古本屋さん。見るからに何かありそうな予感が背中を走るが、店内はまったくそれどころではなかった。棚前に横積み本が、腰高に、胸高に、目線高に、奥に向かうほど高く積み上がり、まるで石垣のように店内を圧迫しているのだ。棚には歴史や文学や学術本は確認出来るが、積み上がる本は雑本多し。もし石垣を掘り起こし棚も見られるようになれば、何かが見つかる気がするのだが……。

◉千賀書房—森小路駅

営 12時〜24時半　休 木　電 06・6953・0297

大宮1交差点から北に50メートル。扉を開けるとまず目に飛び込んで来るのは、長く奥へと延びる通路。右端の隠れたアダルト通路も合わせ、計六本が膨大な本を集めて並んでいる。歴史や近現代に強いお店だが、コミックや文庫もしっかり並べ、大衆店としての側面も持っている。

ちなみに値段に隙は無い。

◉尚文堂書店—千林大宮駅

営 11時～20時 休 日 電 06・6953・3885

国道一号沿い、千林大宮商店街入口手前にある小さなお店。文庫や単行本は一見新しいものがしれっと収まっているが、よく棚の下の方に目を凝らすと、古い本は横積みされたり詰め込まれたりして、下部に集まっている。中には明治時代の古書もあり、しかも激安値！下を見ると、魂がブルッと震えるお店です。

◉ほんけ書店—千林大宮駅

営 11時～23時 電 06・6955・6073

長い長い千林大宮商店街を西に抜け、旭通り商店街に変わった途端に現れる。雑本・コミック・文庫・アダルトの小さなお店だが、びっちり詰まったちょい古めの文庫を見るのは、わりと楽しい作業である。

◉楠書店—千林駅

営 10時～21時 休 火 電 06・6951・6553

千林商店街西端入口近くにある。表には大衆的な安売本を満載したスチール棚が飛び出し、店内には人ひとり通るのがやっとの通路が二本。だがその古めかしい店内は良識ある古本屋の面影を強く残しており、右壁に技術書が壁の如く集まり、左側通路

には文学が充実。川端康成多し。閉店時にこの大量のスチール棚を、どのように収納するのかがとても気になってしまう。

◉blackbird books—緑地公園駅

営 11時〜20時(土日祝10時〜19時) 休 月
電 06・7173・9286

南口の西側地上に出て、坂を南に下る。寺町交番前交差点を過ぎると、古いタイプのマンションが集まる一角にたどり着く。右手二棟目のそんなマンションの出っ張りに、小さく洗練されたお店が入居している。リトルプレス・ジン・セレクト新刊・古本を扱う。児童文学・暮らし・文学・音楽・写真集をしっかり集め、壁棚に並べている。

◉オランダ屋書店—茨木市駅

営 11時〜22時 休 無休 電 072・625・3314

北改札を出て西側空中歩廊を伝い、大きな駅前の西端に下り立ち、県道を北へ進む。左に水路が現れたところで、信号のあるデイリーヤマザキ前を西へ。しばらく歩くと、街の古本屋さん的顔をしたお店が出現する。だが奥深く複雑な通路を持つ店内は、多くのジャンルが深く知的に集められ、油断ならぬ棚造りをすべての通路で展開している。古書&ツボの本多し。ただし本はどこもギチギチに収められているので、取り出す時は爪を引っかけぬよう注意が必要。値段は安めで、なんたって昭和十二年の「新青年」附録『ファントマ』が300円!

◉大吉堂──我孫子前駅

営 14時〜19時(日祝12時〜) 休 金

駅北側おりおの商店街の端にある、お地蔵さんと向かい合ったお店。子供が楽しめるように棚が作られているので、児童文学が充実しているのだが、奥に進むとその児童文学と絡み合いながら、ミステリとＳＦが融合し、数を増して行くのが痛快。古い本は見当たらないが、棚造りは丁寧。ディクスン・カー文庫ゾーンなんてのもあり。チラシによると、街のあちこちに古本屋を出張させようと企んでいるらしい。

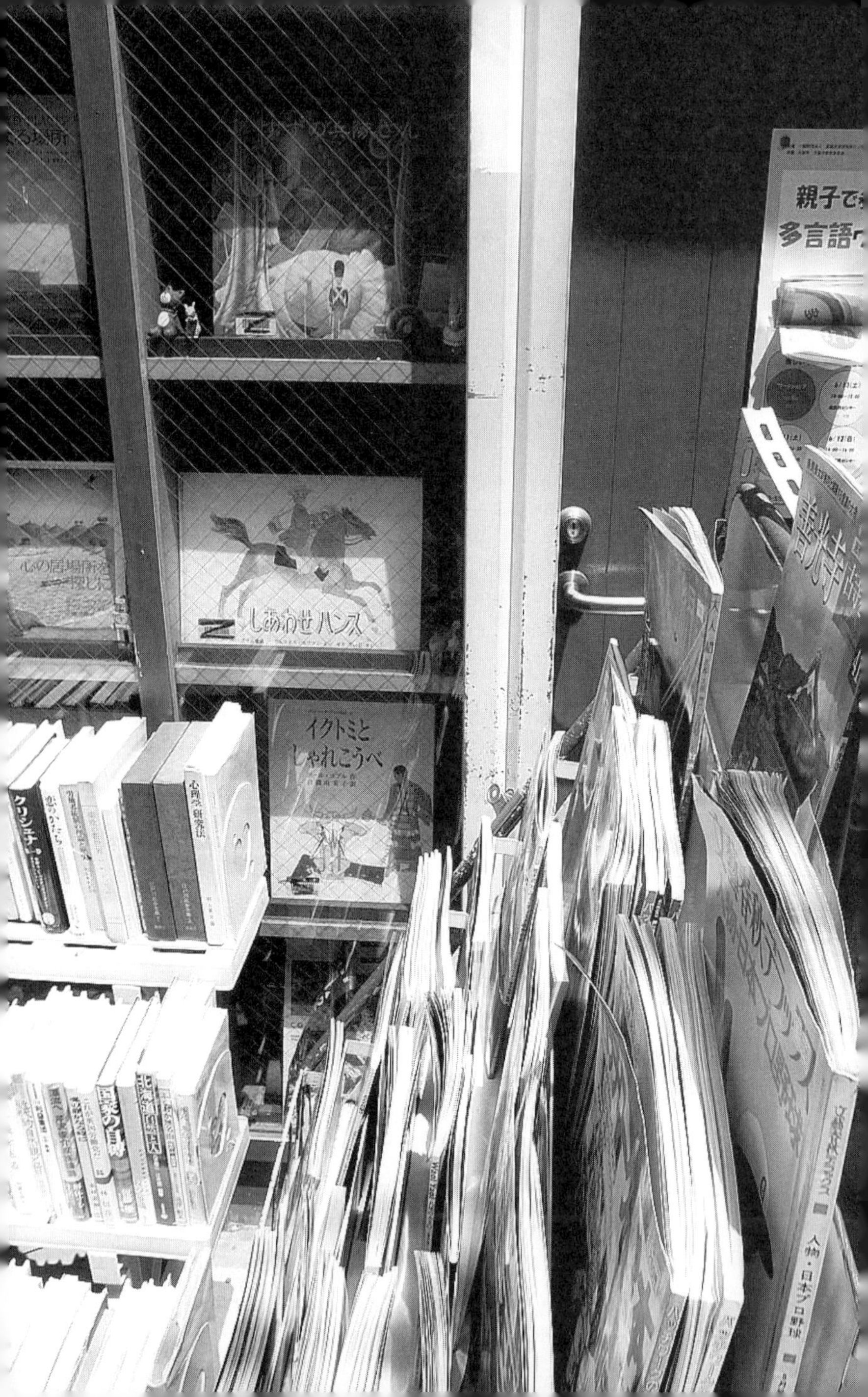
親子で
多言語
しあわせハンス
イクトミと
しゃれこうべ
クリシュナ
恋のかたち
心理学研究法
人物・日本プロ野球

3

神戸エリア

神戸学生青年センター古本市

毎年三ヶ月だけ現れる古本天国

営業時間　9時〜22時（毎年三月〜五月開催）　**電話**　078・851・2760、078・821・5878

斜面に作られた駅から、妙にダラダラと続く階段を上がり、改札を抜けて2番出口へ。するとそこは陸橋の上で、山の方に続く下り口を見ると、緑色の幟がバタバタはためいている。あれは?と慌てて近付くと、それは紛う事なき古本市の幟なのであった。誘われるように、歩道に架かるテント日除けの多い坂道を、見上げると峻険な六甲山を、目指すようにして上がって行く。するとすぐに歪な交差点にたどり着くので、ここを西に入り込むと、左の大きな建物が、古本市の開かれている神戸学生青年センターである。ここでは毎年三月から五月の長い間、寄付で集めた古本を販売し、奨学金の一部に当てるための古本市が開かれているのである。

一度来てみたかったのだ!と大いに意気込み回り込み、ここにも古本市の幟が立つ正面階段前。地下への階段を下り自動ドアが開くと、そこはもうロビーの面影が消滅した、物凄い古本市会場であった。入口からもう、古本を詰めたダンボール箱が床に連なっている。その数は優に百以上。さらに壁際にはこれもダンボールで作られた棚や、常設棚が古本棚として設置され、フロアにはこれもまたダンボール箱に支えられ、紐で崩壊しないよう括られた巨大な平台が二つ。さらにスチール棚が五本並列し、良く見ると奥の曲がり込む廊下の方にまで、古本の波は続いている。入口近くには猫関連本を集めた箱・ガイドブック箱・コロンボノベルス箱・古書箱が集まり、小さな棚に建築・音楽が並んでいる……これは、分類が細かく行き渡っているのか!　そのまま右側窓際ソファー席に向かって、コミック・手塚治虫・レコード・洋書などが続き、さらに奥の廊下に向かって海外ミステリ・赤川次郎・時代小説・時代小説文庫・キリスト教と、呆れるほど続いて行く……すげぇ。左側の平台は学術書箱で囲んだ辞書で作られており、そのままフロア棚に、売れ筋本・ミステリ&エンタメ・京都・海外文学・思想・歴史・韓国・戦争・ノンフィクション・SF文庫・海外ミステリ文庫・日本文学文庫と続いて行く。奥壁には大型本と共に大量の児童文学・児童書・絵本が壁に箱に集められ、なかなかの壮観を呈している。右端の文庫台は新書やノベルスや人文書によって支え作られており、紐が本の上でピンと張り詰め交錯する姿は、とてもアバンギャルドである。壁際には新書が並び、続いて日本純文学文庫・一般文庫と続いて行く。

大量である。しかしカオスではなく、分類はジャンルや作家でしっかり執拗に為されており、仕事がとても丁寧である。文庫や児童書は100円で、単行本は300円の安値。そしてもうそろそろ開催してひと月は経つのに、たくさんのお客さんが古本棚に取り憑き、熱心に選んでいる。定着しているんだなと感心しつつ、四冊を選ぶ。岩波ものがたりの本113『ジュンとひみつの友だち／佐藤さとる作 村上勉画』(前から探していたのだ！)、児童憲章愛の会『地面童子』(学校の先生が書いた童話アンソロジー。妙なSFジュブナイルと探偵小説モドキが収録)、青土社『サフラン摘み吉岡実詩集』、スポニチ出版『世界ドジくらべ／吉行淳之介監修』を購入する。カウンターで応対してくれた男性は「ありがとうごじゃいまーす」を連発していた……。

口笛文庫

坂の途中で出会える古書の山

営業時間 10時半〜19時 **定休日** 水 **電話** 078・843・3814

駅から出て南に、六甲八幡神社の鎮守の杜がある踏切を道なりに下って行く。ダラダラ下り続けると、八幡本通と合流する、坂の途中の交差点に出るので、さらにJR六甲道駅を目指すようにして、東側の歩道に渡り下って行く。すると左手にクリーム色の、なだらかに坂に沿ったモルタルの建物が現れた。

坂沿いに建物沿いに、安売本がゾロゾロと並んでいる。近付き顔を上げると、ショウウィンドウ代わりの窓々に、昭和初期〜戦後辺りの古書が飾られているではないか。モダンな表紙群を目にして、一気に期待に胸が膨らむ！　坂を下りシンプルな入口から店内へ進む。

おぉ、坂の上に向かって、フロアがちょいと高くなっている。途中に段差があり、そこで二つのゾーンに分かれている感がある。壁際は造り付けの本棚。手前には小さな背中合わせの棚が二本と、大きな平台が縦に二台並んでいる。奥には小部屋状の小スペースあり。奥の高い部分には、横向きに布の掛けられた未整理本の山と、低めの本棚が並び、手前奥に本に囲まれた帳場がある、そこには暎太が古本屋さんを演じているかのような、スマートな長身の店主が座っている。それにしても、この表面積の古書率の高さは、どうだ！

入口右横から奥に向かう、児童文学・絵本・図鑑・女性実用ムック・暮らし・料理などを早回しで眺め、奥の小部屋の充実の音楽と建築も素早くクリアし、二台の平台に注目する。右には洋書・児童文学・児童書・絵本の古書が集まり、左には古雑誌・小冊子・付録本のフルフル震えるタワーが何本も危うく屹立している。それらを丁寧につかみ持ち上げ、見たこともないものたちを掘り出して行く。その周囲には、哲学・思想・

社会問題・小林信彦&泰彦兄弟・植草甚一・ミステリなどが集まり、入口の左横は、足元に小さな洋書の棚を置き、棚には一般文庫が展開して行く。

　二段のステップを上がり、奥のゾーンへ。平台は未整理本に囲まれ、古書&紙物系を上に置くのみ。左側は丁寧な出版社別文庫&セレクト文庫から始まり、途中から日本近代文学を中心とする古書の棚にガラリと変わる。ここは棚下にも本が積み上がり、そこにも古書が麗しき垂涎の地層を造り出している。奥に進むと

それらはやがて、本関連に変化し、奥壁にセレクト作家・カルチャー・ファッションと古書も交えて続いて行く。小さな棚にはセレクト日本文学が集まり、未整理本の山の上に乗り出さなければよく見えない帳場横の棚には、民俗学関連が集合中。
　非常に良いお店である。店内はわりと本の山なのだが、基本的に整頓は行き届いており、だからこそ理知的にそれほど労力を使わずに、本を掘り出すことを楽しむことが出来る。そしてこのお店の根っこが古書で固まっている感じが、またたまらないのである。値段は嬉しい安め。それほど人通りのない坂の途中なのだが、お客さんが次々と飛び込み、ちゃんと本を買って行く。地元に愛されているのが、短い間でもひしひしと伝わって来るのだ。……あぁ、ずっとずっと古書を漁っていたい。底の底まで。面白い本にたどり着くまで。雄山閣出版『能面殺人事件／高木彬光』、新潮文庫『もだん・でかめろん／谷譲次』を購入する。

古本屋 ワールドエンズ・ガーデン

猫もいる自由奔放な棚造り店

営業時間 11時〜20時　**定休日** 第3火　**電話** 078・779・9389

駅のホームから西口改札へ出ると、「王子動物園へようこそ」と書かれたパンダの垂幕が迎えてくれる。高架下に出て、南側の交差点に立つと、今まさにそこを電車で渡って来た高架のアーチ橋が、優雅で壮大な弧を描いている。そのまま高架沿いに西南に進む、高い高架の下にはお店やお店の残骸がはまり込み、奇観と言っても良い景色を連続させている。そんなものたちに気を取られながら、ますます坂を下って行くと、左手に突然白い立看板が出現する。

大きなよくあるマンション建築の一階だが、未来的な角の丸い窓を連続させ、その向こうに整然と並ぶ古本を見せつけている。黄緑の暖簾を潜って、ドアをグッと開けると、見通しが利く歪な五角形の店内の壁に、古本棚が張り付いている。フロアにまずは新刊テーブルがあり、並べられたお皿の上に新刊が置かれ、食事として饗されている。他には奥壁と左壁に沿った背中合わせの棚があり、その脇で座り読みをする先客がひとり。奥には白布の掛かったソファーが置かれ、ややや っ！　丸くなったニャンコが寝ているではないか！　よし、隙を見て後で撫でよう。

入口左横には小さな100均文庫棚があり、その隣りに帳場が設けられている。ハンチングを被った浅利陽介風店主が座り、小さな声で「いらっしゃいませ」とつぶやいた。木床を踏み締めて、まずは明るい窓際へ。

CDやカードが並ぶ手前に白く低いボックス棚が連続し、主に100円の安売文庫・コミック・単行本を収めている。ソファー裏の壁際に達すると、まずは小さな猫本棚があり、壁に映画・美術・音楽・写真などが、細かく本の判型や媒体を飛び越え、肩を並べている。微に入り細に入る棚作りで、これが最初から最後まで高いテンションを保ちながら続いて行く。奥壁には将棋・詩集・児童文学・女性&女子関連・幻想文学・ポプラ社のルパン&乱歩・サッカー・プロレス・コミックと文学・エッセイ・町歩きなどが、覚えきれぬほど細かく並ぶ。左壁の壁際には仏教・自然科学・SF・「SFマガジン」と続き、ちょっと離れてセット本専用棚が置かれている。くの字に連結し

たフロア棚には、ノンフィクション・戦争・ミステリ・読書・言葉・古本・旅・冒険・村上春樹・キリスト教・海外文学・アジア・歴史・日本文学が集まる。

レベルの高い棚造りが、自由奔放に為されている、稀有なお店である。隅から隅まで神経が行き渡っているのだが、とても優雅なのである。店主のセンスが為せる技であろうか。値段は普通。

一冊選び取り、帳場に向かう前に、そっと猫を撫でる……起きない……調子に乗って頬をクイクイ刺激する。すると突然覚醒した猫が、指にコリッと噛み付いて、静かに「シャァ〜ッ!」。お、怒られてしまった。小指に痛みを残し、かなり落ち込みながら帳場へ。一連の場を店主に見られていたのではと、顔を赤らめながら精算する。創拓社『安全・快適・サバイバルザ・地下室/東方洋雄』を購入する。外に出ると雨が降り始め、高架の向こうの山々が、ガスに煙り始めていた。そして噛まれた小指が、ズキン……。

あかつき書房

昔からのスタイルを貫く真面目店

営業時間 10時半〜19時　**定休日** 水　**電話** 078・331・0879

駅から南に出て、目の前にある「センタープラザ」と「さんプラザ」が合わさった、横長のビルに入り込む。そこは丁度、ふたつのプラザが向かい合う連絡通路である。そこを突っ切ると、まるでガレリアのように、大きな道が豪奢な、ビルを飲み込む高いアーケードで飾られた三宮センター街である。人のざわめきがグルグル回り、賑やかな十字路で南東側を見ると、何だかこのガレリアから数センチ浮いたようなお店が、ポッカリと小さな口を開けていた。古本屋さんなのである。

店舗の両脇に古めかしく補強された100〜200円安売ワゴンを出した姿は、激変した周囲の光景へのせめてもの抵抗のようにも見える。お店の右側には、縦書きの古風な木の扁額があるが、軒上は現代的でメタリックである。細長く奥深い店内は明るく、奥に向かって両壁の棚が延びて行く。手前には背の低い背中合わせの棚があり、左側中央の帳場には鋭い視線を走らせるご婦人がひとり。一層細くなる奥は行き止まりだが、帳場裏には二階フロアへの階段がある。二階については入口近くと階段近くに、それぞれ「二階営業中」の札が出されているので、一階のみの営業時があることを、容易に想像させる。

年配のお客さんに混ざり、棚を眺めて行く。左壁には、近現代史・日本文学・ミステリ・東洋文庫・詩集など。向かいには戦争関連が多く集まり、端に民俗学が固まっている。右側通路は、壁棚にムック類・郷土本・囲碁将棋・哲学・思想・歴史・風俗・鉄道と続き、細めの奥壁に宗教が並び、そこから階段横まで自然や動植物・山岳関連が収まる。フロア手前の棚には海外文学がドッサリ並び、上には壁棚に呼応するように囲

碁将棋関連のミニカゴが連続して置かれている。二階への急階段を上がると、当然一階と同型の細長いカタチ。階段側から通り側を見ると、背後と左壁には文学全集・個人全集・写真全集が集まり、向かいには岩波文庫が硬く硬く集合している。途中に置かれた剝き出しの掃除機に生活感を感じ取りながら、奥のちょっと広くなる所へ出る。左壁には神戸本・資料本が専門的にがっしりと続く。右壁には大判の美術図録が物質感たっぷりに集まり、中央には表に出ていた木製ワゴンと似た型式の平台が三台縦列し、そこにも美術図録と美術系紙物を搭載している。奥には二階専用の帳場があり、老店主が古い航空雑誌の手入れを、刷毛で丁寧に丹念に行っている。

　真面目で硬めなお店である。目の前の通りを歩く若者や家族におもねらず、あくまでも昔からのお店のスタイルを貫いている感がある。なんと頼もしく渋いお店なのか！　値段はちょい安～普通。二階でジュンク堂書店『詩集 神戸市街図／現代詩神戸研究会編』を購入する。神戸の「ジュンク堂書店」が昭和六十一年に発行した、神戸所縁の詩人のアンソロジー詩集である。寺島珠雄・竹中郁・杉山平一・灰谷健次郎などが嬉しい。その土地でその土地の出版物を買うと、ことさら良い本を買った気分になる。こういうのは、旅の醍醐味のひとつに数えられようか。

トンカ書店

このお店には魔法が掛かっている

営業時間 13時〜18時（土日祝〜19時） **定休日** 火水 **電話** 078・333・4720

元町駅から北に出て、鯉川筋の東側歩道を北に遡上して行く。緩い坂道を上がり、インド料理屋の赤い大きなテント日除けを潜ったら、東に曲がり込む。次の十字路で再び北に歩き始めると、雑居ビルが隙間なく建て込み、小さな洋服屋・雑貨屋・飲食店が集まる小粋な裏通り。小さな五叉路にたどり着き東を見ると、大きな水色ののっぺりした古めの雑居ビル入口に、「ザックバランな古本屋」「入場2F」とある店名看板が立て掛けられていた。エントランスに入り、入口脇に乱雑に固まる他店の看板を横目に奥へ。営業感の伝わってこない古い階段を上がり、二階で廊下に折り返すと、未整理本の連山に布を被せた雑然とした入口が現れた。

ここにもある水色看板の下を潜ると、まずは小部屋的100均ゾーン。コミック・単行本・文庫などが寄せ集まる……雑然としている。開け放しのドア裏側にも滑り込み、児童文学をチェック。

続いて店内に進むと、横に細長い空間が広がっていた。ちょっと方向感覚が狂いがちになる、廊下からの展開である。入口左横の揃いコミックと音楽棚を見てから一歩進むと、左は小さなギャラリースペースになっており、女性が颯爽と展示の準備中であった。目の前にはボックス棚や壁棚が長く立ちはだかり、右の明るい窓際まで続いている。入口右横には展示台で作られた帳場があり、大人になってメガネをかけたちびまる子ちゃんのような、元気で陽気な女性店主が座っている。奥には平台と壁棚。それにしても、全体がなんだか雑然としている。いや、これはルーズと言って良いのか、本が傾いていたり飛び出していたり、置き方が乱雑だったり……だが何故か荒れた感じは一切なく、むしろ楽し気に見えてしまうのは何故だろう……いったいどんな魔法が掛けられているのだろうか……。

　正面壁棚はギャラリーにも侵入したアート・写真集から始まり、建築・文学・池波正太郎・町田康・中島らも・文学とその他の混ざり合い・自然・天文・サブカル・コミックと続く。棚上には懐かしの牛乳箱が二種類並んで販売中。帳場には雑貨類やカップなどの器が集まり、窓側に暮らし・女性&女子が続く。

そのまま壁棚は児童文学・学研の「学習と科学」棚につながって行く。小型の鍵が盛られた皿が……誰が買うのだろうか？　窓際には少女漫画棚・紙物・雑貨・安価アクセサリーなど。平台にはカルチャー&ファッション雑誌束が面陳されている。
　変なお店である。一見だらしなく見えるのだが、実はお店のあらゆる部分に、新鮮な風が吹き込んでいるように感じる。お客は男子も女子も目を輝かせて訪れ、買物をして行く。すべての値段が安めなので、何だか大人のための駄菓子屋といった趣を持っているのだ。ほんのちょっとだけ椎名町の魔窟「古書ますく堂」と通じるものがある気が……。しばしの間、このルーズで幸福な空間を味わい、誠文堂新光社「子供の科学」別冊『小動物の飼い方』を多少童心に戻って購入する。あっ！　表3広告は、渋谷宮益坂上にあった「志賀昆虫普及社」の広告じゃないか。

les célèbres TINTIN
dans
un grand dessin animé en couleurs
TINTIN
ET
LE LAC
AUX REQUINS

¥100のシールがはってあるもののみ
¥100-

うみねこ堂書林

探偵小説の街のミステリ専門店

営業時間　11時半〜19時　定休日　火金　電話　078・381・7314

ごちゃごちゃした元町駅の西口から素直に南に下って行くと、「元町パークロードに入る。元町商店街の観光地的賑わいを通過し、南京町の真っ赤な西安門を左にやり過ごすと、飲食店が並ぶ一帯に入り込む。裏通りでちょっと賑やかな場所なのだが、ピンク色のマシュマロ屋の隣りに、うみねこが滑空する空のように鮮やかな水色のテント日除けを張り出した、小さな古本屋さんがひっそりと佇んでいた。探偵小説愛好家&研究家として勇名を馳せる、野村恒彦氏のお店である。

日除けの下には本の形をした吊り看板、路上には黄色い立看板が出されている。ガラスサッシから店内を覗き込むと、通路に椅子がポツンと置かれ、「15時30分に戻ります」とメッセージが。なんだって！と焦りながら諦め切れずに、さらにお店の奥に目を凝らすと、帳場に座る野村氏の姿を確認。目が合ったので会釈すると、笑顔を浮かべながら巧みに積み上がる古本を避けて近寄り、戸を開けて歓待してくれた。先日参加した「小鷹信光さんを偲ぶ会」で、すでに挨拶は済ませていたのである。「どうぞどうぞ」と言われるがままに店内に引き込まれるが、「大丈夫ですか？　お出かけになるんじゃないですか？」「いえいえ大丈夫です。どうぞ見て行ってください」とやり取り。結局はそのまま狭い通路に身を落ち着かせる。

両壁は高い本棚になっており、中央に胸高の背中合わせの棚が一本。入口周辺には安売本棚やワゴンなどがゴチャリと集まっている。二本の通路には結束した未整理本が低めに積み上がり、狭い通路をさらに狭めている状況。奥は背後にバックヤードを擁するカウンター帳場で、前面には文庫サイズ本棚が設えられている。お出かけを阻止して入店したので、ちょっと気が引けながらも猛スピードで棚を眺めて行く。

　左壁には児童文学・冒険小説・吉田健一・創元推理文庫・ハヤカワポケミス・古めの出版社別推理全集・日本推理小説・黒岩涙香、そしてカウンター前には本の山があり、その上に平凡社『江戸川乱歩全集』が飾られていたりする。向かいには日本推理小説文庫・海外ミステリ文庫・出版社別ミステリ系文庫&アンソロジー文庫と続く。初級〜中級のミステリ度合いが、幅広く深い。右側通路は、壁棚に一般文庫・植草甚一・映画・日本文学・源氏鶏太・井上靖・新田次郎・ハヤカワ冒

険小説・科学・数学・SF・「SFマガジン」・ミステリ同人誌・ミステリ雑誌・山田風太郎・内田百閒・小林信彦と続く。向かいにはミステリノベルス・新書・角川文庫白背など。カウンター上には十冊ほどのプレミア本が置かれ、前面棚にはカバー無しパラフィン時代の新潮文庫と角川文庫が大量に収まっている。

　予想通り、ほとんどミステリ専門店である。短い間でも、これだけの「殺人事件」の文字に囲まれるのは、もはや快感！　紙の中に封じ込まれた、何千・何万件の殺人！……あぁ、空恐ろしい。

　値段はちょい安〜普通。そして上級への扉は、カウンター内の氏の背後の棚にある気が……。何を買おうか懊悩したが、結局選んだのは知らなかった野村氏の著作『探偵小説の街・神戸』であった。自身の神戸行（〃来神〃とも言う！）と重ね合わせ、これは楽しく興味深く読めそうだ。厚かましくサインまでいただいてしまう。

上崎書店 本店

新開地の知を担う貫禄店

営業時間　11時〜20時　定休日　無休　電話　078・579・0553

神戸高速鉄道の地下駅から地上に出て、長い坂道のアーケード街の新開地商店街を北へ遡上して行く。浅草辺りと似た感のある、独特な土地柄が、少しだけ魂を引き締めにかかって来ている。スタスタと二丁目から、一丁目へ。こちらのキャッチコピーは「ええとこええとこ」で、奥に進むほど、坂の傾斜が増して行く。アーケードの終りと、その先の湊川公園の緑が見えて来たところで、左手に古本屋さんが現れる。

簡素で素っ気ない佇まいだが、二店舗分の大きさがある。手前は窓に映画ポスターやパンフが多数貼られ、一入口を挟んで奥はシャッターが片方だけ下ろされ、一応店内は見えるようになっているが、そちらからは入れないようだ。小さな100均のコミックワゴンと文庫ワゴンに視線を落としてから、店内へ進む。おぉ！なんだこれは！　右側の店舗は小部屋になっており、メイン店舗の奥三分の二は、まるで舞台のように高くなっているではないか！

独特な造りと、棚から放たれた時間の澱を、ドキドキしながら受け止めて、店内の把握に努める。入口付近の低いゾーンには、右に帳場があり、林隆三風オヤジさんがピシッと収まっている。その前には平台が置かれ、上には古書・絵葉書・小冊子・リーフレット・和本などが山積みされ、下の棚には漫画付録本や絶版漫画、「少年世界」バックナンバーなどが収まっている。帳場横には鉄道ワゴンもあり。入口前には児童文学&絵本棚と古雑誌平台が続き、さらに左に向かって200均ワゴン・ドラマ脚本&映画関連島、映画ポスター島。それに映画パンフワゴンが展開。左壁棚には映画・芸能・児童文学・絶版文庫が並んで行く。階段に足を掛け、いよいよ高台へ。

高い天井まで高く伸び上がる左壁棚には、ミステリ雑誌・ミステリ・探偵小説・自然・日本文学・法律関連と続いて行く。何処もかしこも厳めしく古いので、興奮が止まらない。向かいにはビジュアルムックや考古学関連。第二通路には古代史・技術・歴史・政治・近代史などが集まり、ぐるっと回り込んだ第三通路には、兵庫・郷土・美術・刀剣が高く厚く並んでいる。右端通路には大判の美術本が多く並び、そして壁棚に1000円全集端本・美術・音楽・歌舞伎と続き、帳場近くでは日本文学復刻本と日本近代文学が、軽さと重厚さ

を溶け合わせている（函ナシだが川端康成の『浅草紅團』が！）。奥壁には、料理・生け花・書・茶道・俳句と、品の良い並びが展開。帳場前を抜けて右側の部屋へ進むと、そこは粋なアダルトオンリールーム。ディスプレイに余裕があるので、何か鄙びた温泉場のアダルトショップにでも、迷い込んだような緩さ。しかしさすがは古本屋さんで、ちゃんと性愛関連の古書も棚の一部を占めている。

　貫禄のある大きなお店である。ちょっとくだけた土地にありながら、一身にこの地の知を担っているようで、神々しい。函入り本や大型本が多いのも特徴である。値段はきっちりしっかり。表紙が取れた一冊の雑誌を帳場に差し出す。「いらっしゃいませ。表紙取れてますが、よろしいですか？」と確認の後、値段の千円を見て「いいとこですな」とボソリ。共榮社「怪奇探偵クラブ オール讀切別冊」（昭和二十五年五月発行。表表紙ナシ）を購入する。

やまだ書店

山の上の商店街にある硬派店

営業時間 11時〜20時 定休日 火 電話 078・511・2203

駅を出て西に向かい、やがてぶつかる有馬街道を北進する。進めば進むほど山がグングン近付き、神戸の繁華街の喧噪は後方に遠退いて行く。600ｍも進めば、街道両側の歩道に慎ましいアーケードが架かり出し、平野交差点からT字に展開する平野商店街となる。西側の歩道を進めば、交差点近くで一軒の古本屋さんを認めることが出来る。

まさに商店街の中の、昔ながらのお店である。アーケードから下がる看板には「貸本・古書売買」とあるので、かなり前からこの場所で営業しているのだろう。ブリキ看板下の店頭を見渡すと、細々と本が出されている。歩道側には一般的な単行本がワゴンに詰められており、店側には100均文庫に全集類、それにちょっと古い本が混ざる単行本棚……思想系や社会運動など、硬めの本が多い。コンクリ土間の店内に進むと、そこは古さと懐かしさが充満し絡み合う、二本の通路を持つ空間。しかしなんだか雰囲気がピリッとしている。恐る恐る右側通路に進むと、壁棚には、海外文学・女性解放関連・思想などが結構な古書を含みつつ続き、日本文学文庫の小さな棚と教養系文庫を経由してさらに奥には、重そうな函入り本を搭載し、どうやって動かすんだろうと不思議に思う、びっちりと身を寄せ合った可動棚が続く。

通路棚に目をやると、戦争から始まり、その後は社会運動・共産主義・革命関連などがドッサリ！ この山塊迫る商店街に、こんな本が並んでいるとは！ 大いに驚き、首にタオルを掛けた仙人の如き店主が座る帳場前を通過する。彼の背後の壁棚には、金文字函入りが仰々しい並びを見せる伝記&評伝の列。そのまま左壁棚に、日本近代文学・日本文学・文学評論・兵庫郷土関連・文化と続く。向かいの通路棚を見ると、日本文学の古書がここにも……あぁぁぁっ！　浅原六朗の『ビルディングと小便』があるじゃないか！　どうしても読みたかった本に、こんな所で出会ってしまうなんて……くっ、八千円か……そっと棚に戻す。他にもベーブ・ルース伝記や一般文庫・時代小説文庫、それに歴史関連を眺めて奥に戻るが、もう頭は浅原六朗でいっぱい。あぁ、こんな硬派な書店で、こんなに悩むことになるなんて……だが、やはり高いし、今この旅先で買うこともないだろう。

　そんな風に心の中の獣を鎖に縛り、春陽堂日本小説文庫『太陽のない街／徳永直』を購入して、後ろ髪を引かれまくりながらも、スゴスゴとお店を出る。次の場所に向かうために、歩いている……歩いている。だが、頭の中は、まだ浅原六朗が大パーティーを開いている。銀行の前を通りかかる。ＡＴＭで八千円を下ろす。回れ右してお店に戻る。入口近くの棚から本を取り出し、帳場にズンズン接近する。おやっ?という表情で仙人店主が顔を上げる。「歩いていたら、どうしても欲しくなってしまいました。これを下さい」と告白のように本を差し出す。「あぁ、そうですか」と受け取り、憎らしいほど嬉しそうで優しい笑顔。……心の中の獣が解き放たれ、こちらも照れながら、笑顔を見せる。

　赤爐閣書房『ビルディングと小便／浅原六朗』（銀カバーの第五版）を購入する。旅先での運命の出会い……そう大手を振るって過信して、大枚はたいた後ろめたさを心の片隅に押し込めてしまう。

古書店つのぶえ

キリスト教と安値の古書が同居中

営業時間　12時〜18時　定休日　日水　電話　078・766・4700

山陽電鉄地下駅から、南出口の西寄りの階段を上がる。大通りの向こうには小学校があり、体育の授業を受ける児童たちのけたたましい嬌声が届いてくる。西に向かい、すぐの信号を南へ。そこは、何の変哲もない平和な住宅街なのだが、ビルから家からほとんどの建物が、新興住宅地のように根こそぎ新しいのである。ここいら一帯は、阪神淡路大震災で甚大な被害を被った、長田地区である。理不尽な大火災で焼け野原と化した場所である。そんなつらい激動を乗り越えた街路の、味気ないキレイさに、被害の凄まじさと復興の逞しさを感じ取りながら歩き続けると、防災設備を備えた水笠通公園が右手に見えてくる。手前の十字路で東を見ると、細高く茶色い四階建て住宅ビルの一階に、「古書店」の看板を発見する。分かってはいたのだが、こんな所にお店がと、改めて驚き喜び足早に接近する。

軒上の袖看板下には「コショたん」が描かれた幟がはためき、ギュッと小さな間口には、右に全集棚と文庫揃いワゴンと100均新書棚、左に100均単行本棚と古く小さな立看板が置かれている。中に入ると細いが奥深く、ひんやりとしている。両壁に白木の頑丈な本棚が張り付き、中央にはちょっと背の低い背中合わせの本棚。左奥に屈強なスチール棚と繊細なガラスケースが置かれ、その奥の整然とした本の山の向こうに、どうやら帳場兼作業場があるようだ……丸刈りの頭頂部がチラリと見え、キーボードを叩く音が聞こえてくる……。

左壁棚は児童文学から始まり、文庫・新書（古いものあり）・西洋文明&文化・西洋詩集などが並び、棚下には一般単行本や硬めの文庫の山が低く築かれている。奥のスチール棚には、何故ここまで巨大化したの

かと目を疑うキリスト教関連本がドッシリ収まっている。なかなか硬いお店なんだなと、入口右横の棚を覗くと、古い文庫や明治の小型本が肩を寄せ合い、その裏には美術図録棚が置かれていた。フロア棚の左側は、初めはラック状になっており、古めの兵庫・須磨・神戸関連地方出版本や古雑誌が飾られている。奥に進むと、日本文学・日本近代文学・伝統芸能・戦争・古新書サイズ本・古文庫・古海外文学・キリスト教が続き、良さげな古書の出現に胸が大いに高鳴り始める。だが右側通路に向かうと、そこは胸の高鳴りを抑制せざるを得ない、絶対的キリスト教関連通路であった。一部に西洋哲学なども混ざるが、ここまでひとつの宗教を網羅蒐集する様には、畏敬の念を抱いてしまう。そっと左側通路に引き返し、高鳴りを再起動させて棚を物色にかかる。なんたって本が安い。千円以下の値段ばかりで（キリスト教関連以外）、多くは１００～５００円なのだ。

　三冊を選び終え、奥にしずしず向かって行くと、立ち上がり姿を現したのは、真面目な杉作Ｊ太郎風店主。勝手にジーザス的な方を想像していたことを心中で懺悔し、精算する。新潮社『ボロ家の春秋／梅崎春生』、博文館文庫『薬草手帖／農業世界編集局編』、井上書院『明治建築案内／菊池重郎』を購入する。復興の地に根を下ろした、とても良いお店です。

まだまだあるぞ古本屋

神戸

◉ブックス・カルボ―六甲駅（現在は三宮駅）

営11時〜20時 電078・599・9857

もはや山の中腹と言っても良い、六甲駅北にある。一見キレイなお洒落系古本屋さんに見え、その要素も充分持ち合わせているのだが、実はアニメ・ＳＦ・絶版漫画に力をギュッと入れている。それらが派手に棚に収まっていても、お洒落感は揺るがないのがスゴい。絵本と児童文学も充実している。（２０１６年9月に三宮センタープラザに移転）

◉澤田書肆―王子公園駅

営お昼前後〜 休無休 電078・801・0008

駅から川を越えて東に２００ｍほどの坂道にある。だが開いていない。しかし中は丸見えなので近付き、テント看板の下の店内を覗き込む。通路に梱包材や台車・扁額・本タワーなどがあるが、お店としての現役感はあるようだ。棚には書画骨董関連の函入り本がズラズラと並び、小さな骨董品が並ぶガラスケースも認められる。

◉勉強堂書店―春日野道駅

営11時〜20時 休日 電078・221・7137

改札を出て南に下って行く長いアーケード商店街・

春日野道商店街の3番街にある。地元の人が多く立ち寄る、細長く小ぶりな街の古本屋さんである。歴史・戦争・アダルト・時代小説文庫に力が入っている。しかし左側通路奥には古書棚がしっかりと鎮座し、日本近代文学をしれっと集めている。ここは神戸を訪れたら必ずチェックすべし。

◉ぴらにやカフェ—春日野道駅

営 12時〜22時　休 月　電 090・3711・5637

勉強堂の先には、名物のシュークリームを売るカフェがあり、入ってすぐの入口右横に古本販売棚を設けている。お店の本以外にも「ワールドエンズ・ガーデン」など他の店の本も並ぶ。お店に合わせてか、女性よりなラインナップである。新興古本屋さんのショップカードが、数多く置かれている。

◉清泉堂書店—三宮駅

営 11時〜20時(日祝〜19時)　休 不定休　電 078・381・6633

着々と中野ブロードウェイ化が進行しつつある、センタープラザ二階にある。通路を挟んで毛色の異なる二つのお店が向かい合い、かたや文庫と硬めの単行本とプレミア本、かたや鉄道・児童文学・ミステリ・古書に強い造りになっている。精算は文庫&単行本店舗で行う仕組み。

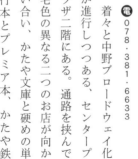

◉ Fabulous OLD BOOK ―元町駅

営 13時～20時 休 不定休 電 078・327・7883

鯉川筋のレトロビル四階にある。紺色の日除けの下から、古いが暖色カラフルな階段を上がって行くと、四階手前の踊り場には驚くべき『タンタン』の巨大タペストリー。店内にはボックス棚が多数設置され、古今東西の洋書絵本がこれでもかと集まっている。キャラ雑貨や玩具、何故かこけしやスヌーピー専門棚もあり。

◉ エメラルドブックス ―元町駅

営 12時～19時 休 水木 電 078・392・7676

鯉川筋より一本西の裏通りに潜む。完全に古本屋さんには見えないが、表に赤い立看板が出ているので、サッシドアを開けて中に入ると、喫茶店と古本屋が融合した、小さくキレイな空間。靴を脱いで上がり込めば、ファッション・料理・絵本・海外関連の古本が出迎えてくれる。店主のお兄さんの笑顔がとても爽やか。

◉ マルダイ書店 ―元町駅

営 11時～19時 休 木 電 078・391・1523

元高2番街の初っ端にあり、まさに高架下らしく長細く、出入口が二つ存在。あらゆる面が本棚で埋め尽くされ、狭い場所を有効に活用している。100均文庫&雑誌から美術書まで、老若男女に対応した本を幅広く

並べている。ここに立ち寄ったときは、向かいの年季が凄みに変わった「レンセイ製菓」も併せて訪ねるべし。

◉サンコウ書店—元町駅

営 11時〜19時 休 水 電 078・332・0039

元高2番街の終わり近くにある。表は文庫やコミックの100均本だらけだが、左端に贅沢に古書を飾ったウィンドウがある。店内は回遊式で小さく、柔道&武道の古書に加え、帳場前の文学棚が見ていて楽しい。またしっかりとアダルトも備えているので、高架下の怪しさと猥雑さを感じることができる。

◉古本 ツインズ—元町駅

営 11時〜19時 休 木 電 078・362・2062

元高3番街にある。通路に開かれたお店は、おばあさんがテレビを見ながら店番をしている。高架下だからと言っていかがわしさはなく、品揃えも値段も至極真っ当な古本屋さんである。中央の平台に置かれた紙物や小冊子に喜びあり。

◉ちんき堂—元町駅

営 12時〜20時 休 水 電 078・332・3036

元町穴門商店街沿いの小さな雑居ビル二階にある。その階段を上がろうと思ったら、下りて来たのは『猟盤日記』などの著作がある

店主の戸川昌士氏……ということは、お店は閉まってしまった！　というわけで過去に訪ねたお店を必死に思い出す……「お洒落とお下劣／元気な古本」がキャッチフレーズのこぢんまりとした店内では、エロ・漫画・カルト・アングラなどを中心に特撮からアートまでを独自の視点でフォローしていた……はずである。また古本屋と言うよりは、戸川氏に会えて話せるサロンとしても機能している感がある。

◉レトロ倶楽部—元町駅

営 12時～19時　休 火　電 078・332・7234

元高2番街出口向かいのビル二階にある。ちょっと貿易商みたいなロケーションが格好良い。店主は映画『ストリート・オブ・ファイヤー』のバッテリー地区の荒れたクラブで、ロックンロールを歌うボーカルに似ている……。サブカル全般・大量の映画チラシ・VHSビデオ・セレクトCD・エロ本など、怪し気なものが並び、かなり突き詰めて蒐集していることに目を瞠る。

◉神戸古書倶楽部—元町駅

営 11時～18時半　休 1月1日・2日

元町通り4丁目にある半地下で奥深い小型の古書モールである。木箱や棚や平台が長い三本の通路を造り出し、十店近くがバラエティに富んだ出品をしている。かつて上野にあった「本のまち」に雰囲気が似ている。古書率高し。函ナシだが、奇天烈探偵小説を書くことで一部に有名な東天鬼の『修羅の巷』を2000円で手に入れる。

◉1003—元町駅

営 12時〜20時　休 火、第2・4水　電 050・3692・1329

元町商店街・凮月堂裏手の白いお洒落雑居ビル二階にある。もやい綱を手摺にした階段を上がり、板硝子の歪む戸を開けると、気持ちの良い風が吹き抜ける古本世界。若者向けだが選書はしっかりとしており、真面目にカルチャー全般を追い求めている。店内ではビールも飲める。

◉ハニカムブックス—花隈駅

営 12時〜20時（土日祝〜19時半）　休 水、第3火

電 078・362・1583

元町高架商店街3番街南側向かいの雑居ビル二階にある。白い室内には雑貨と女子系古本＋絵本が平等に美しくディスプレイされ、無垢で清潔な大人な女子の空間を造り出している。男子はちょっと入る余地無し。いや、がんばれば、心の奥底で、何かが目覚めるかもしれない……。

◉文紀書房—西元町駅

営 10時半〜19時　休 不定休　電 078・341・0698

元町商店街6にあり、この長く延びて来た商店街も、この辺りまで来るとさすがに観光地の華やかさは薄れ気味。そんな所で、路面に浮世絵などの紙物や均一台を迫り出し、古い店構えと

ともに独特の存在感を放っている。古本の匂いと古家の匂いが絶妙にブレンドされた店内には、哲学・思想・書などの硬めの本が置かれ、大衆面は文庫でフォローしている模様。帳場に小さく座る老婦人がプリティーである。

◉泉堂書店―高速神戸駅

営 10時〜19時 休 不定休 電 078・371・6457

メトロこうべにあり、卓球場に向かい合い、二店舗分の細長さを誇る。だがその極狭店内にはしっかりと二本分の通路を確保。左に100&150均最近の文庫ゾーンがあるが、後は大量のコンビニコミックとアダルトにより占領されている。まさに新開地的大衆店で、激安アダルトが朝から飛ぶように売れて行く……。

◉上崎書店メトロこうべ店―高速神戸駅

営 10時〜19時 電 078・371・6390

同じくメトロこうべ内の、四十五本の壁棚でできた通路状大型店。細長い二店舗をつなぎ、一店としている。優に六十メートルはあるその長さと細さは必見。通路を造り出す平台には、美術全集・アダルトDVD・200&100均文庫が大量に並ぶ。目眩を起こすほど続く壁棚は、ほぼ一本に一ジャンルの素晴らしき分類！ その一棚にも古書からキリまで時代の幅を持った棚造りが為されている。恐ろしい、恐ろしい路面店だ……。

◉イマヨシ書店——大倉山駅

営 10時～19時　休 不定休　電 078・521・5662

山の上の平野商店街西端にある。看板には「創業大正十一年」とあり、古書籍・骨董の文字もある。小さな街の古本屋さん然としているが、生活空間と一体化した上がり框周辺と左側通路には、妙な本や古書が集まる。また宝塚歌劇団関連も充実しているのが大きな特徴である。

◉古書片岡——大倉山駅

営 13時～18時　休 木金　電 078・361・8766

平野商店街から東へ向かうと見つかる、クラシックの流れる小さなお店。外見から普通の古本屋さんと思いきや、かなりのド硬派！　炭坑・労働運動・水俣病などを丁寧に集め、ギュッと並べている。そんな棚が連続するので店主は厳しさ溢れる正義の社会闘士と思いきや、超フレンドリー。お店に入った瞬間「いらっしゃいませ。よくお越しになりました」。本を渡すと「見つかりましたか。良かったです」。挙げ句「雨の中お越しいただいたので、１５００円と書いてありますが１４００円で」。帰る時には「またいつかお会いいたしましょう」と来る。素敵！

火災受信所
4F
Fabulous
OLD BOOK

古書買取

4

阪神間エリア

図研

古い店内に古い紙物

営業時間 10時～17時　**定休日** 不定休　**電話** 06・6411・8279

自転車に対するガードが鉄壁な駅舎から南に出ると、ロータリーの向こうに巨大な新し目のマンションが立ちはだかっている。左右どちらからでも構わないので、そのマンションの裏にツルッと回り込むと、すぐに下町的住宅街が広がり始めている。道路に面したその中の一軒から、ちょっとくたびれた感のある水色の日除けが飛び出している。近寄るとそこには「ふるほん店」の文字。

それにしても変わった店名である。紙物や絵葉書を扱うお店ということなので、やはり「図画研究」「図像研鑽」などの略なのであろうか……。店頭にお店感はなく、慎ましく瑞々しく植木鉢などが置かれている。開け放しのサッシ扉に顔を突っ込み、すぐ横の机で作業している老婦人に「見てもよろしいですか？」と聞いてみる。すると「えぇえぇ、どうぞどうぞ。ちょっとゴチャゴチャしていますけど。ホホホ」と素早く立ち上がり、気になる箇所をちょっとだけ手直しした。

壁際には造り付けの古い木棚、コンクリ土間の中央には小型の木製マップケースや棚、それに木箱が集められている。一見して古いものばかりが、古めかしい空間に集められ、大変好ましい情景を造り出している。入口横の切手関連の本や、合間合間に横積みされた小説や文庫本をチェックしていると、「本はあんまりないんですよ。ごめんなさいね」と、笑顔を見せられた。

確かにお店のほとんどを占めるのは、県別絵葉書ファイル&カゴ・地図&観光リーフレット・映画ポスター&ロビーカードなどの紙物類である。店内は、店名通り、ちょっとした研究室のように見えなくもない。だが、それらの隙間や木箱の中や床には、鉄道ガイド古書・観光ガイド古書・雑誌付録・漫画雑誌付録・小冊子・怪奇コミック・映画ムックなども紛れ込んでいるのだ。作業机近くで、古い戦後の学年誌を手にしていると、「可愛いですよね。こんなに古くて脆いものが、きれいに残っているなんて、素晴らしいじゃないですか」とニコニコ。思わず釣り込まれて、こちらもニコニコ……。

それにしても何を買おうか。川西英の色刷版画「尼崎」なんて本当にここで買うには最高なのだが、値段が一万円……。そう、ここは古く珍しいものは多いのだが、値段がちゃんとしているのである。東京の観光地図&ガイドも素晴らしいものがたくさんあるのだが、どうも値段が折り合わない。絵葉書でお茶を濁すのもなんだし……と二周目の途中で目に入ったのが、映画ポスターの裏にあった、A3サイズのちょっと大きめのロビーカードの束……おっ、東宝映画『キングコングの逆襲』（名作！）じゃないか。値段はこれが意外に安めの千円なのである。別種もあるのでは？とその束を探ってみると、げげっ！ 全部同じ『キングコングの逆襲』なのである……なるほど、店内でインフレを起こしていたというわけか。

そんなこんなでめでたくこのロビーカードを購入する。「同じのたくさんありましたよ」と言うと「ホホホホホ」と照れ笑い。そしていつの間にか激しく降り始めた雨に備え、大きなカードをビニール&紙袋に入れてくれた。あぁ、私の〝尼崎〟ファーストインパクトは、とても優しくスィートなものとなったのである。

街の草

是が非でもレア古書を掘り出すべし

営業時間　12時〜19時半　定休日　火水　電話　06・6418・3511

ホームは武庫川の上にあり、下流から流れてくる爽やかな薫風が、水の匂いを運んでくる。南側東端の出口から外に出て、そのまま線路沿いの坂道を、色褪せた色ブロックの歩道を踏み付け、東に下って行く。ほとんどの商店がシャッターを下ろしており、坂道を下り切った所から始まる高架下のショッピングセンターも、また同様である。横断歩道のある十字路を過ぎ、不気味な古道具屋横の道を南へ。すると頭上にはマーケットのトタン屋根アーケード。そこを潜って東に曲がると、表に本を大量に溢れさせた、明るい緑と黄色のダンダラ日除けを張り出したお店にたどり着く。

店頭右側には、大量に結束された本の山が、ワゴンの上にまで積み重なっている……つまりは未整理本なのである。左には雑誌ラック・雑誌箱・文庫箱・単行本箱が置かれているが、どれも大衆的なものばかりである。店内に進み、きれいに掃き清められた木床を踏み締める。だが！　店内もまた結束本の山なのである！　中央の古本島上にもダンボール箱や結束本が積み上がり中……つまり、ほとんどの本を、見ることが出来ない由々しき事態に陥った、店内なのである……いったいなんでこんなことに……。

本が見られる場所と言えば、入口右横の小文庫棚と、右壁手前の時代小説文庫棚。入口左横には小コミック棚があり、壁のコミック棚も露出している。その奥は棚際に本タワーが出来ているので、かろうじて日本近代文学や詩集が確認出来る状態である。仕方ないので左奥の本タワー間の通路に身を潜ませ、タワーと壁棚に目を凝らす。なんたって、面白そうな本は、この辺でしか見られないのだ。狭い通路に屈み込み、古い仙花紙本や文庫本、古雑誌がチラリと見えているので、根性で書名を確認して行く。そしてどうにか二冊の本を摑み精算をお願いする。店主は天文台の付録本を手にして「変な本見つけるなぁ〜」とニヤリ。そこで「本、ほとんど見られませんね」と言うと「買い過ぎたんや。早よう片付けなあかんねんけど」と大いにはにかむ。そして「どんな本を探してるの?」「特にないんですけど、まぁ昭和初期の古い本が大好きです」と言うと「じゃあ落ち着いて、好きに見てってていいよ」「本当ですか! ではお言葉に甘えて!」と気になる山に挑もうとすると「そうだ、表の本見るか」と店頭に誘

導される。そして結束本の山の中から、「雨降らんでよかったなぁ〜」とつぶやきつつ地面にシートを広げ、十本ほどの古書の山を見せていただく。

古本屋さんの優しさに触れ、屋外で古書を眺める不思議な体験。店主は「天気もいいし、気持ちええやろ」とニッコリ。本を探す間に、神戸の古本屋話に花を咲かせる。「2階洞」は、実は探偵小説を得意としていること。「文殊屋」は店主が若い頃よく通ったお店であること。「蝸牛」は古本屋さんのイロハを教えてくれた、お師匠的なお店であること。駅前に残る「だるま堂」は商売替えをして、たこ焼き屋に華麗に転身したことなど。そんな風に楽しく過ごし、春陽堂文庫『従軍タイピスト/櫻田常久』、鷺ノ宮書房『風の街/武田麟太郎』、春陽堂『黄金鳥/鈴木三重吉編』(この三冊はすべて千円で合わせ技どひゃっほうである)、学研五年の学習付録『私たちの天文台』を購入する。

アテネ書店

それでも本は貸出を待っている

電話 0798・33・3415

駅から南に出て大きな通りの札場筋（この辺りの通りの名はほとんどが都市計画的で、あまり風情がないものが多い）を南へ。信号をひとつ過ぎ、脇道を一本やり過ごし、次の脇道を西へ入る。最初はただの裏町的なのだが、十字路をひとつ過ぎるとキレイに化粧直しされた商店街となり、外灯には西宮神社の御神燈が提がっていたりする。奥に入り込んで行くとお茶屋さんの隣りに、長屋式商店建築をパネルで覆った、それでも古い本屋さんが現れる。

軒上には極太明朝体で書かれた「小学館の学習雑誌」の古い看板。その下にはオレンジ色の日除けが張り出し、さらにその下には昭和四十年代あたりの本屋さんの姿が、そのままボオッと浮かび上がっている。中央には低めの新刊雑誌ラックと、木製新刊雑誌平台が置かれているが、それには目もくれず、右側からズイッと店内に入り込む。即座に左手前の木製カウンターに座るご婦人から「いらっしゃいませ」と声がかかる。コンクリ土間がざらついている。土間中央にはトタン板や棚やコピー機や実用的自転車が固まっているが、これもスルー。さらに奥には新たな自転車も置かれているが、気にしない。ぐるんと壁際に巡らされた、年季たっぷりの木製造り付け本棚に視線と思いを集中させる。

下段六段は、70〜80年代の少年・少女・青年・コミックばかりなのだが、これらは50円で販売されている。だがそれだけではなく、これらは貸し出されてもいるのである。上段三段の単行本やノベルスも同様で、手に取ると後見返しには貸出カードが収納されているのだ。右側のビニールコーティングされた単行本群は、松本清張・西村寿行・森村誠一・内田康夫・平岩弓枝・瀬戸内寂聴・吉川英治・梶山季之・丹羽文雄などなどである……。こんなに燃えないラインナップなのだが、何故か心は弾んでいる。それはこの現代から取り残され、それでも保存され続けている奇跡的な空間に、首尾よく出会えたからであろう。

大量のノベルスと、少しの比較的近刊なミステリ&エンタメに目を通した後、ちょっと高いカウンター付属の木製椅子に、まるでバーの止まり木にちょこなんと腰掛けているようなご婦人に「これはみんな貸本なんですか？」と聞いてみると

「そうですけど、もうあんまり借りに来ないんですよ。なので、お売りしますよ」とのこと。ではせっかくなので、ケイブンシャノベルス『信州・小諸殺人行／中町信』をセレクト。ご婦人に「これを」と手渡すと、「ちょっとお待ち下さい」と奥に消え、誰かに値付けして貰っている模様。結局３００円で購入する。

「なんで貸本って分かったんですか？」と聞かれたので、やたらと厚みのある貸出票が付いていたことを告げると「そうでしたか。この商売ももう少なくなったので、貸本を知ってる方も少ないんですよ」とニッコリ。確かに、この壁棚に巡らされた本を、借りる人も買う人もいなさそうだ。恐らくこのお店の主力は、店頭に出された新刊雑誌と本の注文なのだろう。「おおきに。またどうぞ〜」の声に送られ、こんな動かぬ貸本の成れの果てを備えた、ギリシア的店名を持つ古い書店が、阪神間にひっそりと佇んでいることを、ふいに愛しく思ってしまう。

栄文社

チャイムを押して扉を開け

営業時間　10時半〜19時半　定休日　月　電話　0798・26・7226

ここまで西に来ると、もはや六甲の山々は目の前である。駅南の神楽町交差点から南に目を凝らすと、「古本」と読める小さな看板が、早くもおいでおいでをしているではないか。建石筋の東側歩道をそのまま南に進み、件のお店前に到着する。二階壁から突き出す袖看板には、アメリカンエキスプレスカードのマークが……こ、高級店なのだろうか……。

一見して店舗兼住宅のようで、青く長い日除けの下には100均文庫ワゴンと新書ワゴンが連なり、青いフレームとガラスに彩られた店頭は、清潔感が漂い軽やかである。中央入口に進み、ドアに手を掛ける……ガチン……あれ？　引くんじゃなくて押すのかな？……ガチン……あれ？　じゃあ横にスライドさせるのかな……キキン……こりゃあ、鍵が掛かってるのか、中に電気は点いているのだが……。

しばらく新書ワゴンを見つめたりしてみるが、人が現れる気配はない。だが一歩離れてドアを見たせいで、店内上部から下げられた、「御用の方は門柱のブザーでお呼び下さい」の紙札にようやく気付く。横にある自宅門のチャイムを、ピンポ〜ンと押すや否や「ハイ。ちょっとお待ち下さい」と声が聞こえ、およそ二十秒後にガチャリと鍵が開き、漁師の如き風貌のオヤジさんが店内に招き入れてくれた。

外から見た通りキレイに統制が取れた空間である。奥行きはそれほどなく、入口から奥への通路と、それに平行した三本の行き止まり通路があり、奥側は壁棚と帳場になっている。入口通路には、一般文庫・足元の棚に大型本・社会経済・文学・映画・音楽・健康医学・占い・生物などが集まる。右端通路には、岩波文庫・ちくま文庫・聖母文庫（キリスト教系の専門文庫）・選書・新書・戦争・歴史・世界・アジアなどが集まっている。棚脇に新書棚や酒関連棚もあり。ほぼ帳場正面の左から二番目通路には、中国・茶道・書・建築・伝統芸能・日本近代文学・詩集（充実）・海外文学が揃う。何故かこの通路だけは床から本が積み上がっている。一番目の届く場所なので、保管庫兼作業場なのではあるまいか。左端通路は、美術図録・哲学・思想・みすず本・キリスト教関連（充実）となっている。奥壁は左に禅・仏教・国史、右には神戸・兵

庫・大阪などの郷土本がドッサリ。途中昼食をしっかり摂ったはずなのに、静謐な店内にお腹がクゥクゥ鳴る音が響き渡り、恥ずかしい思いをしてしまった……。

それにしても硬いお店である。素敵に硬い棚の連続である。こんな普通の街に、かなり硬いお店があって、大丈夫なのだろうか。余計なことを心配しながら、何を買おうか通路を行ったり来たりする。値段はしっかりなのだが、どのジャンルにも古書が紛れ込んでいるのは大変魅力的である。結局裸本を一冊つかみ、辞典棚を背にし、かなり大きなパソコンのビープ音を響かせているオヤジさんに精算していただく。水産社『随筆集 動物學教室／田中茂穂』を購入。この本、動物学研究のエッセイ本なのだが、学究の徒としての神保町古本漁り話などが掲載されており、大変興味深い。おまけに見返しには、神保町「大久保書店」の古い古書店ラベルまで貼り付いてるのだ。よし、いい買物をしたぞ。

まだまだあるぞ古本屋

阪神間

◉文殊屋古書店―立花駅

営12時〜19時 休土日

異様である。店頭が紐で連結された二段重ねのビールケースで出来ているのだ。一番上に乗っているのは、帯を巻かれた安売文庫と単行本で、横にはムックや雑誌類が巧みに収納されている。中央に店番のご婦人が座る、浅い奥行きの前面フロアにも入ることは出来るが、左右ラックの雑誌類と奥の単行本&新書、それに文庫収納棚があるのみとなっている。営業形態が非常に興味深く、特異な大衆店である。

◉U-BOOK―立花駅

電06・6412・5771

駅から真南の橘通り沿いにある。午後三時の開店と同時に店内に突入すると、棚はほぼコミックばかりで（絶版漫画アリ）、通路には縦横無尽に本や物が積み重なっている。入ってすぐ右の小広場に雑本的100均文庫棚や、ゲーム攻略本が認められる。

◉清泉堂倉地書店―甲子園口駅

営11時〜19時 休月木

電0798・64・0141

駅のホームからも見える、南口ロータリー脇にある。間口は普通だが奥深いお店で創業は明

治35年。一般文庫&学術系文庫の他に、奥には日本文学・仏教・政治・郷土などを重厚に揃えている。わりとすべてが、かっちりきっちりしたお店である。

◉2階洞—西宮北口駅

営 11時〜20時　休 コープの休みの日　電 0798・66・4096

駅目の前のアクタ西宮東館一階にある。安売本・コミック・文庫の大衆店と思いきや、右奥通路の帳場近くの壁棚には古い文庫や古書が集められているのだ。小さいがミステリコーナーもあり、しかも本は激安！　マシンガントーク中の店主と常連さんに割り込んで精算してもらうと、常連さんから「うるさくてごめんね」と謝られつつ、思いっきり話に巻込まれる。愉快なお店である。

◉蝸牛—今津駅

営 12時〜18時半　休 火土　電 0798・35・2103

駅北側の鳴尾御影線を西に入り込むと、すぐに細長いお店が姿を現す。店頭に安売本をドバドバと広げ、歪で横長の店内は文庫と共に、郷土・歴史・文化・文学が硬く厳かに並んでいる。また古書の箱も数箱存在。昭和二十八年刊の春陽堂『わが女學生時代の罪／木々高太郎』を買うと、斎藤洋介似の店主が突然ニヤニヤし始め「嬉しいな」とボソリ。聞き返してみると「古本屋らしい本が売れたんで、ホント嬉しいんですよ」とのこと。おぉ！　古書を買う喜びと、古書を買われる喜びが、ピタリとひとつになった瞬間である。

方法としての子ども
太宰治全集 1
宇宙への秘密の鍵
宇宙に秘められた謎
怒り
IKARI
吉田修一
童謡・唱歌・わらべうた

5
滋賀エリア

さざなみ古書店

秀吉の水路と古本部屋

営業時間　10時〜17時　定休日　火水木　電話　080・1723・0987

東口に出ると、秀吉公と三成出会いの像が建つロータリー。だがその背景は、味も素っ気もない郊外の都市風景である。駅前通りを東に進み、長浜駅口交差点で北に入ると、そんな景色が一変し、黒板壁や白壁の町家が建て込み始め、風情がジワッとあふれ出してくる。右の小さな水路は長浜城の外堀である。さらに北へ。旧式な吊り下げ型信号機のある交差点を突破し、次の交差点で小さな魚屋橋を渡って東に入り込むと、そこはゆう壱番街祝町通りで、行く手に楼閣を載せたアーケード商店街が見えている。テクテク歩いて通り抜け、屋根の下から脱出して70ｍも進めば、右手居並ぶ町家商店のひとつに、古本屋の小さな吊り看板と立看板が出ているのを発見出来る。だがまだ、古本の姿は何処にも見当たらない……。軒下に入り、御堂前会館の扁額下を潜り薄暗く長い通路に入ると、壁際で売られているのは新鮮な野菜である。さらに歩を進めると、ようやく「暮しの手帖」を集めた長テーブルが登場。さらに進むとそこにようやく、靴を脱いで上がり込む小さなお店が現れた。

靴を脱ぎ、ドアを開いて中に入ると、カーペットの敷かれた小さな空間である。正面の帳場には誰もいない……。左壁には美術図録に支えられたような木製ラックがあり、古書・ファッション・古雑誌・武井武雄・土門拳・アート・滋賀関連本を飾っている。帳場脇には小さな棚があり、古書・和本・古い児童雑誌など。さらに帳場右横には哲学思想を頭に載せた海外文学文庫棚があり、帳場側面には塚本邦雄を一列頭に載せた日本文学文庫＆映画棚がある。入口右横には大きな棚が展開し、幻想文学・「銀花」・日本近代文学・詩集・食・日本文学が収まる。奥壁棚には美術・民俗学・滋賀&琵琶湖本・茶・書が集まり、右壁には児童文学・女流作家・絵本・京都・貸本漫画・『少年ケニヤ』揃い・建築などが固まっている。

小さなお店だが、棚は上質で独特な大人的感性でまとめあげられている。まるで出来の良い手作り陶器を慈しんでいるかのよう。値段は普通。と、ここで店の主、少女がそのまま老成されたようなご婦人が現れ、「いらっしゃいませ」と静かに帳場に腰を下ろす。私はタイミングを見計らい、狙っていた帳場横にあった函ナシの大日本雄辯會講談社『少年詩集／西條八十』の値段を聞いてみる。「これはね、持ち込みで、蔵から出た物らしいんですよ。値段は聞いてないんで、私が付けちゃいますね。虫食いがあるわ……昭和六年ね。1円50銭ですって。ウフフ」というようなやり取りがあり、１０００円を提示されたので購入することにする（この本の中には「S探偵」というタイトルの物語詩が収録。ホームズ風探偵が解けない暗号の謎を追い求めているのだ。八十先生、素晴らしいです！）。

この後、話の流れで東京から来たことを告げると、「じゃあせっかくだから、ここの奥を見せてあげる」と言われ、古本でも見せてくれるのかと思いきや、完全なる生活空間の町家の奥に入り込み、春もみじと廃蔵のコントラストが美しい坪庭や、秀吉時代に造られた水路につながる裏口階段を見学させていただく。なんだこの不思議な展開はと思いつつも、現代を生き抜く明治生まれの建物と暮らしに、大いに感激してしまう。なんだか私的な「ブラタモリ」みたいだ。店主さん、ありがとうございます！

半月舎

本ドッサリの本格古本屋に成長

営業時間 12時〜19時　定休日 水木　電話 0749・26・1201

三成公騎馬像の建つ西口ロータリーから駅前お城通りを西へ。歩道屋根アーケード商店街の彼方に、彦根城の緑が見えている。何故か高歌放吟する駅前自転車放置啓発指導員を追い越し、旭町交差点を越える。次の旭町西で南に威勢良く曲がり込むと、長い長い佐和町商店街＋京町商店街の直線道。昔ながらの古びた商店建築が疎らに残っている。商店街のお尻に行き着くと、そこはかつての「半月舎」があった京町交差点。ここから再び道なりに西に進み、郵便局を越えると立花町交差点南側にこれまた古めかしい中央一番街が現れる。東側の歩道屋根の下を南に歩き始めると、二軒目が新しい「半月舎」であった。

隣の洒落た生活雑貨のお店とともに、商店街に若い風を起こしているようだ。お店は美しくモダンなガラス張りで、中の本棚を歩道に見せつけている……だが、なんだか以前より雑然としている感じが……。入口左横には「ご自由にお持ち下さい」とある古雑貨のダンボールが幾つか並び、右側に100均文庫箱がひとつ置かれている。木床を踏み締め中に進むと、そこはまず横に延びる通路状。左の棚に全集・自然・旅が集まり、正面に映画や児童文学、それに夏葉社本……だが所々棚の下部が、何かの山や本棚で隠され見ることが出来ない状態。右に進むと窓際には食や婦人雑誌の付録本や思想や文庫が収まる箱があり、さらに児童文学・文庫などが収まる棚に続いて行く。この辺りはちょっとカオスでなかなか把握し難い棚並びである。

ここまで来ると右側のメインスペースに入っている。中央に新刊や古本を並べた机があり、右と奥には立派な壁棚が巡らされている。左には「こどものとも」や民俗学やミシマ社の本が並んだ細長い四面棚があり、その横に「太陽」「民俗学」・江戸などの並ぶ棚がある。右壁棚には、またも「太陽」・東京、そして充実の琵琶湖関連・滋賀・彦根・郷土史・デザイン・アート・文庫・文学復刻本が、それぞれの層となり収まっている。奥壁には洋書・日本文学・石川啄木・日本古典文学・日本近代文学・詩集が並び、右奥の帳場ではメガネのお姉さんがパソコンと格闘中。以前のお洒落で余裕のあったお店に比べ、いつの間にこんなに

立派な古本屋さんになってしまったのだろうか。頼もしいことこの上ない！　こんなにも雑然としているなんて（しかも所々に無造作に古本箱あり）、こんなにも本が多くなっているなんて、こんなにも探す楽しみがあるなんて！と喜びながら大いにガサゴソしてしまう。

　値段は安め〜しっかり値（付録本の『日米未来戦記』は欲しかったが１８００円だった……）まで様々だが、何故か狙いを定めた良い本には、安値が多いのが不思議なところ。ちゃんと函付きオレンジセロファン付きの、あかね書房『ジキル博士とハイド氏・自殺クラブ／スチーブンソン』を３８０円で見つけてニンマリ。常連らしきオヤジさんは、奥の積み重なった本や、机の上の平積み本を遠慮なく漁っていた。こういうところも、何だか非常に古本屋っぽい。今後とも彦根の古本文化を、何とぞよろしくお願いいたします！

古書クロックワーク

小さな空間を支配する審美眼

営業時間 14時〜19時 定休日 日月火 電話 077・548・7460

北口に出ると小さなロータリーで、左奥を見ると京阪電車の駅もあり、街は何だか賑やかである。そのまま北に進んで踏切を越えると、道はたくさんの人と車が行き交うときめき坂となる。人波に揉まれながらゆっくり下り、最初の東への脇道にひょいと入り込むと、そこも坂道で行き着く先は大津高等学校の校門である。だがその手前、ベージュの洒落たビルの一階に、白い美容院と隣り合い、小さな古本屋さんが存在していた。

二つのウィンドウから見えるのは、ソフビ人形や駄玩具や古道具ばかりで、何だかあまり古本屋さんらしくない。窓には「BOOKS ANTIQUES MUSIC TOYS EPHEMERAS」とあるが、最後の言葉はあまり馴染みがないな……なので慌てて調べてみると、どうやら紙物類（いわゆる消え物）を指す言葉らしい……知らなかった。タイガーマスクの異様なソフビ群に注目されながら中に入ると、そこは紙物・セル画・付録・玩具・ソフビ・パッケージなどが氾濫する、小さな懐かしき世界。

古本と様々な物品と、壁棚と机と細々した棚や箱とガラスケースと帳場で出来ている。入ってすぐ右には復刻ソフビが大量に下がり、左の足元には児童文学・旅・本&古本などが臨める。続いてまたもやソフビや古道具や陶器が現れ、奥の窓際棚に探偵&幻想文庫・SF文庫・ミステリ文庫が収まっている。中央の机周りには、猫・実用・「とと姉ちゃん特集」・児童文学・絵葉書・5円引きブロマイドなどが集まる。奥壁には、ちくま文庫・カラーブックス・一般文庫・名探偵入門児童書・付録類・柳原良平関連・アニメ&特撮・探偵小説・澁澤龍彥・映画・性愛・風俗・古い漫画がドバッと並び、右の帳場横にはCDと共にジャズ&音楽が集められている。ガラスケースを覗き込むと、羨望の高木彬光『オペラの怪人』旧版や、新作探偵小説全集が飾られていて、心臓がドキリ！　入口右横の棚には古書が集められ、貸本漫画・探偵小説・仙花紙本・資料本・スクラップ・小型本・ジュブナイルなどが古色蒼然マックスにオーラを放っている。

　いや、良いお店である。絶対的に良いお店である。本当に小さなお店なのに、よくこれだけ丁寧にそして深く詰め込んでいるものだ。その完璧とも言える世界観に陶然と酔い痴れながらも、値段は普通～しっかり値の中から目を血走らせて隙を探し出す。すると、机の下の児童文学箱で、理論社の『てのひら島はどこにある／佐藤暁』を発見し、値段を見ると５００円。この本、函じゃなくてカバーだったんだと、心中で万歳三唱しながら抱え込む。続いて壁棚にあった秋田書店『怪獣ウルトラ図鑑／大伴昌司』を手に取る。値段は１８００円で函ナシで記名あり。だが念のため奥付を見ると12版であることが判明……版が若いぞ……ということは……焦りながら「ウルトラセブン怪人怪兵器大百科」のページを繰って行く。やった！　あった！　スペル星人だ！　この本は、やはり禁断のスペル星人掲載バージョンだったのだ！

　ひとつのお店で、こんなに欲しかった本二冊と出会えたなんて、ダブルどひゃっほう！　ウキウキしながら店番のプリティーな女の子に精算していただき、そそくさと表へ出る。そして校門の前で、『ウルトラ図鑑』と『てのひら島』を交互に撫でさする。俺は、俺は本当に嬉しいぞ！

まだまだあるぞ古本屋

滋賀

◉**いわね書店**—木ノ本駅

営 8時半〜18時 休 日 電 0749・82・2226

駅東口から石畳の地蔵坂を上り切り、宿場町の面影濃い北国街道を南に下ると姿を見せる、町の新刊本屋さん。雑誌・児童本・コミック・文庫を軸に本屋として機能し続けているが、中古コミックの棚とともに文庫古本の棚が一本存在する。値段は50〜100円。

◉リサイクルショップ**ほおずき**—坂田駅

営 9時半〜16時 休 水日祝 電 0749・52・4659

無人駅東口でレンタサイクルを借りて東へ。新幹線高架下を潜り、北陸自動車道手前まで来ると、田んぼと日撫山を背景にした、福祉系リサイクルショップが目に留まる。物品の溢れる広い店内を左奥に進むと、売り物の棚に本を並べたそこそこの古本通路。実用・絵本・文庫・コミック・CDとリサイクル的品揃えだが、本は10〜50円と激安である。四冊買っても60円であった。

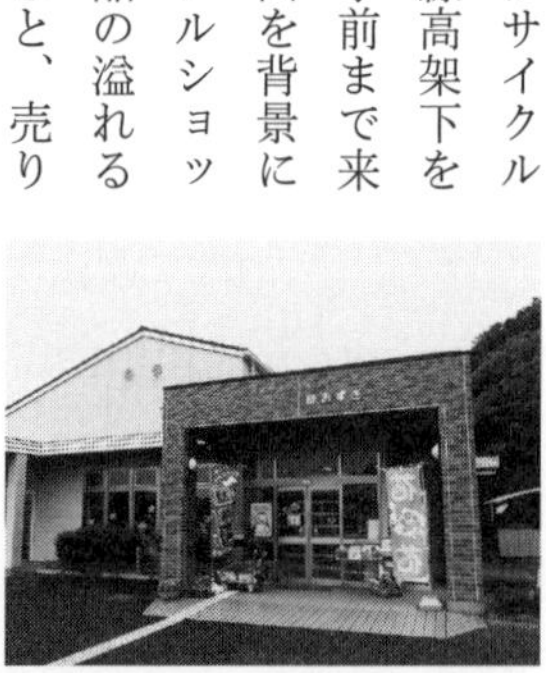

◉**古本と古道具すずろ**—近江八幡駅

営 11時〜18時 休 木金 電 0748・32・5567

駅より遥か西の永原町通りにある、古民家を改装した複合店「尾賀商店」内にある。正面奥にあるこの一店は、アンティークとともに少量の古本を並べている。古雑誌・光文社アトム・大判美術本。さらに通路には二本の本棚が置かれ、ここには「モンキーブックス」の名で、近江&琵琶湖本・日本自然・町・カラーブックスなども並べている。お喋り好きなご婦人店主が爽快である。

◉旧八幡郵便局―近江八幡駅

営 10時〜15時頃　休 火

駅より遥か西の仲屋町通り沿いにある。ヴォーリズ建築保存のため残されている元郵便局。何故か一階には玄関から骨董が

安値で置かれ、奥には和本を中心とした５００均古本ラックもあったりする。だがそのほとんどは、政治関連や教科書などの、あまり食指の動かぬお硬いものばかりである。

◉オオミ堂書店―膳所駅

営 10時〜21時　休 無休　電 077・525・2310

跨線橋を南に渡ってすぐの竜ヶ丘信号前にある。通路が長く奥深く、棚作りは丁寧な良店である。日本文学・郷土・歴史・宗教・自然科学に強さを発揮。広範囲にわたる講談社文芸文庫低タワー群は、珍しいディスプレイ方法である。左奥には雑然とした「古書クロックワーク」の広大なサブカルコーナーあり。また右奥には、すでに閉店した草津「松本書房」棚の残滓が存在

している。

◉古今書房――大津駅

営11時半〜18時半　休日　電077・523・2258

駅から北へ、坂の街を琵琶湖方面へ400mほど下った、アーケード商店街丸屋町の西端にある。一階が古本屋で二階がギャラリー。歴史・郷土・自然・謡曲に強いお店だが、今は意外とアダルトと官能文庫が右奥で幅を利かせている。店頭の独特な木製ワゴンには、時々出物あり。

平成二十八年
一家に一冊・幸運の秘伝
運命学の最高権威
三十一師
執筆の宝典
運命宝
開運宝鑑
幸運の暦
豪華大判の暦
気学運勢暦
相場で儲ける本

6 奈良エリア

紀文堂書店

右奥で探偵小説の血が沸騰！

営業時間　夕方頃〜22時　定休日　不定休　電話　0742・35・2285

お店は夕方辺りに開店するアバウトな営業時間なので、午後四時過ぎにお店を訪ねてみる。改札を抜けたらちょっと遠回りだが、まず東口に出て、駅前広場に建つ旧奈良駅舎を楽しんでから、北の三条通りに足を踏み入れる。そのまま素直に西に向かい、信号をひとつ越えて駅から200mほど前進。するとサンモール新大宮という、集合住宅一階のショッピングモール入口に古本屋さんが……あ、開いてない。早過ぎたのだろうか。仕方なく一旦駅に戻り、時間を潰して午後四時半過ぎに再訪すると、路上に「古本」の立看板が出されており、シャッターが開いて立派な外壁棚も見えていた。……開いてくれて良かった。『横溝正史全集』や『江戸川乱歩全集』や『川上澄生全集』が100均で無造作に並ぶ棚に驚き、角にナナメに切ってある入口から、待望の店内へ滑り込む。中は正方形で広く、通路も余裕のある幅が確保されている。しかし左端通路には奥に木箱や本が積み重なり、真ん中通路には全体に本が積み上がり、右端通路には手前と奥に本が積み重なり、棚の見える場所と通路をずいぶん塞いでしまっている。それでも懸命に探索を開始すると、入口右側には新書&児童文学でコーナーが作られ、左壁にはミステリ&エンタメ・一般書&文庫が続き、奥に古雑誌類が固まっている。向かいの通路棚には、美術・哲学・思想が集まり、埋もれた奥壁を遠目に見ると、昭和三十〜四十年代の推理小説が集まっている……何だかいい感じだぞ。

真ん中通路は一切踏み込めず、それでも一般文庫と歴史・宗教を確認する。背後には中公文庫や教養系文庫が固まっている。そして早々に右端通路に移動すると、右壁手前にはアダルトが固まり、入口側の棚には奇門遁甲など占い系の同型な布装本がズラリと収まっている。だが、一番端の棚に何か違和感が……そっと積み上がった箱を動かし、隠れていた棚を確認すると大下宇陀児の本が何冊か現れ、その奥には探偵小説の仙花紙本が続いていた、一冊ソッと引き出してみると、これが北町一郎！……大変なことになって来たぞと、探偵小説好きの血が騒ぎ始める。

改めて通路に押し入ると、通路棚には探偵小説&推理小説&捕物帳&海外ミステリの文庫とノベルスがズラズラズラリと並んでいる。ノベルスには見たことない本が多く、否が応でも興奮してしまう。そして本に囲まれた中央帳場の近くに進むと、右壁棚に戦慄の光景！日本近代文学と共に、戦前の探偵小説や仙花紙本が、これでもか！これでもか！と並んでいるのだ。心の中ではヨダレダラダラであるが、帳場の屈強なトレンディエンジェル斎藤さん風店主に恐れをなし、おいそれと近付けない状況。それでも必死に遠くから目を凝らしていると、次第に手前の本の山に目が移り、欲しくてたまらないジュニアミステリや、九鬼紫郎の名を見出し、失神寸前。

この右端通路は、とてもヤバい。奥に踏み込むとガラリと雰囲気が変わり、そこはまるで小さな探偵小説古書店と化しているのだ。だが、値段はどれもしっかりの隙ナシ。そこだけに臍を嚙みながら、何か買えるものはないかと視線を彷徨わせる。そして今は亡き大阪駅地下街「萬字屋書店」のラベルが貼り付いたミリオンブックス『砂時計／梅崎春生』を購入し、己をどうにか宥め誤魔化す。嗚呼、探偵小説ファンなら興奮必至の古本屋、奈良にあり！

朝倉文庫

店舗で店内で、白と闘え！

電話　0742・27・0363

　地上に出たら、すぐ目の前のアーケード商店街・東向通りを南に下り、途中クランクしつつ、続くアーケードの餅飯殿センター街を南に下る。賑やかな道は微かに上下にうねり、続いて行く。そしてアーケードがさらに下御門商店街にすり替わる手前右手に、奇妙に白い古本屋さんがある。

　左右の入口には温度調節のためか、白いビニールカーテンが下がっている。そして店頭に並ぶ本の半分には（古代史系多し）、タイトルと作者名が書かれた、手製の白い帯が巻かれている。カーテンをそっと捲って中に入ると、奥の帳場前のみで左右の通路が行き来出来るようになっている、シンプルUの字型通路。そしてやはり、店内も何だか白い……主だった本には例の白いカバーが掛けられており、裏表紙に鉛筆で値段が書かれている。それがどんな本かは、タイトルがしっかりと読めるので分かるのだが、背文字の書体やデザイン、それに本の風合いなどが見て取れないので、頭の中に蓄積してある古本データがまったく使い物にならないのだ。つまりサッと棚に視線を流し、覚えている本の色合いや古びた風合いで、気になる本を捉える手法は、完全に無力化されてしまっているのだ。これはまるで、写真データのない目録を見ているようで……。

　右壁棚には、落語・芸能・美術が並び、途中から帳場横まで日本文学（幻想文学&70年代文学充実）が並び続ける。左の通路棚には、映画・カルチャー系文庫・SF文庫が並び、足元には映画パンフや安売の単行本が置かれている。帳場前の棚脇には、山田風太郎・城昌幸・角田喜久雄・仁木悦子・ポプラ社乱歩が集結。左側通路に入り込むと、壁棚には海外文学・ポケミス・SF・歴史・鮎川哲也・推理小説が奥に向かって続き、帳場横の台湾や戦争につながって行く。通路棚は入口側から、新書・日本文学文庫・探偵小説・ジュニアミステリ・探偵小説&推理小説文庫と並び、奥に向かうほどマニアックになって行く。下の平台には推理小説とミステリが、ちょっと古めのノベルスと絡み合って並び続け、奥の端っこには忘れ去られたような貸本漫画が十冊ほど肩を寄せ合っている。

文学・映画・SF・ミステリに強いお店である。品揃えは潤沢で、値段はかなりしっかりめ。だから、迷っている……あの貸本漫画を買おうかどうか……。通路を行ったり来たりして悩みに悩み、帳場のしょぼくれていない左卜全といったオヤジさんに、店内に入ってずいぶん経つのに「いらっしゃいませ」と言われてしまう。貸本漫画はどれも高値なのだが、その一冊だけは比較的安値……どうしようどうしよう…ええぃ！　買っちゃえ！と意を決して本の列から抜き出し、オヤジさんに超丁寧に精算していただく。巴出版『巴スリラー特撰2 闇 キチガイ館の妖鬼／望月信次』を購入する。もうこのタイトルに、どうにも我慢出来ませんでした。読みたい！　きっと阿呆らしいのは分かり切ったことなのだが、とても読みたいのだ！

外に出てパラパラと捲ってみると、タイトル作は「大月五郎探偵日記」のサブタイトルが付いている中編で、他にそれぞれ別の作者による「探偵活劇篇 深夜の戦慄」と「大都会の恐怖」の二小編が収録されている。冒頭で主人公がタクシーに乗り「私の名は私立探偵大月五郎だ」とキメた後すぐに「いやだなあ……まだなの？　キチガイ館とか……」と運転手に問いかけるのに、早速脱力する。

酒仙堂

運が良ければ酒が飲める!?

営業時間 11時～日没(土日祝)、時々(平日)　定休日 不定休　電話 0742・24・4514

駅から見て南東に位置する、小さな丘の上の不思議な池・猿沢池東端から、真っ直ぐ南に下って行く。「ならまち界隈」と呼び倣わされるこの辺りは、古く低い街並が続き、緩やかに上下する道とともに、京都とはまた違った古都を充分に満喫させてくれる。のんびり南に500mも下ると、小さな四つ角に、低く小さなお店が出現する。

窓のアルミ格子に架けられた木の看板には、「畳で寛げる古本や 懐かしい物いろいろ（脇道側看板には「畳部屋のへんな本屋!! 散策づかれに休憩!!」とある）」「見せ開き 土・日・祝 昼頃より夕方まで」とある。他にも提灯などが下がり、ちょっと不安になる店構えであるが、勇気を出してサッシ扉をグイッと開ける。すると目の前にはいきなり積み上がるプラモデルの箱と、下には20均文庫&50均単行本の棚。入ったところはコンクリ土間で、左壁に本棚が張り付き、右側に横向きに棚が設置されて二本の通路を造り出している。そしてさらに奥には畳部屋が続き、その奥にもさらに生活感丸出しの部屋が続いている。真ん中の部屋の奥にある帳場に座った、変装した千葉真一風オヤジさんの上目遣いな視線に気付き、会釈する。

取りあえず第一の部屋は蒸し暑く、カオスである。棚にもブランクが存在し、荒れた感少々。大量の「銀花」・文学と歴史のカオス棚・新書・内田百閒・埴谷雄高・時代小説・古雑誌・ミステリ文庫などなど。わりとすぐに見終わってしまったので、第二の部屋に目を向ける。「上がってもよろしいですか?」と店主に声をかけると「どうぞどうぞ」。靴を脱いで、小さな簀子から畳の上へ。床にはたくさんの美術雑誌や文庫本・美術大判本・奈良関連が薄く積まれている。左の壁棚には奈良関連の歴史から美術までがカオス感ゼロで並び、端には食&料理関連と文学本棚も右側にはSF文庫・ミステリ文庫・中公文庫が続き、帳場横にはジャガーバックスが積み上がっていたりもする。するとここで「まだ、奥に本ありますよ」と、店主が明らかに生活空間である最奥の部屋を指し示す。えっ？ここも？　いいんですか？と訝しがりながらも、おずおずと入室……完全に人の家である。

　左壁の小さな棚に、旅・アジア・音楽・古本関連が並び、その横に紙物や駄玩具、それにCDやLPも置かれている。奥にはまたもやプラモデルの箱が積み重なり、右奥にはガラスケースの中にやる気のない感じで、雑にプレミア玩具が飾られている。その前には使い古されたちゃぶ台と座布団が置かれ、昭和四十年代の扇風機が健気に風を送り出していた……。

　不思議な脱力感に満ちたお店である。「畳で寛げる」と宣言しているが、完全にやもめオヤジの四畳半といった感じがエクセレントである。肝心の古本は、奈良関連がとにかく充実。文学にも面白いところあり。大日本雄辯會講談社『最後の舞踏／鶴見祐輔』（函ナシ）を手渡すと、「だいぶ傷んでいますが」「いえ、読めればいいので」と言うとニヤリと笑った。実はこのお店、山本善行氏から「入ったらすぐ一杯飲まされるよ。とにかく酒を振る舞われるよ」と言われていたので、恐れつつも日本酒かな？　焼酎かな？と楽しみにしていたのだが、残念ながらお酒のお誘いはなかったのである。よし、次回こそは飲ませてもらうぞ！

まだまだあるぞ古本屋

奈良

◉**大学堂 古書籍部**—近鉄奈良駅

営10時半〜20時 休月 電0742・24・4545

国道356号を北に渡り、少し喧噪の遠ざかる東向北商店街に入ると、50mほどでたどり着く。入口は小さいが、古めかしく厳めしい店内は、奥へ奥へと延びて行く。日本文学・古典文学・歴史・宗教に強いが、最奥の文学初版コーナーや低いガラスケースの中は、硬くとも楽しめるような本が紛れ込んでいる。

◉**ならまち文庫**—近鉄奈良駅

営12時〜19時 休月火 電0742・27・3130

東向北商店街を抜けた、奈良女子大東側にある古町家の喫茶店。だがここにあるはずの「ならまち文庫」は数年前にすでに閉店しており、現在畳敷きの店内には閲覧用の本が並ぶのみとなっている。元店主である宇多氏（映画『殯の森』出演）は、奥で主にうどんを打っており、手が空けば客席まで顔を出し、古本屋話や新聞記者政治部時代を交えた、活字文化の考察に花を咲かせてくれる。

◉**フジケイ堂 小西通り店**—近鉄奈良駅

営9時〜21時 電0742・27・7178

小西さくら通り北寄りにある、小さなリサイクル系古本屋。お客さんが多く、地元民に愛されている模様。ただし単行本には古書も時折混ざり、奈良関連コーナーもあり。入口横に漫画の並ぶ階段があるが、二階は倉庫で立入禁止となっている。

◉懐古堂―近鉄奈良駅

営10時半〜18時半 休日 電0774・86・4756

小西さくら通りと東向商店街を東西に結ぶ細道に面した、アルテ館一階奥に潜んでいる。奇麗にディスプレイされた骨董&古道具に混ざり、日本文学の古書がそこここに固まり、とても良い景色を造り出している。見たことのない珍しい古書も多いが、そのほとんどにはしっかりとプレミア値が付けられている。三村伸太郎のシナリオ集、欲しかった……。

◉フジケイ堂 もちいどの店―近鉄奈良駅

営10時〜21時 電0742・27・0012

北から餅飯殿センター街に入り、一度目の軽いクランクを過ぎた辺りの二階にある。本多し、古書多しで、小西店とは異なるマニアックさがある。店内各所に貼り出されたイラストポップが妙味。尾崎一雄の『のんきめがね（実業之日本社）』を千円で買う。うお！　レジ横の小さなガラスケースには、北園克衛『ハイブロウの噴水』が。

◉智林堂書店―近鉄奈良駅

営 11時～18時半　休 不定休　電 0742・24・2544

餅飯殿センター街、スーパーOKEST手前にある。天井が高く細長いお店である。表の100均とともに文庫が充実している。両壁棚は文学以外は人文的に硬め。棚の縁に貼られている紙物や、ミニミニ全集サンプルが愉快である。

◉十月書林―近鉄奈良駅

営 11時頃～19時半頃（木～18時頃）　休 無休　電 0742・26・3215

しもみかど商店街終りの、坂道の上にある。格子戸や板壁の店頭が奈良を感じさせるが、古い店内は古代史からコミックまでを、見通しの利かぬ空間に揃えている。懐の深いオールマイティタイプである。文庫はだいたい定価の六割引。

◉やすらぎ書店―京終駅

西木辻町にある朱塗りの地元スーパー、ビッグナラのすぐそばにある異様なお店。その壁面はアイドル写真のモノクロコピーで埋め尽くされている。店頭にはアイドル雑誌・写真&漫画週刊誌が出され、店内には乱雑に本が積み上がり、まるで古本で出来たカタツムリの殻と化している。中心部に向かう極細渦巻き通路に入り込んで行くと、最深部はコミックセットの墓場となっている。入口近くに文庫棚と児童文学棚があるのが救いである。

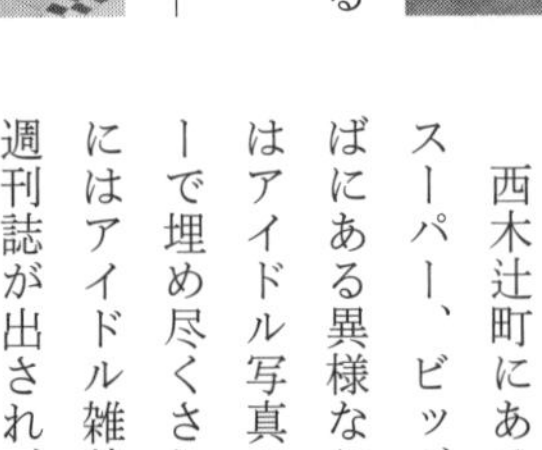

本

［古本屋ツアー特別編］

古本屋ツアー・イン・千林 with 山本善行

二〇一六年八月某日、気温が優に三十度を超えた真夏の京都。抜けるような青空に、白い雲が低く、ぽかりぽかりと浮かんでいる。酷い直射日光を浴びながら、駅から東に喘ぎ喘ぎ歩き、少しだけ川面を渡る風が涼しい鴨川を越え、京阪電車の七条駅への階段を下る。約束の午後一時まであと五分。だが、地下特有の薄明るさの中の、東側改札前の壁際には、すでにその男の姿があった。

「古書 善行堂」店主であり、古本ソムリエとしても知

られる山本善行氏である。すぐにお互いに気付いたので、急ぎ近付き挨拶を交わす。開口一番「まさかもう、

古本屋回って来たんやないやろな」とニヤリ。

「古書 善行堂」には関西方面に来る度に立ち寄り、色々お世話になっていた。言わば遠洋漁業に出た時に、必ず錨を下ろす〝異国の港〟的な役割を、果たしてもらっていたのである。訪ねる度に優しく迎えられ励まされていたのだが、話し込んでいるといつも善行氏に、同じような変化が起こることに、ある日気付いてしまう。それは、古本屋を回っている話をすると、昔の血が騒ぐのか、自分も古本屋に行きたい！ 巡りたい！オーラがダダ漏れになってしまうのである。今はお店を経営している故、おいそれと昔のように自由気ままに、古本屋巡りに出ることは出来ない身の上。だからこそ様々な古本屋の話に刺激され、身悶えしてしまうのである。

そんな様子をいつも目にしていたので、ならば一度一緒に古本屋を巡りましょうと、常々話していたのだが、ついに色々無理に都合を付けてもらい、この度それが実現したのである。古本ソムリエが、古本を買う姿を見られる！ これは、大いなる喜びである。お店という軛《くびき》から放たれた氏が、かつての獰猛な古本ハンターの姿に戻るのだ！ ちょっと古いが、それはまるでバスケット漫画『スラムダンク』で、陵南高校のエース仙道が試合終盤で、チームプレイスタイルから、昔の攻撃的な点取り屋スタイルに変貌するようなものであろうか……。などとわけの分からない期待を胸に渦巻かせながら、今日のルートについて確認する。

「じゃあ今日は千林を回ろうか。

もちろんその前に寝屋川の「金箔書房」にも寄っていこう」。とここから大阪方面に向かうことに。氏の先導で勝手の分からぬ電車に乗り込み、一路寝屋川市駅を目指す。もちろん移動中は常に古本と古本屋の話に終始する（以降、すべての移動時間は乗物・徒歩含め、常にこの話題が続く）。その合間に、今日のメインコースである千林について、軽くレクチャーを受ける。今はお店が四軒ほどしか残っていないが、昔は「ミニ古本屋街」といった趣きで、無闇に焦る若き古本心を受け入れてくれていたそうである。「川端書店」「空閑文庫」「山口書店」が既に無いが、特に「山口書店」は盟友・岡崎武志氏とともに通い詰め、争うように掘出

し物を釣り出したお店として、思い出深いらしい。また、自著である『古本泣き笑い日記』が200円で売られているのを発見し、複雑な思いを抱いて買ったのも、このお店ということである。

そんな話を夢中で交わしている途中に、一本の電話が善行氏にかかってくる。どうやら店番をしている奥さまかららしく、氏を訪ねて来た少女が、どうしても善行氏に〝旅〟をテーマに本を選んで欲しいと、驚異的な粘りを見せているらしいのだ。……あぁ、私が善行氏を連れ出したために、その少女は……すまないなぁ、と思いつつも、興味津々息を詰めて、電話にさり気なく耳を傾ける。「どうしても本を薦めて欲しいと言ってる？　……難しいなぁ……旅かぁ。あの、ほら、壁の棚の三段目の右側に旅の本があるやろ。立って右。その下半分や。その中から見てもらって」。奥さんを店内で遠隔操作し、目当ての本がありそうなところに、導いていているらしい。そんなこんなでどうやら一段落し、

「いやぁ、こんなこと初めてや。電話で本を選ぶなんて。おもろいなぁ。店やってると、ホント色んなことがあって、色んな人と出会える。でも今日は、ボクが休みって知って来とる人も多いはずや。あっ、今日は喋るオッサンがいないから、ゆっくり本が買えるってな」などと言っていたそばから、再び電話がかかってくる。「なるほど……じゃあ多分棚の下の方、右側に○○○○や○○○○があるやろ……そうそれや。その中に入っているエッセイが……」とさらに作家を指定し、細かく推薦理由を話し始めた……さすがは古本ソムリエである。どうやら推薦が成功したらしく、それ以降電話がかかってくることはなかった。そうこうしているうちに四十分かけて寝屋川市駅に到着する。

「懐かしいなぁ。五年ぶりくらいかなぁ」と商店街を抜けて「金箔書房」前。ここは街の古本屋の顔をしているが、良書や古書を安値で棚にさり気なく滑り込ませている、恐るべきお店なのである。店頭棚に近付くや否や、寸前まで喋りまくっていた氏は嘘のように沈黙し、ただひたすら50～100円の古本の背に集中し始めている。たちまちその手には、二冊の単行本が握られてしまった。私は善行氏にチラチラと視線を注ぐが、氏はもはやこちらには見向きもしない。「いやぁ、やっぱりスゴいですね、金箔書房」「見てご覧よ、ここにこんな本が」などと、和やかにお店にアプローチすると思っていた私が、大甘の愚か者であった。そして速攻で店頭を見終わり、店内へと吸い込まれて行く……ふぅむ、さすがだ。そんな

風に唸りながらも、何だか心に焦りが生まれ始める。イカン！　このままだと、良い本は、すべて氏に攫われてしまうのではないか！と。こちらもスピードアップして店頭を眺めるが、成果ナシ。後を追うようにして、慌てて店内へ飛び込む。

氏は左側の均一棚に集中している。ならばこちらは、文庫棚からだ！　そんな風に勝手に対抗意識を燃やし始め、ともに古本屋を巡れる喜びは何処へやら。文庫棚を見終わり、均一棚は後回しにして中央通路に突入し、文学棚に目を凝らす。ようやくここで一冊抜き取り、奥から入り込んで来た氏と無言で擦れ違い、最奥の通路に我先にと素早く滑り込む。ここで３００円の天然社『硝子の驚異／F・シェッヘル』（昭和十七年発行のカアル・ツァイスの物語）を見つけ、ようやく良い本に出会えたことに安心したのか、何だか憑物が落ちたように冷静になる。まったく我ながら浅ましい……。再び中央通路に戻ると、善行氏は店主と挨拶を交わし、楽し気に話し始めている。「お店に来るのは五年ぶりくらいですよ」「えっ？　一、二年前に確か来たでしょ」「えっ？　そうだったけかなぁ？　あ、大阪また来ますんで、その時はよろしくお願いします」。長年お店に通い続けて来た、お客としての顔と、同業の古本屋さんとしての顔が、交錯する一瞬。私も店主に紹介していただき、モジモジとご挨拶する。その隙に氏は、中央通路左側上段にあった函入り大判本、駸々堂出版『江戸のデザイン／草森紳一』に目を付け、「これいいなぁ〜。安いなあ」と唸り始めている。しばらく眺めて棚に戻し、レジに近付いて来たが、決心したように踵を返して再び本を取り出し「買うわ」と

一言。ひょうーっ！　まさかのいきなりの大物買い！驚きながらも、素晴らしき光景を目にしたことにニヤリとする。他にもすでに何冊か買っていたので、氏は初っ端から重く大きな紙袋を提げることになってしまった……なんというか、さすがである。駅に戻りつつ「やっぱいいなぁ。普通に棚を見られるのは。寄れて嬉しかったわ。本当の街の中の古本屋さんや。街とつながってるんやな」と、久方ぶりのお店訪問を噛み締めている模様。

　続いて午後二時四十五分、千林駅に到着する。駅西口からは賑やかな千林商店街が西に延びており、お店に向かうにはここを通って行くはずなのだが、氏はいきなり目の前に蜘蛛の巣のように広がる、小道に入り込んで行く。軒が擦り合うほどの狭さの上、曲がりくねり方向感覚を奪う道を「覚えてるかなぁ」とつぶやく割には、力強く進んで行く。「大阪のカスバやな。でも段々思い出し

て来た。まぁ何千回と通った道や。身体が覚えとる」と、こちらは完全に自分が何処にいるのか見失いながら、ただ氏の後に追いすがる。すると「ほら出た」と今市商店街の北に見事に到着する。駅前辺りとは違った、閑散とした商店街の外れを歩きながら、まずは「山口書店」跡地を目指す。「今日だけ開いててくれないかな。昔はこの辺りまで来たら、ホントはもう駆け足や」。そしてシャッターを下ろしたお店前。「おぉ」と一言発したまま、店舗を見上げて動きを止める善行氏。感慨に耽りながらも「写真撮っとこ」と、思い出のお店を激写する。ついでに私も氏を店前に立たせて写真を撮ったりする……おっさん二人が寂れた商店街で、古本屋跡地に喜んでいる光景は、通りかかる人の目にどう映っているのであろうか……。「ここでは小林信彦の『エルヴィスが死んだ』を、400円で見つけたことがある。そういう、探し甲斐のあるお店やったな」。あぁ、一度でいいから入ってみたかった、古本を買ってみたかったと渇望してしまう、実に羨ましいエピソードである。

さらに裏道を伝い、たくさんのオヤジが将棋を指す公園脇を擦り抜けて、千林商店街の西端近くにたどり着く。おっ、「楠書店」が開いている。私は前回の千林訪問で、定休日のために入れなかったお店である。店頭のミッシリとした100円ゾーンを抜けると、奥には人がひとり通るのがやっとの通路を二本備えた古いお店が待ち構えている。そこによっこらしょと入り込み、棚を見ていると、何とここにも『江戸のデザイン』が並んでいた。「なんか不思議やな。けどこういうこと、古本

屋巡りではよくあることや。こっちの方がちょっと高くて、しかも函の状態が悪い。さっき買っといて良かったわ」。

私が店頭の仙花紙本を一冊買った後、ちょっと喫茶店で休憩を取る。一時間ほど、またもや熱く古本屋話。午後四時半、「ちょっと休んだら、また行きたくなるな」の言葉を合図に腰を上げ、表に出るとアーケードを叩く雨音が聞こえてくる。いつの間にか雨が降り出していたのだ。だが通り雨っぽくすぐに止みそうなので、そのまま思い切って表を歩いて行くことにする（このとき氏は、リュックからビニール袋を取り出し、紙袋内の本に被せて雨対策をしっかりととっていた）。アーケード入口で道の向こうを見ると、そこには「尚文堂書店」の小さな勇姿が。見た瞬間に氏は「うわ、やってるやん！」と、懐かしさと驚きが入り交じった声を上げる。「ここは楠さんの弟さんがやってるんや」と軽くレクチャーを受けながら、雨宿りも兼ねて店内に早速飛び込む。私は主に足元の古い本に熱い視線を注ぐが、善行氏は上の硬めの人文系の棚に真剣な眼差しを送っている。ここでは日東堂書店『細君百癖／堀内新泉』を500円で買い、善行

氏に「それおもろいで」と褒められる。

長い通路をたくさん持つ「千賀書房」を経由して、最後は森小路《もりしょうじ》の「Keats and Company」へ。善行氏は初見参のお店である。主に足元に積み上がる本に目を配りつつも、ここまで巡ってくると氏を観察する余裕も生まれてくる。お店の隅々まで目を凝らし、特に雑誌を中心に探索中と、かなりアグレッシブに動き回っていた。後でお店の印象を聞いてみると「年がボクよりちょっと上の個人蔵書って感じやな。個人の力がみなぎっとる」とのこと。

これでひとまず千林古本屋巡りが終了。京都へ戻ることにして、森小路の駅に入る。だが途中、何故か通路で立ち止まり、氏が「Keats and Company」で買った、2006年の雑誌「大阪人 特集 古本愛」を一緒に眺め始めてしまう。「これ、記事書いてるんや」「あっ、本当ですね。肩書きが〃エッセイスト〃じゃないですか」「まだ店やってないからな。ほら『エルヴィスが死んだ』が載ってる。うわっ『泣き笑い日記』を200円で買ったのが、ちゃんと書いてある。見てみぃ、この記事。「千林コース」やて。なんや、今日は十年前と同じことやっただけや」

と顔を見合わせて大笑い。十年という時を、古本とともに一気に遡ってしまったような、見知らぬ駅の暑い夕暮れである。

　この日に聞いた、最後まで尽きることのなかった古本関連のエピソードは、まさに〝泣き笑い〟で、古本が巻き起こす良いこと悪いことが玉石混淆となっていた。だが、それらについて語る時の、還暦を迎えた男の、誇らしく輝いた顔！　山本善行氏は、あらゆる方法、シチュエーション、行動、思考で古本を楽しむ怪人である。フェティッシュでクレイジーで

ファナティックな本への思いを、留める事なく解放し発散し、さらに他人をその思いに巻込むような強い力を持っている。すべては古本のために！と、古本を愛する人生を送ってきた結晶が「古書 善行堂」であり、古本ソムリエなのである。今日は改めてそんなことを思い、尊敬の念を深くした、濃厚な六時間の道行きであった。

　晩ご飯後、最後に京阪電車の三条で、ついさっきまで「寄るわけないわ〜。もう疲れたわ〜」と言っていた「ブックオフ三条店」に、「やっぱ見て行くわ」と前言を舌の根も乾かぬうちに翻し、エスカレーターで上がって行く氏の背中を、あっけにとられながら見送ることに。まだまだこの人には適わない……そんな力の差をまざまざと見せつけられたところで、楽しい古本屋巡りはようやく終りを告げたのである。

対談 京阪神古本屋の歩き方

山本善行
小山力也

京都、大阪、神戸のカラー

山本善行(以下山) 今回、関西のお店をあちこちまわってみてどうやった?

小山力也(以下小) 地域ごとのカラーの違いが面白かったですね。京都は他とくらべて専門的なお店が多くて、大衆的なお店があまりない。いわゆるセレクトブック系。100円均一のワゴンはあるけど、店内の棚はしっかりしていて、本もちゃんと区分けされている。新しいお店も最初からそうで、全体にレベルが高い。

山 なるほど、そうかな。

小 それに対して、大阪は昔ながらの大衆的なお店が多い。アダルトから学術書まで揃えているお店ですね。あと、たとえば鶴橋にある楽人館はアジアや韓国関連に強いとか、それぞれのお店が土地に根付いている。神戸は、京都大阪とはまた違って、昔ながらのお店と新しいお店が拮抗している印象です。

山 神戸は他とくらべてハイカラなところがあるよね。

小 横浜と似ていると思います。

山 どちらも港町という共通点がある。英語のペーパーバックが似合うような店がけっこうあるね。口笛文庫さんとか。

小 トンカ書店さんとか。

山 ハニカムブックスもそう。

小 いまあがったような新しいお店が目立ちますね。それ以外にも、神戸では印象的なお店がありました。

山　というと？

小　長田にあるつのぶえさん。キリスト教関係が強いんですが、あとの半分は、文学や芸能関連の面白い古書を安い値段で売っている。買えるお店なんです。つのぶえさんは以前は元町にお店があったんですが、長田へ移転してきた。長田地区って阪神大震災で焼け野原になった場所で、街全体が新しい建物ばっかり。新興住宅地みたいなんです。そういう街のようすやお店の佇まいに震災の影響が垣間見えて、記憶に残りました。

山　それは神戸ならではやな。

小　あと、大阪は環状線周辺もすごかった。こんなに昭和の雰囲気が残ってるのかと。大阪って大都市なのに、歩いた印象は横須賀みたいなんですよ。駅も古いし電車も古い。でもちゃんと都会として成り立っている。それから商店街文化と高架下の文化も独特。京橋から鶴橋まで、ずらーっと高架下に店が続くのが壮観でした。

山　関西圏以外の読者に、そういう違いを知ってもらえたらええね。

小　環状線内の西の方にアオツキ書房という3階建てのお店があって、ここはサブカル本のそばにミステリや絵本が置いてあったりする。しかも安い。良いお店です。ただ、街中なのに静かでわかりにくい場所にあるんですよ。余計なお世話だけど、「この場所で大丈夫なのかな」ってちょっと心配になります。その点、神戸のトンカ書店さんはすごい。裏路地のビル2階にあるのに、どんどんお客さんが入って来ますから。

山　トンカ書店さんは昔の駄菓子屋みたいな感じがするよね。いろんなものがギュッと詰まってるような雰囲気。

小　よく見ると、わざと棚をルーズに作っている感じもする。賢いやり方だなと思いました。

山　よく考えてあるんやね。僕が感じる東京と関西の古本屋の違いを言うと、東京ではよく売れた本はムチャクチャ安いということやね。東京はとにかく本が多いし人も多い。そこは関西とかなり違うな。

小　関西は東京の音羽館やささま書店みたいな店はあまりないですね。たくさん仕入れて安く売って、どんどんまわしていくタイプのお店が少ない。関西は昔ながらの古本屋然としたお店と、若い人たちが始めた新しいタイプのお店と、二つに分かれている気がします。

時代から取り残されても大丈夫な業種

小　京都は赤尾照文堂のようにすごく繁華な通りに店があったりする。そこも面白いですね。

山　河原町通にある大学堂も、旦那さんが亡くなって長いけども、おばあちゃん1人でがんばってる。お店の場所としては京都で一番いいところ。あそこが持ち家だとしたら、自分で店をやるより人に貸したほうが絶対いいお金になるはずやけど、やっぱり古本屋をやりたいんやな。それは嬉しいよね。それと京阪書房やキクオ書店。こういうお店が一等地にあるのは、京都だけかもわからんね。携帯ショップやチェーン店みたいな、入れ替わりの激しい店が多い大通りに、ポンと古本屋がある。

小　あの大きな通りに古本屋が残っている光景はすごい。

山　いまでも近くに行ったらちらっと店をのぞいて安心する。大学堂や京阪書房はそういう店やね。

小　これが洋服屋なら、時代にあわせて店を変えていかないとダメですよね。でも古本屋なら、旧態依然とした店でも「古そうだな」と思って入って来る人がいる。不思議な業種ですね。「時代から取り残されても大丈夫な業種」というか。大学堂さんへ行ったら、相撲を撮り溜めたVHSのビデオが置かれていて、それに「無料です」と書いてあった（笑）。だれも持っていかないと思いますよ、あれ（笑）。

山　不思議な商売やね。そもそも自分で買った商品をそのまま売れる仕事って、あんまりないよね。ふつうは買って使ったら終わり。でも本は、売ることで次の人に喜んでもらえる。その「売る楽しみ」を知ったら、自分でも店をやってみたくなる。いま本をめぐる状況は厳しいけど、古本屋に関して言えば、やり方しだいでまだ何とかなる世界やと思う。

小　それと古本屋さんって同業者に優しいですよね。

山　僕もそれは驚いた。自分で店をやると、一日中店のことを考えることになるやろ。そこが古本屋同士で共通してるから、お互いつき合ってても安心感があるのかな。

小　いいところも悪いところも、お互い共有している感覚がある。

山　近所に2軒3軒お店が集まっていていい商売でもあるね。これがパン屋だと、すぐ隣りにパン屋ができたら困る。

小　つぶし合いになりますよね。

山　でも古本屋なら大丈夫。2軒並んででもお客は両方行くから。

個性的な店主たち客たち

小　古書店主って基本的に寡黙な人が多い。でも、きっかけが与えられるとみんな一気にしゃべりだしますね。関西じゃないですが、以前札幌の北海堂さんへ行ったときは、2時間ぐらい店主が話しっぱなしでした。「お会計してください」と言ってもしてくれない（笑）。

山　「本は売れんでもええ」みたいな（笑）。

小　それはともかく、古書店主の話は本自慢じゃないほうが面白いですね。「うちはこんな本を扱ったことがある」みたいな話はあまり面白くなくて、店主自身の体験談や身の上話を聞くほうが愉快です。

山　それはそうやろね。若い店主でも話好きの人はいる？

小　いますね。大阪にある、本は人生のおやつです!!という店は、店主がすごく楽しそうに話しかけてきます（笑）。「うちわ使いませんか」とか。

山　棚も店主も個性的な店が多いのが古本屋。だから、僕はその店ごとの良さを積極的に楽しみたい。アスタルテ書房に入ったら、アスタルテ書房をどうやって楽しもうか考える。

小　自分の中にたくさんの扉があって、店ごとに開く扉が違う。その感覚はわかります。古本屋めぐりを楽しむコツですね。

山　たんに安い本が好きなら、１００円の本を買って楽しめばいいけど、古本の楽しみはそれだけやないからね。

小　安い本と言えば、善行堂のお客さんで、ワゴンの均一本をごそっとさらって持ってきたと思ったら「全部買うと思うなよ」と言った人がいたとか（笑）。たくさん持ってきておいて、そこから選ぶんだと。

山　あれは印象深いお客さんやったな。「いや、（買うと）思いますよ」と言うたけど（笑）。最近でも、店に入ってきて「私は絶対買いません」と宣言したお客がいた。何も買わない人はよくいるし、わざわざ言わんでもええのに（笑）。

小　逆にすごく丁寧な人もいますよね。「すみませんが、棚を見させていただきます」と店主に挨拶した人を見たことがあります。

山　いるね。そういう人はたいてい最後、「ありがとうございました」とお礼を言って帰って行く。

小　何も買わずに（笑）。その挨拶がルーティンになってるんでしょうね。

山　古本屋の店主と客の関係が新刊書店とかなり違うのが、いまの話でもわかるよね。店としたら、細かいことは言わずにパッパッと本を買ってくれるのが良いお客さんやけど。僕みたいなスレた客が来たら、ちょ

っと警戒するな（笑）。

小　セドリされるんじゃないかと（笑）。

山　そう。知り合いが店に来て大喜びで本を買って行ったら、「しまった」と思う（笑）。

小　安く値段つけすぎたかなと。

山　本当は1000円する本を100円で買われるのはいいけど、1万円2万円で売れる本を知らずに100円で出して、それを掘り出されたら、やっぱりショック。まあたいして損するわけやないけど、複雑な気持ちにはなるよ。「どひゃっほう」と言われるとね（笑）。

小　すみません（笑）。

コレクターさまざま

山　常連のお客さんで、青山二郎が装丁した本を集めてる人がいてね。その人は日本でも有数のコレクターやけど、自分の持ってない本なら必ず買ってくれる。

小　青山二郎の装丁本って何冊ぐらいあるんですか。

山　400〜500冊はあると思う。それは僕もお客さんと一緒になって探すという感じ。そこまでいくと、自分も多少は興味がないとできない。

小　そうですよね。

山　青山二郎が岩波文庫の表紙に自分で彩色した本があるのよ。そこに自分の印も押してあるという珍品。その本も何とか手に入れて、その人のもとにおさめた。お客さんのために本を集めるそんな仕事も楽しいね。

小　その岩波文庫はすごいですねえ。一点もの。

山　以前、林哲夫さん（画家、文筆家）が筑摩書房についての本のレイアウトをしていたとき、筑摩が最初に出した『中野重治随筆抄』を探してたことがあってね。復刻じゃなくてオリジナルの書影が欲しいけど、見つからない。それで、僕のところに「ないですか」と問い合わせが来たので、「持ってる人は知ってます」と。

小　お客さんに売ったことがあったんですか？

山　うん。その本は青山二郎の装丁だったから、コレクターのお客さんに「貸してください」とお願いして。結果、無事にその本の書影が入ったということもあった。そんなふうに、ただ売るだけで終わらない面白さが古本屋にはある。売った本を通じて、あとあとまで繋がりが続いていく。

小　売る側ならではの楽しみですね。

山　それ以外にもいろんな人が来るよ。たとえば、『坊っちゃん』だけ集めてる人とか。最初、店に来て『坊っちゃん』はないか」と言うから、『坊っちゃん』ならどこにでもたくさんあると思いますけど」と答えたら、「とにかく、この店にある『坊っちゃん』を全部見せてほしい」と言う。「版が違うだけでもいいから」と。持っている本でも、違う帯が付いていれば買うわけ。

小　変わった集め方をしてるなあ（笑）。

山　背のない本を集めてる人もいたな。

小　中綴じの本を集めてるんですか。

山　そう、「背がなければ何でもいいから」って。でも中綴じの本って古本屋には少ないのよ。古本屋は本の背を見せて売るでしょ。背のない本は売りにくいしあまり置かないんやね。

小　そうなると、非売品の本やリーフレットになりますね。

山　あと「何でもいいから、とにかく大きい本はないか」と聞いてきた人もいた。とりあえず店にあった一番大きい本を出したんやけど、「もっともっと大きい本ないか」。からかわれてるのかと思った（笑）。しかし、どんな本でも数が集まると面白いものになるね。

小　その人ならではの視点で集めた本が並ぶと、独自の宇宙になりますね。

山　しかも、他の人が価値を認めないような本で自分なりのテーマを見つけたら、より楽しめる。古本市に行っても、自分以外だれも興味ない本やろ。

小　いっぱい余ってる上に安い（笑）。

山　そういう楽しみ方を見つけた人の話は、聞いてて面白い。

たくさん本を抱える楽しみ

小　ところで、山本さんが関西でお好きなお店はどこですか。

山　難しいけど、今日行った金箔書房さん、あと一色文庫さんは好きやね。でも自分が客として行くと考えたら、やっぱりまずは天牛かな。

小　江坂本店ですか。

山　本店も、天神橋店も。あそこは店頭に50円、100円の本があって、店内に入ると300円の本があるやろ。ワクワクするよね。

小　値段の段階ごとにいろいろ楽しめる。天神橋筋の店には、100円のところにポロッと古い本が混ざってたりします。

山　しかも買いやすい。なんだかんだ言っても、値段が安いというのは古本の大きな魅力の一つやと思う。いま新刊書店に行って、単行本を3、4冊選んだら1

万円になるよ。文庫本だって、3、4冊買ったら500円ぐらいになる。

小　1000円オーバーの文庫本だって珍しくないですし。

山　それが古本屋なら、文庫本10冊でも知れてるよね。2000〜3000円。うちの店では文庫本の値段が200円が基準。店で売る文庫はできるだけ200円に近づけたい。300円、500円、1000円の文庫もあるけども、基本は200円。つまり5冊買って1000円。たくさん本を抱えられる楽しさってあるやん。

小　「いっぱい買っちゃったな」と思うけど、その本の重みが嬉しいんですよね。

山　そうそう。古本は安くなったと言われるけど、天牛さんは昔から50円で文庫本を出してた。「高く買って安く売る」という姿勢は一貫してるよね。昔、持ち込まれた本を、そろばん弾きながら新一郎さんが大声で「何円、何円！」と値付けしてたのを覚えてるよ（笑）。自分の店はよそより高く買ってるという自信があるんやろうね。あれは歴史の重みを感じたな。

古本屋は何でもあり

山　古本屋はお客もいろんな人が来るし、店主も店ごとに考え方が全然違う。そこが面白いし、「こうでないとダメ」という決まりもない。何でもあり。

小　それだけ自由な業界ですよね。店作りだって自由。店主も自由な感じの人が多い（笑）。

山　東京に「仕入れはブックオフ」というお店があるよね。

小　しまぶっくさんですね。

山　僕ははじめてそれを聞いたとき、すごいと思った。普通なら想像できない世界や。それで店を成り立たせてしまうんやからすごいよ。

小　実際に棚を見るとすごいんですよ。「これがブックオフで揃えた本なのか」という並びなんです。

山　それを「ブックオフで仕入れた本を売ってて、あんなのあかん」とか言うのは違うよね。安く買った本ばっかり集めてしっかりした棚が作れたら、それはそれですごいのよ。

小　それでできた棚がひどければ批判されても仕方ないけど、全然そうじゃない。だからこそ安く買った本が価値を生み出すわけで。

山　そこが素晴らしいよね。世間の常識から外れる面白さがある。古本屋にはいろんな形があり得るということやね。「資金がこれだけないとできない」と言う人もいるけど、そんなことはないよ。本棚2本だけ並べて始めることだってできる。だから若い人にはどんどんこの業界へ入って来てもらいたい。そうしていろんな知恵を出して、これまでにない店を作ってほしい。それがまた古本屋をまわる楽しみになるから。

小　実際にいま、そうなり始めている気がします。

山　いままでの常識を壊すような人が出てくるといいね。痕跡本の古沢さん（五つ葉文庫・古沢和宏氏）なんてまさにそう。普通なら売り物にならないような書き込みのある本を、「痕跡本」と名づけて楽しむ方法を見つけたわけで、あれには感心したな。

店ごとの個性を楽しむ

小　東京ではよく見る本がすごく安く買えると言われましたけど、それ以外に関西の古本屋と違いを感じる点はありますか。

山　東京は、いま何が流行ってるか、だれが何を求めてるのかということに敏感に反応してる店が多いと思う。一般論としてはね。ただ、そうは言っても店によって棚は全然違う。土地柄の違いはもちろんあるけど、店の個性という点から言えば、どこにあっても中身は大きく変わらない気がするな。西荻窪にある音羽館が京都にあっても、同じように楽しい店になると僕は思う。土地ごとのカラーの違いはたしかにあるけど、それ以上に店ごとのカラーの違いのほうが大きいよ。

小　東京の中央線沿線で本を買い慣れてる人は、京都や大阪のお店に行くと「高くて買えない」と言う。でも、今回あちこち細かくまわった経験から言えば、買えるお店もちゃんとあるんです。たしかに阪急古書のまちとか、天神橋筋のお店だけまわると「いい値段がついてるな」と思うことが多いんですよ。でもそれ以外の場所も行くと、「こんなに安いのか」って驚くお店もちゃんと見つかります。それに、天神橋筋にもそこでしか売ってない本だってたくさんある。最初の話と矛盾するようですけど、一概に「京都はこう、大阪はこう」と決めつけないで、店ごとの違いを見ていくのが大事。それも実感しましたね。

山　天牛なら天牛の楽しみ方、矢野書房なら矢野書房の楽しみ方がある。それぞれの違いを楽しめるようになると、古本屋めぐりがさらに面白くなる。

小　まだまだ未踏の店は無数にあるわけで、楽しみも無限ですね。これからも未知のお店をめがけて果敢にツアーし続けます！

◉山本善行

古書善行堂店主、古本エッセイスト。著書に『関西赤貧古本道』（新潮新書）、『古本泣き笑い日記』（青弓社）、岡崎武志との対談集『新・文學入門』（工作舎）。

◉古書善行堂

京都市左京区浄土寺西田町82の2　12時～20時、定休火曜日。
電話０７５・７７１・００６１
ＨＰ http://www.hat.hi-ho.ne.jp/zenkoh/

古本屋ツアー・イン・京阪神制作日記

2015年12月14日（月）曇り　寒

午後六時に阿佐ヶ谷駅で編集M氏と待ち合わせ。そのまま二階の居酒屋に入り、早過ぎる単行本の打ち合わせに入る。まだタイトルも決まらず、ぼんやりしまくっているが、打ち合わせを進めるほどに酔うほどに、何となく方向性がはっきりしてくる。現実的に出来ることを基盤にして、作業を進めて行くつもり。京都・大阪・神戸各都市で何本かの古本屋ツアールートを設定し、そこを実地に巡ってルポする。その中で気になったお店は見開きで詳細に取り上げる。ほぼ書き下ろしになりそうなことや、土地鑑のない関西をツアーするので、かなり不安を覚えていたのだが、ほんの少し内容が固まったところで、心なしかホッとする。帰宅し、すぐに就寝。しかし朝方まだ暗いうちに目が覚めてしまい、やはり拭い切れぬ不安に襲われ、神経が過敏になり二度寝出来ず。仕方なく机に向かい、仕事する。

12月20日（日）晴れ　寒

夜に某編集者宅で忘年会。同席した岡崎武志氏に、関西の古本屋の本を作ることを伝え、ルートの選定や初歩的な関西古本屋事情について教えを乞う。「俺、現役やないからなぁ」とつぶやきつつも、大阪市街の範囲を、だいたい環状線に定めるといいことや、ＪＲ沿線より私鉄沿線の方が古本屋が多いことなど教えてもらう。そして「まぁ関西のことなら、善行に聞くのが一番ええと思うよ。聞かなくとも、ず〜っと喋ってくれるから」ということなので、近々相談に京都に向かうことを心に決める。「後、大阪は矢野書房さんや駒鳥文庫さんが色々良く知っているから」とのこと。

12月24日（木）晴れ　暖

新幹線で京都へ。関西圏の古本屋に詳しいであろう「古書 善行堂」山本善行氏に、単行本への協力を、ツアーがてらお願いするため。まずは今出川に出て「獺祭書房」を探すも見つからず……しかしこの辺りには見覚えがあり、以前も来てお店を見つけられなかったことを思い出す。あきらめて表通りの「澤田書店」をツアーする。その後は東に歩いて向かい、途中「井上書店」で黒岩涙香の函付縮刷本『今の世の奇蹟』を見つけ、三千円の値段に悩みつつも「いや、安いはずだ」と信じて購入する。善行堂では優しく歓迎され、古本屋の話を楽しくあれこれ。単行本への協力は快諾を得る。一安心。さらに２０１４年版の『京都古書店繪圖』を入手。「まぁ、網羅は無理やな」「一緒にまわるページがあるのもええかもな」「楽しむことやな。大変やけど、苦しがったら楽しい本にならへんで。全部ひっくるめて楽しんだらええ」「嬉しいなぁ、みんな喜ぶで。やっぱり全部は載せられへんけど、それでも喜ぶで」など、グッとくる言葉が心に残る。頑張らなければ。一時間ほど話し込み、年明け早々にはプランをまとめてお伝えすることと、近々の再会を約して、お店を後にする。

12月25日（金）曇り時々雨　寒

京都市役所前の「尚学堂書店」店頭を漁り、中古レコード屋兼古本屋「100000t アローントコ」をツアーし、復活した「アスタルテ書房」を見に行く。掘り出し物あり。その後は寺町通の仏教書関連の古本屋や、「京阪書房」、丸太町まで出て「創造社書店」「中井書房」を見て回る。「創造社」は小さなお店で、両側の通路に両方とも自転車を引き入れたある意味やる気のない微笑ましいお店。一般書と学術書が並ぶ。五百円の武田繁太郎『自由が丘夫人』をおばちゃんに渡すと、値段をみて目をひんむき「なんでこんなに高いんや。誰がつけたんや。こんな擦れた本」とのたまい、二百円に値下げしてくれた。取材時にこういうことが起こってくれれば、非常に楽しいのだが。そんな風に街を歩いていると、何となく頭の中に地図が出来てくる。こういう感覚を上手く増して、ルート作りにつなげていきたいものである。午後五時の新幹線で、東京へ戻る。初期的な不安は払拭されつつあるが、プロジェクトが動き始めると、新たな現実的不安が、心に圧し掛かってくる……いや、楽しまなければ！

12月28日（月）晴れ　寒

編集M氏に、岡崎・山本両氏に相談した報告メールを送ると、即座に電話がある。実は先週の企画会議で、なるべく『神保町』『首都圏沿線』に近い形をとの要望があったとのこと。それでも全店網羅はやはり不可能に近いので、なるべく見開きでピックアップするお店を増やし、対応する旨伝える。そうなると、ルート以外に百店近くは必要か……。

2016年1月4日（月）晴れ　暖

年が明けたら早くも気持ちが焦り始めている。こんなことでは先が思いやられるのだが……。そんな気持ちを騙すように、少しでも進んでいるように見せかけるために、近所の古本屋さんを回るついでに、駅前の文房具屋で分厚いノートブックを一冊購入する。そして、この紙面を全部取材ネタで埋めるつもりで、たくさんのお店を巡らなければ！と強く心に誓う……なんだか受験生が参考書を買って、すでに勉強したつもりになっている感じ……。

1月13日（水）晴れ　寒

編集M氏と今年初めての打ち合わせ。いつもの二階の居酒屋に直行する。年末京都行についての報告と、企画書作り・本の構成・スケジュールについて、杯を重ねながら話し合う。やはり影のブレーンは、山本善行氏にお願いし、土地鑑の無さをフォローしてもらうことに決める。後は出張回数を大まかに算出するために、三都市の回るべきルートを、大まかに一月中に作ることなど、ジリジリと歩を進めて行く。だが後半は、何故か杉作J太郎氏の話に終始。洋泉社『ボンクラ映画魂』は名作で、ああいう本を作りたいとお互いに力説する、訳の分からない楽しい時間を過ごしてしまう……こんなことで、大丈夫だろうか。取材に出る時期は、もうすぐそこに迫っている。

1月17日（日）曇り　寒

取材に出た浅草の「おもしろ文庫」で、新しめの神戸と大阪の地図が300円で売られていたので、思わず購入。実地でも役に立つはずだし、時々パラパラ眺めて、何となくの地図を頭の中に作っておこう。

2月2日（火）晴れ　暖

些事に阻まれ、半月遅れでようやく大まかなルート作りに着手する。まずは三都市の新店や非組合店を調べ始める予備調査から。都市名と「新しい古本屋」でネット検索すると、おかしな名前の古本屋さんや古本を扱うお店が、次々浮上して来る。二月後半から、どうにかしてフィールドワークに取りかからなければ……。

2月5日（金）晴れ　暖

三都市＋滋賀と奈良の一部を含めた、取材日数を大まかに算出する。ルートはまだ詰め切れていないが（特に大阪）、だいたい二十五日で二百五十店を取材することになりそう。これを何度かに分け、関西出張を繰り返すわけである……大丈夫なのか、俺!?

2月12日（金）曇り　寒

明日から沖縄に取材だという編集M氏と阿佐ヶ谷で午後四時に待ち合わせ。まだ明るいが、二階の蕎麦屋でジョッキを傾けながら打ち合わせ。取材日数と取材時期、それらをうまくつなげ、経費をなるべく少なくすることなどを話す（経費がかかればかかるほど、定価に影響してしまうらしい……）。長距離バス移動し、安いビジネスホテルやユースホステルに宿泊。基本は二泊三日で考えるが、様子を見てなるべく四泊～五泊などの連泊を増やす。そしてまずは最初に乗り込む京都の詳細なルート制作&日程作りを今月中に出すことを決める。取材自体は、当初の予定から遅れ、三月からスタートすることに。何故か途中から、早々と次の本は何を作ったらいいのか、ということを話し始める。『古本屋ツアー・イン・北海道』『古本屋ツアー・イン・東海道』（日本橋から京都まで歩いて行く）『古本屋ツアー・イン・四国』（お遍路的に）など、よりハードルの高いものしか思い浮かばず、気分と未来が暗澹となる。

3月1日（火）晴れ　寒

ここ数日で、まずは京都の仮取材行程を作成する。およそ九十店を六日間でツアーする予定に……ヒィィィィィ！

3月8日（火）曇り　暖

編集M氏とデザイナーS氏（ド級の古書マニア）と、本の全体的な構成について打ち合わせ。取材前のおさらい的時間を過ごす。S氏とは「制作費はなるべく節約しよう」ということで意見の一致を見る。打ち合わせの終りにM氏が「厳しいスケジュールなので、身体だけは壊さないで下さい……あ、でも、もし入院とかなったら、それも含めて本にすれば面白いかな……」と悪魔のようなことをつぶやく。……思い通りになってたまるもんか！　帰りに、青春18きっぷと夜行列車「ムーンライトながら」を利用して京都初取材に行こうと目論み、みどりの窓口を訪ねると、「まだ「ながら」は走ってませんね」と言われがっかり。泣く泣く夜行バスに切り換える。

3月15日（火）晴れ　寒　風強し

動く雑居房の如き夜行バスに乗り、午前六時二十分に京都着。ホテルに先にチェックインして、荷物を預け、神泉苑で旅の成功を祈ったりしながら、午前十時前から早々と活動を開始する。予定では一番最初に「London Books」に行く予定だったが、直前で第三火曜が定休であることが判明。急遽阪急京都線沿線からの取材に変更する。昼飯は喫茶店「ナポリ」のインディアンスパゲッティ。午後からは二条城前でレンタサイクルを借り（事務所のオッサンに、厳しく午後五時の返却時間を言い渡される。本当に、驚くほど厳しく……）、洛西洛北を力の限り走り回る。だが、休んでいるお店や消えたお店が意外に多く、取材出来たのは七店のみと散々な結果に（買った本は合計十冊で２５６０円）。繰り越しの六店は、明日もチェックしてみなければ……。ホテルにチェックインし、原稿を二本書いたら力尽きてしまう。

3月16日（水）曇りのち晴れ　暖

ホテルのレンタサイクルを借り、昨日からの繰り越し店を巡りつつ、洛東方面を目指す。結局「妙文堂」「世界文庫」は開かず、「カライモブックス」はかなり探すも場所さえも分からず。昼食は「さらさ西陣店」にてちゃんぽんうどん。その後の洛東北は、こんな所のお店が開いているのかと驚き喜び、順調にツアー。八店の取材に成功し、最後に関西ツアーの頼りとする「古書 善行堂」。本日購入の古本は十冊で、計６８５０円也……こんなに買っていてはいかんではないですか！　しかし日本小説文庫『若きエルテルの笑ひ／丸木砂土』（１５００円）と平凡社『二銭銅貨／江戸川乱歩』（５００円）と、裸本だが『喜劇の王様たち／中原弓彦』（３００円）は嬉しかった。明日こそは控えよう。

3月17日（木）晴れ　暖

疲れが出たのか、深夜に金縛りに遭い、夜会服の男数人（顔は見えない）がベッドの横に立ち、手招きしているビジョンに怯えまくり、自分自身の絶叫で目を覚ましてしまう……。今日は取材第一回の最終日なので、ホテルをチェックアウトし、今出川駅のコインロッカーに荷物を預け、徒歩で洛東の古本屋さんを訪ねまくる。昼食は京大近くの路地裏にある洋食屋「まどい」で、魚フライ・ハンバーグ・カツレツのＡ定食６５０円。時間通りに開かないお店が多く、行ったり来たりが多くなる。取材成功は九店。取りこぼし店三店あり。購入の古本は計七冊で４５０４円也。この三日間で、何となく京都の街を表面上だけだが、身体的に把握出来つつあるような気になる。それにしても京都の路地は細かく、直線の迷宮のようで、路地裏の小さなお店などは、例え調べてあっても見つけ難かったりする……。次回取材は洛東南部と洛中になりそう。京都駅の「ミスタードーナツ」で原稿を書き上げた後は、昨日「萩書房Ⅱ」で購入したカバー無しの中原弓彦『喜劇の王様たち』を読みふける。大変面白い。午後十一時、深夜バスで帰京する。

4月1日（金）曇り　夜寒

編集M氏と午後六時に阿佐ヶ谷で落ち合い、第一回取材の報告と、今後のスケジュールの打ち合わせ。京都でつかんだ取材方法を軸にして、今後もその土地に対応しながら進めるつもり。少しだけ、一日中動き回りその日のうちにある程度の原稿を書き終える、ハードな取材の泣き言をポロリ。後半は杉作J太郎氏の「男の墓場プロ」の花見についていてや、大人のアイドル好きについて喧々諤々。いつものように酔っ払う。しかし一番驚いたのは、M氏がかつて三条のブックオフで、篠山紀信の最初の雑誌型写真集を200円で掘り出したという話。取材中にあやかりたいものである。

4月7日（木）雨　肌寒

京都の宿が取れなかったので、代わりに行くことにした、来週の神戸行の準備を進める。しかし新興店に、なんと火曜・水曜定休のお店が多いことか……しまった……。

4月10日（日）曇り　暖

神戸取材に備え、市販の地図をコピーして切り貼りし、オリジナルの古本屋地図を作る。恐ろしく大きくなってしまったが、これが出来たことにより、不慣れな土地のつながりが何となくつかめ、三日間のルートが作りやすくなった。

4月12日（火）快晴　春寒

昨晩、夜行バスの乗車がものすごく分かり易くなった「バスタ新宿」から旅立ち、豚の細切れのような睡眠を摂りつつ、阪神高速の事故渋滞に巻込まれ、五十分遅れで午前九時に三宮着。ホテルに荷物を預け、「神戸学生青年センター古本市」で取材の口火を切る。取材に徹したいのだが、やはり大量の安値の古本に接すると、己を見失ってしまう。その次の「口笛文庫」にも見事にノックアウトされ、興奮が収まらない。王子公園駅前の小さな中華屋「ぽーと」に入り、天津飯セットで昼食。水のようにシャブシャブな熱い餡の中に天津飯が没した、奇妙な料理であった。閉まっているお店もあったが、どうにか十二軒をクリア。それにしても、神戸の坂道は急勾配で難儀である。午後六時にホテルにチェックインしてパソコンを開いてみると、あぁ、緊急の仕事が舞い込んでいた。原稿を書いた後に、そちらの仕事にも取りかかる。眠い……。

4月13日（水）曇り時々雨　暖

朝起きたら足が筋肉痛……神戸の坂、恐るべし。初っ端からお店が消滅していたりして、冴えないスタート。だがめげずに神戸南北を山に平地に歩き回り、亀のように取材を進めて行く。お昼は新開地の大衆食堂「丸一食堂」で肉丼600円。途中、店の前に居座る虎猫を店員さんが「お前の家は隣りでしょ〜う」とぞんざいに移動させる光景が、何とも愉快。今日も十二軒回るが、閉まっているお店が多く、明日へのしわ寄せを気に病む。だが、「神戸古書倶楽部」奇天烈探偵小説家・東天鬼『修羅の巷』を裸本だが２０００円で買えたことが、すべてを帳消しにしてくれた。最後に王子公園で「鉄人マーケット」が消えているのを確認し、ホテルに足を引き摺り戻る。原稿書き＋緊急仕事の仕上げ＋明日の計画の練り直し。気付けば部屋のそこここに古本が繁殖し、住み慣れた書斎のようになって来ている……自分が、恐ろしい……。

4月14日（木）晴れ　暑

神戸最終日。練り直した計画を元に、西に東に神戸の街を駆け回る。それなのに、初っ端の「つのぶえ」が正午開店であることを店前で知り、仕方なく引き返した新開地で一軒見た後に再び西代入り。時間つぶしに、お店の斜向いにある「洋食イナダ」でハンバーグ定食の昼食。壁に貼られた昭和32年頃の長田・真陽地区の地図に「村上古書店」なるお店を見出し、軽く高揚する。料理にパクついていると、表からシャッターの上がる音が聞こえてくる。時刻は丁度正午。そして見事にお店は時間通りにオープン。そこから十二軒のお店を訪ね回り、疲れ果てながらも役目を果たした満足感を得る。「マクドナルド」でティーンエイジャーに飲み込まれながらノートに原稿書き。買い漁ってしまった古本が、とても重い……。午後十時の夜行バスで東京へ向かう。移動中熊本地震の発生を知り、消灯までワンセグを見続ける。

4月19日（火）晴れ　暖　風冷

三列シートの夜行バスで京都着。隣りの謎の外国人カップルのささやき合い攻撃に遭い、あまり眠れず。午前九時からレンタサイクルを借り、洛東南を走り回るつもりでいると、初っ端に未知の古本市に出会い、そこで手にした情報を元にして出町柳に向かうと、偶然に山本善行氏と出会ってしまう。一瞬だけ共に古本屋に出向き、明日また氏のお店で会うことを約束し、別れる。その後はいつものように一進一退して取材を重ねる。昼ご飯はブックカフェの「UNITE」で「昭和のハイシライス」８９０円。そして夕方の引き揚げ時に連続して、古本を売っている古道具屋とアンティークショップを発見し、取材対象に急遽組み入れることにする。後者では、昭和三十二年集英社少女ブック付録、すずらん文庫『長編少女探偵小説 真珠島』を６００円で発見し、一日の疲れをスカッと抜き取るのに成功。これぞ、古本探しの醍醐味。

4月20日（水）晴れ　暖

午前十時から洛中の古本屋さんを巡り倒す。「吉村大観堂」と「三密堂書店」の店名から想像出来ない意外な軟らかさに感激。午前中に、すでに八軒をクリアする今までにない順調さに、心弾みながら「キッチンりゅうかい」でチャーハン６５０円の昼食。後の席で、韓国人の愛人の長電話に痺れを切らす男性を気にしながら、モグモグと完食。取材で寄った「ELEPHANT FACTO-

RY COFFEE」の珈琲はかなり美味しかった。夕方に吉田山麓の「古書 善行堂」へ。すがるように色々相談する。ホテルでの原稿書きに備え、コンビニで夜食やビールを買い込むと、くじでお茶が一本当たる。ちょっとしたラッキーに小さな幸せを感じながらも、明日の雨が大変気になってしまう。

4月21日（木）雨　寒

神戸でも少し降られたが、本格的な雨の中での取材は初めて。店頭の様子が変わってしまうのが気がかり。ホテルを出た途端に、外国人に道を聞かれる。あわあわとどうにか答えたが、無事に目的地にたどりつけただろうか。午前中にかなりの数のお店を回るが、雨足強くびしょ濡れになる。「ヨゾラ舎」さんでは中古レコード屋方面のタレコミをいくつかいただき、喜ぶ。ちょっと遅めの昼食は、市役所脇の「柳庵」で730円のカレーそばをすする。肉の代わりにお揚げがたっぷりと入り、粘度の高い餡がそばに絡み過ぎて、箸が重い……。計十三軒を回り、これで一応京都市街の主だったお店を見終わったことになる。だが、取りこぼしたお店や週末営業のお店も多く、やはりまた取材に来なければならない。駅前の喫茶店で、粘ってノートに原稿三店分を書き付ける。あぁ！　しまった！「今村書店」の写真を撮り忘れているじゃないか！　俺のバカ！と大後悔しながら、夜行バスで東京へ帰還する。

4月26日（火）晴れ　暑

大阪市内の古本屋地図作製に着手する。紙の大きさはA3六枚分。環状線がすっぽり収まる形だが、果たして何店を地図上にプロットすることになるのやら。とにかくこれを仕上げ、大阪で回る数を大体算出しなければならないのだ。がんばれ、俺！

4月27日（水）曇り　暖

編集M氏と落ち合い、いつもの店のいつもの席に腰を落ち着け、主に大阪攻めについての作戦会議。労作の巨大地図を腕一杯に広げながら、不安に包まれた計画を喋り立てる。細かく刻むタイプにするか、長期滞在型で進めるか、それが問題だ……。残り何回関西に行けるか……企画ページの善行氏同道古本屋ツアーもやらねばならないのだ。最終的に入れなかったお店たちは「残念無念の未入店」コーナーでも作ろうか……。後は氏の従兄弟の古本屋さんの話や、旧「ガケ書房」の車は壁に突っ込んでるんじゃなくて飛び出してるんだという話などなど（雑誌などに取り上げられる時、必ず「壁に車が突っ込んでいるのが目印」などと書かれていた）。酔っ払って家に戻り、午後九時だというのにすぐ寝てしまう。

5月16日（月）曇り　涼

五月は本業が立て込んでいるため、なかなか大阪に向かえずにソワソワ過ごしている。昨日ヤフオクで浅原六朗『雲を追ふ人』を1510円で落札したところ、連絡をくれた出品者は大阪の古本屋さんであった。……これは、早く大阪に来いということなのか……。精神的な焦りが深読みと相まって、大阪！　大阪！　大阪！と頭の中でリフレイン。それはまるで呪いのようで……あぁっ！　大阪が、俺を呼んでいる！

5月18日（水）晴れ　暑

編集M氏とデザイナーS氏と打ち合わせ。取りあえず書き貯めた文章や写真を元に、改めて単行本の青写真を決定して行く。前著の『首都圏沿線』を叩き台にはするが、今回は鉄道路線ごとではなく、地区に分けて分類。さらに地図を掲載することに決める。二時間余話し合うが、途中からS氏が京都の古本屋地図をウットリと眺め、「行きたいな〜、ここのお店。ここはどんなお店だった？」などと、脳内古本屋ツアーに耽溺する姿に苦笑する。でも、こんな風に、読む人がたとえその地に行けなくとも、仮想ツアーを楽しめるような本に、どうにかして仕上げたいものである。そのためにまずは、しっかりと取材を進め、八月までには素材を集めなければならない。

5月26日（木）晴れ　暑

六月の大阪行きバスや宿をネットで予約する。安い宿を懸命に探すと、自然と尼崎に行き着いてしまうのは何故だ……。

6月6日（月）曇り　涼

明日回るべき神戸〜阪神間の古本屋について下調べ……ハッ！　尼崎は、兵庫県だったのか。てっきり大阪だとばかり……。

6月7日（火）曇りのち大雨　肌寒

定刻通り午前七時十五分に、初の二階建てバスで大阪梅田に到着。宿泊先の尼崎は、阪神電車の尼崎なので、その乗り場を求めて、超スピードで怒濤のように通勤客が行き交い、複雑怪奇に建物がつながり合う駅構内を無駄に彷徨う羽目に。十分強電車に乗って雄大な淀川を越え、工場が広がる一帯に到着。すると意外なことに、そこは寺町でもあった。今日から三日間、ここが仕事の拠点となるのだ。高架沿いの安ホテルに荷を下ろし、朝食を摂った後、駅前の噴水広場に腰を下ろし、古本屋が動き出すまで時間を潰す。男女のヤンキーグループが健全にいちゃついている。ずっと広場に同じ姿勢で留まっている人が数人いる。午前十時に動き始めるが、ほぼ同時に激しく雨が降り始めてしまう……あぁ。一軒目はすぐに入れたのだが、その後は一進一退な道行きとなる。昼食は西宮の「洋風居酒屋ピットイン55」で、うどん・トンカツ・天ぷらのタイムランチ７５０円。結局雨は一日降り続け、この日の古本屋ツアーは、六勝四敗と効率悪し。だが、阪神タイガース一色の商店街（「優勝セールまでマジック85」とか優勝祈願提灯が延々下がっているとか、とにかくパワフルでクレージー）や、夕方に立花からバスで尼崎に戻って来たら、朝と同じ人が駅前にいるのを目撃したりして、何故か根拠のない勇気がフツフツと湧き上がってしまう。ホテルにチェックインすると、部屋に運ばれているはずの荷物が見当たらない。慌ててフロントに問いただしてみると、どうやら別な部屋に置きっ放しにされていたらしい。荷物は無事に戻ったが、やってくれるじゃないか、尼崎！

6月8日（水）晴れ　暑

「梅田 蔦屋書店」に午前十時に赴き、古

書のコンシェルジュを担当するM氏と六年ぶりの邂逅を果たす。彼とは以前高円寺発のミニコミで人生を一瞬クロスさせたことがあったのである。古書棚を見せていただき、再会を祝しながら、色々お願いすることされることなどを話し合う。大阪に頼もしい仲間が出来たという感じ。そんな風に、今日は幸先の良いスタートを切れたと思ったら、取材を予定していた「阪急古書のまち」が全店定休日であることを知り、己の大浅はかさに目眩を起こしてしまう。俺の大バカ！　仕方なく予定を変更し、近辺の古本屋さんを闇雲に訪ねまくることにする。昼食は東通りの「都そば」でかけそばにきつね＋天ぷら＋卵が乗った「都スペシャル」450円をズルズル啜り込む。中崎町では一軒の古本屋さんにも入れなかったが、猥雑な高架下と下町的古い街並に感動。中津では「ぷれこぐ堂」と「空夢箱」が発見出来ず大いに落胆するが、長く細く薄暗く時間の停止した、余りに昭和な天五中崎通り商店街に心奮わす。効率はちょっと悪かったが、どうにか九店を取材し、夕方に阪神間の古本屋さんを目指す。西宮「2階洞」ではカバー無しで歪んでいるが、春陽文庫『完全犯罪／小栗虫太郎』（戦後版初版）を150円で。それに新文藝社『怪奇物語／田中貢太郎』を300円で買えたことを喜ぶ。ただの大衆店と侮っていたが、ちゃんと定点観測していれば何か見つかるお店であろう。さらにその帰りに、不定期営業の昨日は雨の中弾かれた、今津の「蝸牛」に入れたのも嬉しかった。

6月9日（木）晴れ　暑

思い立って寝屋川の「金箔書房」を訪ねることにする。どうせ計画は予定通りには進まないので、こういう気まぐれな気晴らしも時には必要であろう。途中、守谷市の車窓に流れた「古本ひまわり堂書店」に、通過する後ろめたさを感じてしまう。その後は天神橋筋を攻め、四勝四敗の冴えない成績（消えていたお店も多かった）。昼食は「お食事処いづみや」でおにぎり定食650円。給仕のおばさんが、伊藤雄之助のように下唇を尖らしたしかめっ面をしているが、別に怒っているわけではなさそうだ……。今は床屋さんの「エンゼル書房天三南」跡地に古本屋遺跡を発見し、ちょっと喜ぶ。午後二時前に商店街から離れ、阪神電車で武庫川の「街の草」へ。店内の本はほとんど見られなかったが、店主のご好意により嬉しい収穫を得る。そして店主に正体がばれてしまう。一旦ホテルに戻り、見開き原稿を三本書き上げた後、初めて夜の大阪に外出し、中崎町の夜しか営業しない「葉ね文庫」を訪ねるついでに、近くの「アラビク」も見に行く。そこでウィスキーソーダを飲みほろ酔いで尼崎に戻る。さすがに三日目ともなると、何だかわが町に帰って来たような感じである。

6月10日（金）晴れ　暑

お世話になった尼崎に別れを告げ、取りあえず梅田のコインロッカーに荷を下ろす。最初は天神橋筋商店街近辺の残り店だけを巡ろうと思っていたのだが、ウダウダやってる暇はないんだよ！と気合いを入れ、水曜定休で見られなかった「阪急古書のまち」を一気に巡ることにする。一店取材しては一旦表に出て、ノートに原稿を書き留める。これを十一回繰り返す……あまりのせせこましさに、何だかコソ泥気分に陥る……。どうにか全店見終わって天満に移動。高架下の「とみや」で500円の天丼。熱々でおいしいが、一番大きなネタはちくわの天ぷらであった……。その後は順調に夕方まで取材を連続させる。「ジグソーハウス」で「南森町古本ガイド」の最新版を手に入れる。「書苑よしむら」では、少し函の背は壊れているが小壺天書房『三人姉妹／上林暁』が500円でどひゃっほう。最後に訪れた天満橋駅近くの「花月書房」では春陽堂『をり鶴七變化／角田喜久雄』を300円で見つけてどひゃっほう。このお店は定点観測に値するお店であろう。梅田まで戻り、手書きで原稿三本のノルマを果たす。夜九時過ぎ、「バスタ新宿」とは月とスッポンの、トタン屋根だけのモータープールから夜行バスで東京へ。

6月14日（火）曇りのち晴れ　暑

今週は難波周辺攻め。しかしホテルはJR難波駅方面なので、動くにはちょっと不便。だが、それにもめげずに、午前九時過ぎから早速動き始める。三軒目の「ON THE BOOKS」が臨時休業だったので、思い切って歩いて西九条の「昭和書籍」を見に行くことにする。小さな金属加工工場が群集する街を抜け、安治川隧道で川を越える。この川底の地下トンネルは橋の代わりで、隣りには以前は使用されていた車用の巨大エレベータートンネルも、封鎖されながら残っている。これがまるで巨人のエレベーターで、すこぶる格好良い。たどり着いた街で古本屋は見つけられなかったが、駅の周辺が高架下と横丁で猥雑に出来ていることに、心震える。難波方面に戻り、昼食はマダムがひとり煙草を吹かす二階の喫茶店「山水」で750円のエビピラフセット。「アオツキ書房」や「Calo」の臨時休業続きにため息をつきながらも、建築書＋新刊雑誌＋古本のお店「柳々堂」には、その在り方に感動を覚える。徒歩と地下鉄を駆使して、どうにか取材ノルマをこなした初日となる。ホテルは明らかにワンルームマンションを改造した構造で、ビジネスホテル的狭さがなく妙に広い。通路と部屋の配置の仕方が、余りにマンションのままなので、ちょっと笑ってしまう。

6月15日（水）曇り時々晴れ　暑

午前十一時とゆっくりめの始動で難波南側を攻めて行く。今年の一月に移転新オープンした「天地書房」の虜になりながらも、定休日や影も形もないお店に打ちひしがれつつ、「餃子の王将 日本橋でんでんタウン店」でがっつり昼食。ドライカレーチャーハンと餃子で723円也。今回一番楽しみにしていた「文庫 櫂」が開いていないのに落胆しながら、新今宮方面を目指し、久々の通天閣も下から楽しむ。「パーク書店」の既成概念をぶち壊す薄い店舗に激しい衝撃を受ける。この後は昨日取りこぼしたお店の回収に入る。「ON THE BOOKS」で買ったカストリ雑誌「JOKER」には香山滋の短篇「恐ろしき演出」が載っていてニンマリ。「アオツキ書房」では光文社

「少年」付録の「探偵漫画 青銅の魔人 青銅の魔人対透明人間／畠山一夫 江戸川乱歩原作」を１８００円で買えてニンマリ。一旦ホテルに戻り、今日の分の原稿を書き上げてから、午後七時に再び外出。前回で取りこぼした夕方からしか開いていない中津のお店を見に行く。「ぷれこぐ堂」では店頭１００円棚から氷川瓏訳の『キング・コング』を抜き出しニンマリ。二軒を見終え、夜の大阪地下鉄の大混雑を体験し、早々にホテルへと戻る。

6月16日（木）雨　蒸暑

大阪二回目の最終日。午前十時から雨が強くなる。チェックアウトのために買った本をまとめるが、いつもより量が少ない。コインロッカーに荷物を預け、取材ノルマを果たしに街に飛び出す。「このはな文庫」は場所が分からず、「古書象々」は閉まっている。「FOLK」にたどり着くが、営業開始まで一時間あるので、近くの内装は喫茶店だがほぼ定食屋の「喫茶&ランチビエン」でオムそば定食６８０円。焼きそばがゴハンのおかず足りえることを、この汁気の多いオムライス＋焼きそばで実感する。前回場所が分からなかった「エル・ライブラリー」にも無事たどり着き、ついでにその前回で気に入ってしまった「花月書房」にも立ち寄る。黒沼健の空飛ぶ円盤本を購入。そんな今日のメインイベントは「文庫 櫂」。お店も素晴らしいのだが、店主がとにかく強烈で面白い。発想力＋実行力＋実現力をフルに、時にはちゃらんぽらんにやるだけやってやれと発揮し、歩んで来た古本まみれの人生に乾杯である。だがもうひとつの横顔・野菜仲売人は相当な迫力あり。お土産にかつての合同目録と、デッドストックでダブっているという『少年冒険物語 紅バラ團』をいただき恐縮する。最後に見に行った「エコブックス」は、看板は残っていたがお店はもぬけの殻であった。マクドナルドで甘夏シェイクを吸い込みながら三店分の原稿をノートにしたため、20時50分発のバスで帰京する。それにしても、まさか自分がこんなに夜行バスを利用する日が来るなんて。その昔『水曜どうでしょう』のサイコロの旅で、夜行バスのヒドさと受けるダメージを観て、ただゲハゲハ笑っていた日が懐かしい……。

6月22日（水）曇り　暑

ユースト中継番組「不忍ブックストリーム」出演前に、南陀楼綾繁氏と盛林堂・小野氏と千駄木のおでん屋で飲んでいると、南陀楼氏に「大阪なら居留守文庫は絶対に行った方が良い」と進言される。場所が遠いと思っていたら、意外に天王寺に近いようだ。

6月23日（木）曇り　涼

午後六時に編集M氏と落ち合い、いつもの二階の居酒屋で取材報告&これからの打ち合わせ。孤独な長期取材を続ける中での、心安らぐオアシスのような時間である……。難敵・大阪の大勢が見えて来たところで、七月中にどうにか店舗取材を終え、八月からは原稿整理&企画取材に入る旨決定。いよいよというか、何だか段々余裕が遠退いて行く……。今のところ仮タイトルで『古本屋ツアー・イン・関西』としているが、実際はどうするか？　また、三都市の古本屋の違いや、ある意味『首都圏沿線』より特殊となるこの本をいかに売るかなどなどを、さらに話し合う。

7月2日（土）晴れ　真夏日

来週からの長い旅に備え、英気を養いつつビールを飲みながら日本映画専門チャンネルを見ていると、東映映画プログラムピクチャー『暴走パニック大激突（深作欣二監督）』が始まる。渡瀬恒彦&小林稔侍のスピード銀行強盗コンビが、名古屋を皮切りに銀行を荒し回って行く……名古屋↓大津↓京都↓神戸……そしてミスを犯して追われる身となり、舞台は大阪へ……あぁ、これはまさに、今回の古本屋ツアーの旅のルートのようではないか。勝手にシンクロニシティを覚え、次の滋賀↓奈良↓三たびの大阪への気持ちを熱くする。だが、今回大阪で宿泊する土地は、安いホテルを求め続けた結果、何と西成なのである……俺は無事に帰って来られるのだろうか……。

7月5日（火）曇り　涼

ネット情報で「青空書房」坂本健一氏の逝去を知る。ひと月前に訪れた時は、バリバリ元気だったのに。「街の草」さんとも、五月の「大阪古書月報」が坂本氏の文章ばかりで、まるで彼の専門誌だと、笑い合ったばかりだったのに……。享年93歳。7／4閉店。つまりお店はなくなってしまったわけだが、ツアーレポートは、どうにかして本に載せなければ。

7月8日（金）曇り時々雨　蒸暑

午前五時五十五分に彦根駅着。琵琶湖の水気が目に見えるよう。眠りこけた観光地、重く垂れ込めた雲。その下を低空で燕が乱舞し、その遥か頭上を、謎の怪鳥が飛んで行く。今日は一日で琵琶湖線＋北陸本線沿線の古本屋さんを見て回る計画。結局琵琶湖の北端から南端まで移動することになるのだが、電車料金が高いのと、接続の悪さと本数の少なさに辟易。不本意に多くなった待ち時間で、橘外男の『女豹の博士』をグングン読み進めてしまう。昼食は木ノ本探訪時に偶然見つけた、地方パン屋の雄「つるやパン」に飛び込み、サラダパン（たくあんのコールスローをサンドした名物パン。美味）・ランチカレーパン・スマイルサンドを買い込み、駅のホームでパクパク。「さざなみ古書店」で町家の奥に招いていただいたのは貴重な体験であった。しかし彼女が住んでいるのが「隠居部屋」というのに笑う。結局七店を見終えたのは午後七時前となったが、この沿線は良店が多いのに満足を覚える。「さざなみ古書店」「オオミ堂書店」「古書クロックワーク」「半月舎」の独自性&クオリティはかなり高い。侮るなかれ、滋賀！と心に刻みつつ、ようやくバスと電車に解放されて、彦根駅近くのホテルにチェックインする。それにしても「クロックワーク」で安値で買えたスペル星人掲載の『怪獣ウルトラ図鑑』が、ことさら嬉しくてたまらない……。

7月9日（土）曇り時々雨　涼

ホテルをチェックアウトし、彦根から近

江八幡に移動する。先ほどまでやんでいた雨が、途端に激しくなる。駅からかなり北にあるお店を楽しみ、東映コミックス『レインボー戦隊ロビン』を安値で買えたことにニヤリ。近所のヴォーリズ建築「旧八幡郵便局」を観覧していると、偶然古本が売られているのを発見。ヴォーリズパンフ&マップを200円で購入する。古本的引きの良さに、我ながら感心する。近くの「本の森」は残念ながら7／4から休業中であった。午後に京都に移動してレンタサイクルを借り、入れなかったお店をリカバー。途中以前も入った千本通沿いの軽食喫茶「ナポリ」に飛び込み、イタリアンスパゲッティ650円で昼食。その後は新生「はんのき」をツアーし、ようやく見つけた「カライモブックス」はお休みで残念。出町柳の「上海ラヂオ」を定点観測し、最後に「善行堂」に顔を出す。色々お話ししながら、春陽堂文庫『大金塊／黒岩涙香』を800円で買えたことに大感謝。話している途中、こちらの話に感化され、善行氏が古本屋巡りをしたくてたまらない光線を出し始めたのに気付く。とてもウズウズしている氏の姿は、見物であった。もはや午後五時過ぎなので、急いでレンタサイクルを五条で返し、そのまま大阪に移動する。夜七時半、新今宮駅の高架ホームに降り立ち、ネオン輝く通天閣を眺めた途端、その位置関係からここが映画『王手』で、加藤雅也が割れたメガネのまま立ち尽くす場所であることに気付く。駅裏手の西成のホテルにドキドキしながらチェックイン。

7月10日（日）晴れ　蒸暑

昨晩近くで大乱闘騒ぎがあったのだが、まったく気付かずにグースカ眠り続け、気持ち良く起床して午前のうちに奈良に向かう。駅前で様々な宗教団体の小グループが活動を行っているのに面食らいながら、東西南北が緩やかな坂で出来た古都に入り込んで行く。徒歩圏内に十軒ほどの古本屋さんが点在しているので、取材は驚くほど順調に進む。「フジケイ堂 もちいどの店」はリサイクル店と思いきや予想以上に良いお店。奈良女子大近くの「ならまち文庫」を訪ねると、実は数年前に古本屋はもう廃業され、喫茶に専念しているとのことであった。元店主の宇多氏と古本屋時代について少しお話しさせていただき、「大学の近くだからもっと本が売れると思ったんだけど、みんな本を読まないんだ。一日の売り上げが三千円じゃ、食っていけないよ」と告げられ、苦笑する。その元古本屋店主の作った、沖縄の海苔ととろろと天かすが乗ったうどんを啜り、昼餉とする。海とお醤油の味で700円。入口横には映画『殯の森』のポスター。表の二階にはまだ「古書喫茶」の看板が、嘆くように残っていた。その後もグルグルならまち界隈を歩き回り、午後六時過ぎに新今宮に帰り着く。

7月11日（月）晴れ　極暑

些事をこなすため、ホテルで午前十時半過ぎまで待機するが、連絡来ず。仕方なく一報を入れて外出。今日は一日環状線に乗ってグルグルグルグル。京橋「立志堂書店」現店主ととても仲良くなれたのは嬉しい出来事。いつか隣の元古本屋さんに入れてもらおう。京橋商店街の居酒屋「明ごころ南店」で昼食。おでん定食600円。まだ正午過ぎなのに、駅近くの飲食店の飲酒率は、完全に70%を越えている……。玉造「ブックス三京」は開いておらず、商店街の地図にもその名はない。そのまま南に歩いて鶴橋へ向かう。途中の新刊屋「つたや書店」が壮絶で、コミック・雑誌・アダルト以外は、絵本・実用ノベルス・文庫の墓場と化していた。それにしても、鶴橋周辺の独特な高架下文化は、感動するほど独特で完成されており、力強い。駅構内で自動改札と直結する「ブックオフ」も奇妙。桃谷の「あやわす家」は当該住所に店舗なし。寺田町の二軒もシャッターを下ろしており、営業しているかどうかは分からぬ状況。後日どうにか時間を割いて、見に来るか。午後五時過ぎにホテルに帰り着き、懸案の些事をこなして原稿書き。その後、夜の西成を、勇気を出して初めてぶらつく。動物園前一番街は、夜は居酒屋カラオケの巣窟状態である。店前に立つプリティーな女の子の誘惑を振り払い、中華料理屋「雲隆」で、野菜炒めと餃子と瓶ビールの、1100円の晩飯。思えば大阪で夜に外食したのはこれが初めて。帰り道で、虎猫&白黒猫の子猫と出会い、しばし戯れ優しい猫パンチを食らう。何だか幸せな、西成の夜。

7月12日（火）雨のち曇りのち晴れ　蒸暑

雨の西成。路面電車の阪堺電車を待っていると、今年初めての蝉の鳴き声を聞く。恐らくニイニイゼミであろう。最初に我孫子道の「大ギンガ書房」に向かうが、シャッターにはね返されてしまう。時間つぶしに駅近くの大衆食堂「多楽福」で、葱卵とじの家庭的カツ丼で早めの昼食。結局「ギンガ」は開かず、電車を乗り継ぎ守口市「ひまわり堂書店」から折り返して、千林周辺の古本屋巡りに向かう。森小路↓千林↓千林大宮と取材。「楠書店」は残念ながら定休日。そして今市商店街奥の「山口書店」は、残念ながら営業していない模様。シャッターは下ろされ、脇道の玄関も草ぼうぼう。見たかったお店の一軒なので、大変残念である。さらに昨日開いてなかった西九条「リンク」をリカバーし、寺田町の「石塚書店」と「長谷書店」を見に行くが、今日も開いていない。望み薄か。そこからしつこく住之江に南海電車で向かい、待望の「大ギンガ書房」に入る。そこからさらに足を延ばし。我孫子前の「大吉堂」も取材。さすがに疲れ果て、南海高野線で新今宮に戻ると、南海線の出口は、巨大な「あいりん労働公共職業安定所」の目の前であった。夕闇迫る路上では、あちこちで酒宴が始まっている。

7月13日（水）曇り時々雨　蒸暑

午前十時にホテルを出て、天王寺まで歩く。今日も蝉の声を聞きながら、こんなに近かったのかと驚きつつ、文の里まで谷町線に乗り、孤高の古本屋「居留守文庫」から取材をスタートする。雨に始終降られながら、鶴橋駅高架下の立食い蕎麦屋「西口うどん」で昼食。ちょっと贅沢めに430円のにしんそばを完食。居並ぶ客に冷房付きジャンパーを羽織った男性が多く、なんだか映画『ブレードランナー』のデストピ

ＡＳＦ世界に迷い込んだ気分。その後「一色文庫」のあまりの安値＋良質さに激しくノックアウトされながら、谷町界隈を彷徨う。「nico＋」は結局開かず、よくブログにコメントを頂く「絶版漫画バナナクレープ」は残念ながら水曜が定休日であった。さらに淀川を越えて淡路や十三を調査するが、十三・東本通商店街奥の「渡辺金文堂」が下町の古い商店建築なのにガラス戸は閉ざされ、柄物の布に包まれた本棚を曇ガラスの向こうに見るだけに留まる……くぅ、残念。たまたま行きも帰りも煙草屋の前に座る黒猫に、荒み始めた心をちょっとだけ癒されるが、連続取材六日目ともなると精も根も尽き果て、歩き詰めて足もなんだかデロデロになってしまったので、そのままますごすごホテルに帰ることにする。梅田まで出て、御堂筋線で動物園前駅まで。部屋にこもり、ガリガリ君を食べながら、死力を振り絞って原稿書き。色々終えて一人酔っ払い始め、五日間お世話になったホテルと別れの杯を交わす。

7月14日（木）晴れ時々雨　暑

午前十時前にホテルをチェックアウトし、動物園前一番街の喫茶店で、卵＆ハムサンドイッチ１８０円。梅田に向かう地下鉄車内で、はしたなくモグモグ。梅田で荷物を預けた後は、今や跡地となってしまった「青空書房」を見に行く。すると開店時のドア全開時には気付かなかった、壁に取付けられた前店舗の大きな看板に今さら気付く。現時点で最新の古本屋遺跡であろうか。その後は南森町のどうしても入りたかった「メガネヤ」へ。どうしてこのお店のことを知ったか聞かれ、女の子のイラストショップカードを見てと言うと、東京には何処にも置いてないと言う。私は一体何処でカードを手に入れたのだろうか？　そして古本屋さんについて話していると、お客さんとして来ていた女の子が「私の知り合いも古本屋を阿倍野でやってるんです。居留守文庫ってお店です」「昨日行って来ましたよ」「ええっ！」などとワイワイ。その後は淀川を越えてツボとなるであろうお店を訪ね回る。距離があるのでそれほど回れず五店のみ。富田「古書四季」でサン・ヤングシリーズの『ブンとフン』が千円だったのは僥倖。杉井ギサブローの挿絵は永遠だ。茨木「オランダ屋書店」で３００円で手に入れた「新青年」附録の「ファントマ」も嬉しい。松野一夫の挿絵は、本当に物語にマッチして魅力的だ。梅田の喫茶店で、今日の分の原稿書き。思えば計七日で59軒を訪ねたことになり、さすがに疲労困憊。だが、楽しかった。良いお店も見つけた。良い本も安く買えた。一応これで大体の各都市の古本屋地図的外殻が見えたと思うので、入れなかったお店のリカバーについては要再考ということにしておく。午後十時の夜行バスで東京へ。隣りに座った男が落ち着きなく、ずっと手先で拳法の如き動きを繰り返している。消灯しても、暗闇から気配が伝わって来るので、閉口する。

7月25日（月）晴れ　涼

これまでの取材をもろもろ整理。見開き用のお店が67店、他に１３８店で、計２０２店の取材を終えている。う〜ん、もうちょっと必要なのか？　取りこぼしている「カライモブックス」「バナナクレープ」「兎月屋書店」はどうしても見開きページに掲載したい。八月の企画ページ取材に絡め、どうにかするしかないか……。

7月26日（火）雨　涼

編集M氏と阿佐ヶ谷の喫茶店にて打ち合わせ。取材報告＋そろそろ大詰めな感じがするので、八月のスケジュールについて話し合う。原稿&写真の整理&微調整を進めつつ、取りこぼし店をフォローするために、やはりもう一度関西に行かねばならぬのだが、それに「善行堂」さんに参加してもらう企画ページ取材をどうにかしてくっつけたい。八月中、お盆以降辺りをメドに、善行さんと連絡を取ることにする。そろそろ本のタイトルも考えなければならないのだが、仮プロジェクト名の『古本屋ツアー・イン・関西』より、もう少し捻った方が良い気がしてならない。とにかく今回は関西の本なので、東京で売ることと、関西で売ることをしっかり考えなければならないのだ。「東京では〃京都〃ってつけば結構売れるんですよ」とのこと。『古本屋ツアー・イン・京都大阪神戸奈良滋賀』……ダメだ！　ならば、思いっきりアクロバチックに『関西古本屋ガイド』というのもいいのではないかと提案するが「誰が書いたか分からないじゃないですか」と即却下。うむむむ。M氏案の『古本屋ツアー・イン・ジャパン西へ　京都・大阪・神戸・奈良・滋賀の古本屋を巡る』（後半はサブタイトル）はなかなか秀逸な気がするが……。

8月2日（火）曇り　暑

八月中に実施しなければならない企画ページ取材について、編集M氏や「善行堂」さんとやり取り。無事に19日が取材日と決まる。以下、善行氏からの嬉しいメールより。「いっしょに古本屋をまわれるのは、ぼくも嬉しいですよ。どこに行きましょうか。そのあと、対談ということでいいでしょう。古本屋になって、なかなか古本屋めぐりができないので、楽しみにしています。もう今夜からイメージトレーニング始めるよ。あと腕立て伏せもしとかないと」。

8月3日（水）晴れ　暑

企画ページの関西取材、なんと新幹線で行けることに。バンザイ！

8月10日（水）晴れ　極暑

編集M氏と飲み打ち合わせ。週末取材行程や（善行氏より「それでは、千林にしましょうか。私の古本屋デビューの地でもありますし」と連絡あり）、地域分けのルールや掲載順を検討する。その際編集部側から、本のタイトルは『首都圏沿線』に合わせ、『関西』などとボンヤリしたものではなく、『京阪神』が良いのではないかと提案があったことを告げられる。『古本屋ツアー・イン・京阪神』か……。善行氏に、タイトルについても相談してみよう。帰りに千鳥足で「コンコ堂」に立ち寄ると、店主・天野氏に「どうですか、単行本の進行具合は？」とプレッシャーをかけられる。が、が、がんばります！

8月15日（月）曇り　涼

原稿や写真整理を粛々と進める。

8月19日（金）晴れ　酷暑

女子レスリングで吉田沙保里が銀メダルに終わったのを見届け、午前六時五十六分の東京発こだま号で、四時間かけて京都へ。いや、夜行バスの十倍はマシだ。素晴らしい！と感激して正午前に到着。今回は企画ページの取材のため、同行している編集M氏とまずはホテルに荷物を預け、駅北側の「新福菜館」で早めの昼食。中華そばとヤキメシは、色は黒いがあっさりした味。ヤキメシはまるで焼きおにぎりのような美味しさである。それにしても、一日に十軒以上古本屋を回らなければならぬプレッシャーから解放され、こんなに穏やかな気持ちで関西を歩くのは、実に実に久しぶりである。午後一時に京阪七条駅で山本善行氏と合流し、寝屋川市の「金箔書房」を経由した後、千林周辺の古本屋を訪ね回る。だが、会った瞬間から駅のホームで古本談義、移動中も古本談義、とにかく延々楽しくハードな古本と古本屋の話をしまくる。最後の対談時に懸案である本のタイトルについて氏に相談すると『古本屋ツアー・イン・京阪神』で良いんじゃないかというお墨付きをいただく。だが、「エルマガジンは〝京阪神〟って使うやろ。だから大丈夫や」とニヤリ。……分かりました！　あやかります！と覚悟を決める。氏と別れ、ホテルの編集M氏との相部屋にチェックインして、一杯飲んですぐにバタンキュー。

8月20日（土）　晴れ　酷暑

午前十時に編集M氏と別れ、大阪へと向かう。その前に古本を買いたくて、長岡天神「ヨドニカ文庫」に立ち寄ると、店頭に雪崩出ている古本を外に出している真っ最中に遭遇。店内から小さな箱が、老若男女五人の手により、次々と運び出されて行く。あぁ、あのスゴい店頭は、夏休みだからかもしれないが、家族全員の力で作られているんだ！と感激する。１５００円で買った『南島の希書を求めて―沖縄古書店めぐり―』は、三月に見かけて、ずっと頭の片隅にうずくまっていた本……やはり買ってしまった。大阪にたどり着き、取りこぼし店を秘かに取材。その合間に、なんば「天地書房」で買物を済ませて歩き始めると、なんばグランド花月前で、「よしもと新喜劇」ドリルすんのかいせんのかい・吉田くんを目撃し、激しく興奮。少年少女に写真をせがまれまくり、優しく対応する姿を遠巻きに眺め、今日は良い日だと実感する。大阪にサヨナラをして再び京都に戻り、どうしても本に載せたい「カライモブックス」に急行する。鞍馬口駅を出て、必死に西日を浴びながらお店にたどり着くと、うわぁ～んお休みだぁ……ここはどうしても本に載せたかったが、誠に残念である。そんな悲しさとは別に、17時59分のこだま号に間に合うかもと、競歩状態で駅へと戻り、電車に飛び乗る。急いだ甲斐あって無事にこだま号2号車自由席に腰を落ち着け、帰京の途に着く。三月から関西へ何度も訪れたが、これで長い長い奇妙な古本屋への旅が、ひとまず終わったのである。こだまの左車窓に流れる、夏の水田越しの夕焼けの美しさもひとしおで、ちょっとセンチな気分になってしまう。

8月30日（火）雨　涼

朝起きてから、善行氏との千林古本屋巡りについて書き上げる。一気に十四枚。これでほとんどの原稿を書き終えたぞ！

9月5日（月）晴れ　蒸暑

お店のリスト作りを進めている編集M氏より、なんば「天牛堺書店ekimoなんば店」（九月閉店）、三宮「ポレポレ書舗」（六月閉店）、六甲「ブックス・カルボ」（九月に三宮センタープラザに移転）などの情報がもたらされる。お店の移転閉店情報は、ガイド本作りの大敵であるが、なるべくギリギリまで対処していかなければならない。神経とページを擦り減らす、入稿日までのチキンレースは続く……。

9月9日（金）晴れ　暑

夜十時半、１２０ページ分の初校を受け取る。

9月13日（火）雨　涼

夜十時、さらに80ページ分の初校を受け取る。

9月15日（木）曇り　蒸暑

朝からデザイナーさんに渡すための、巻末掲載用地図&路線図のラフ作り。合間に初校も進める。「まだまだあるぞ古本屋」のページが、色々余計なことが書いてあり、自分で読んでいて面白い。何だかもっと取材したく&書きたくなってくるが、もはやどうしようもないので、あっさり諦める。夜は池袋で地図ページの打ち合わせ。地図ラフと一緒に、取材の相棒だった古本屋地図類も、すべて参考にと預けてしまう。なんだかちょっと寂しい……。これでまえがきとあとがき以外、すべてのページが手を離れたことになる。代わりに善行氏とのツアー&対談ページゲラを受け取る。デザイナーS氏、たくさん作業を抱えているのに、明日の古書会館「趣味展」には朝イチで駆け付けなければと、目の前で仕事一時放棄宣言……いや、人間息抜きは必要だもんな。

9月19日（月）雨　涼

雨のため参加予定だった「みちくさ市」が中止に。一昨日の「ヤミ市一箱古本市」で、本が八冊しか売れなかった衝撃の低空飛行を、どうにか挽回しようと思っていたのだが……まぁ仕方ないか。気分をカチッと切り換えて、「まえがき」と「あとがき」を書くことにする。本の頭とお尻を作り、サンドイッチしてひとまとめにするイメージ。これが終われば、後はひたすらゲラ読み作業となる。それと今回の表紙周り、一応前回の『首都圏沿線』を引き継ぐものになる予定だが、どんな風になるのか非常に楽しみである。どうか良い本に出来上がって、たくさん売れて、たくさんの人に読んでもらえますように。

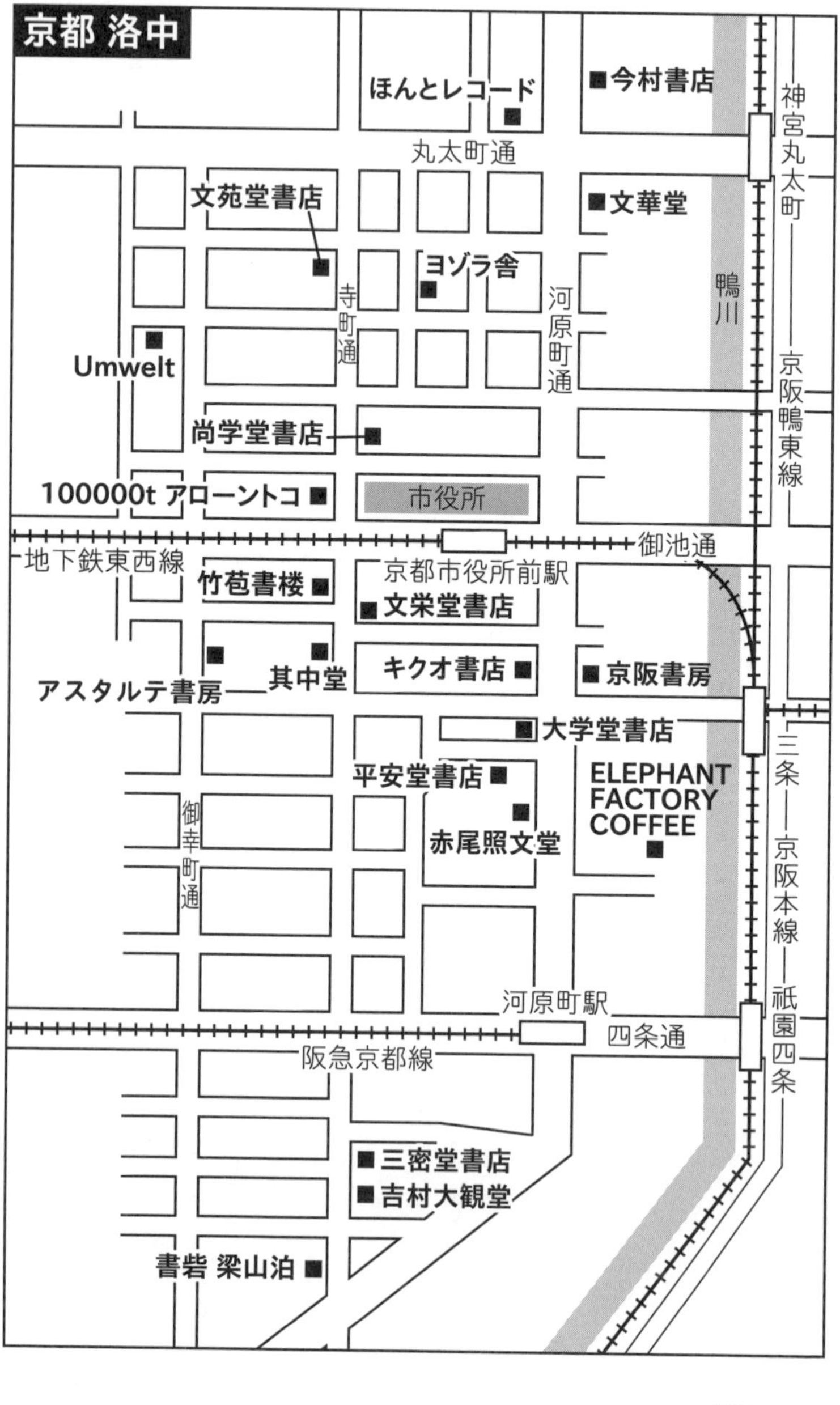
京都 洛中
ほんとレコード
今村書店
神宮丸太町
丸太町通
文苑堂書店
文華堂
ヨゾラ舎
寺町通
河原町通
鴨川
Umwelt
京阪鴨東線
尚学堂書店
100000t アローントコ
市役所
御池通
地下鉄東西線
京都市役所前駅
竹苞書楼
文栄堂書店
キクオ書店
京阪書房
其中堂
アスタルテ書房
大学堂書店
平安堂書店
ELEPHANT FACTORY COFFEE
三条
御幸町通
赤尾照文堂
京阪本線
河原町駅
四条通
祇園四条
阪急京都線
三密堂書店
吉村大観堂
書砦 梁山泊

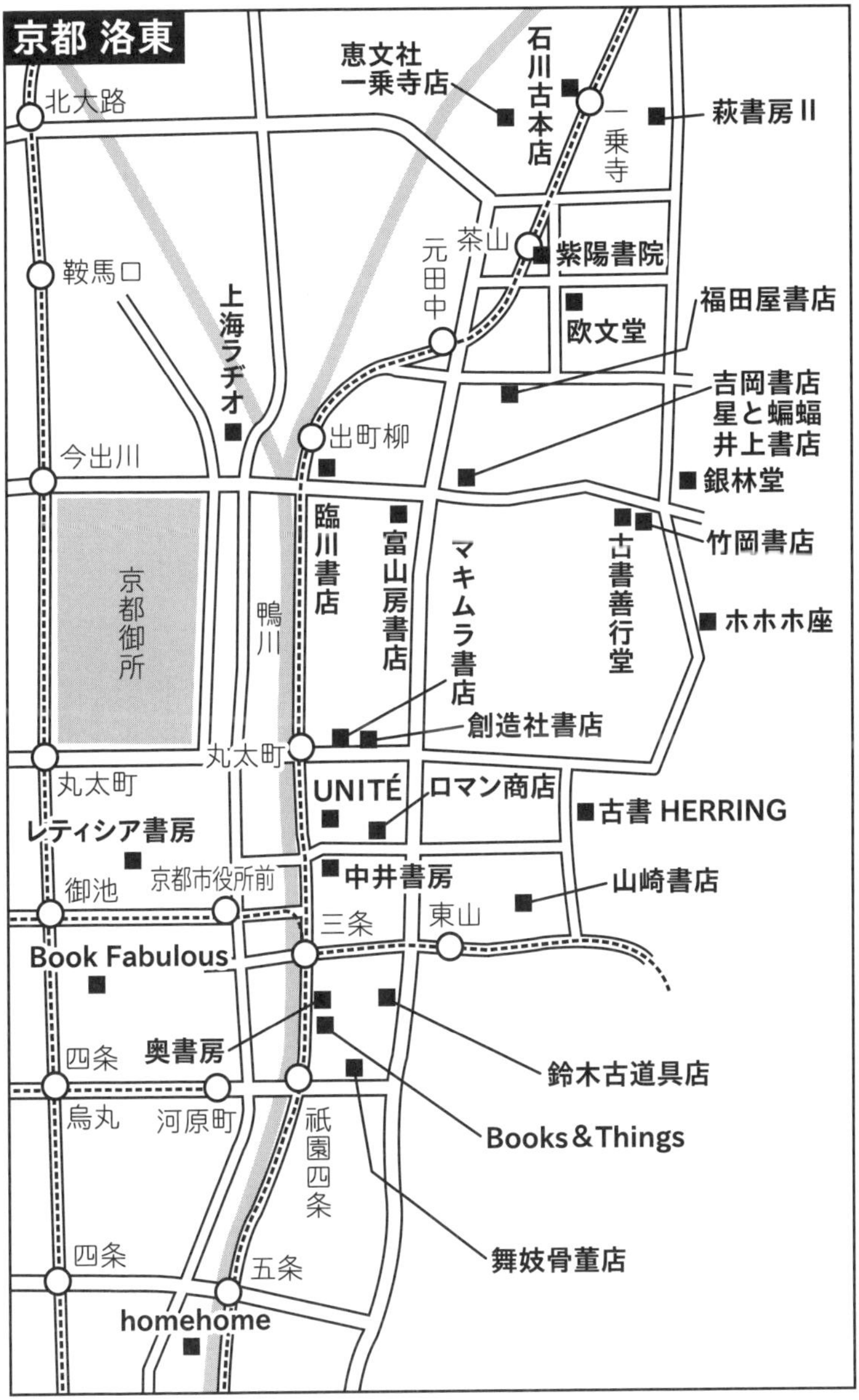
京都 洛東
北大路
恵文社
一乗寺店
石川古本店
一乗寺
萩書房 II
茶山
元田中
紫陽書院
鞍馬口
福田屋書店
欧文堂
上海ラヂオ
吉岡書店
星と蝙蝠
井上書店
出町柳
銀林堂
今出川
臨川書店
富山房書店
マキムラ書店
古書善行堂
竹岡書店
京都御所
鴨川
ホホホ座
創造社書店
丸太町
丸太町
UNITÉ
ロマン商店
古書 HERRING
レティシア書房
中井書房
京都市役所前
山崎書店
御池
三条
東山
Book Fabulous
奥書房
鈴木古道具店
四条
烏丸
河原町
祇園四条
Books＆Things
舞妓骨董店
四条
五条
homehome

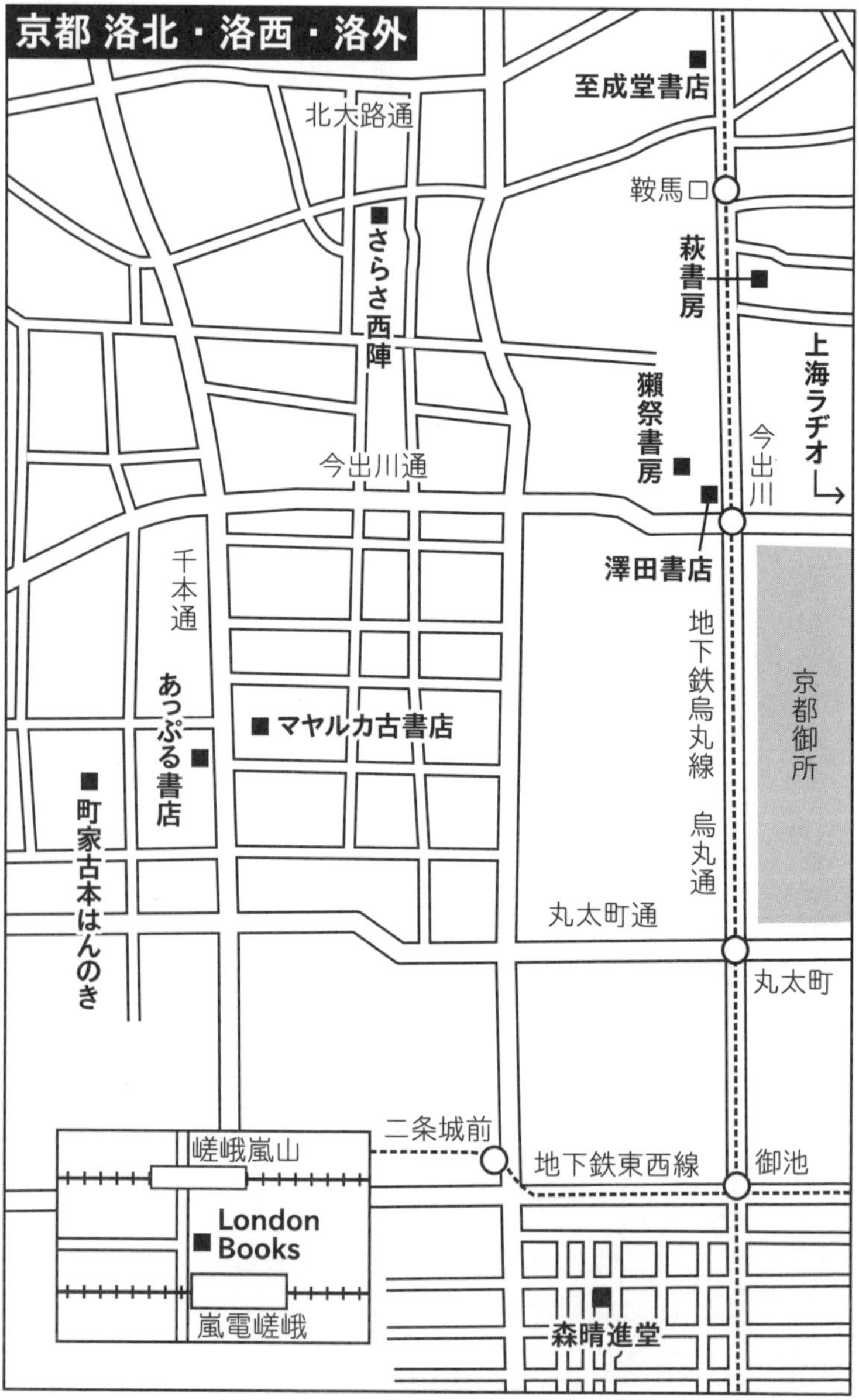

京都 洛北・洛西・洛外
至成堂書店
北大路通
鞍馬口
萩書房
さらさ西陣
上海ラヂオ
獺祭書房
今出川
今出川通
澤田書店
千本通
地下鉄烏丸線
京都御所
あっぷる書店
マヤルカ古書店
町家古本はんのき
烏丸通
丸太町通
丸太町
二条城前
嵯峨嵐山
地下鉄東西線
御池
London Books
嵐電嵯峨
森晴進堂

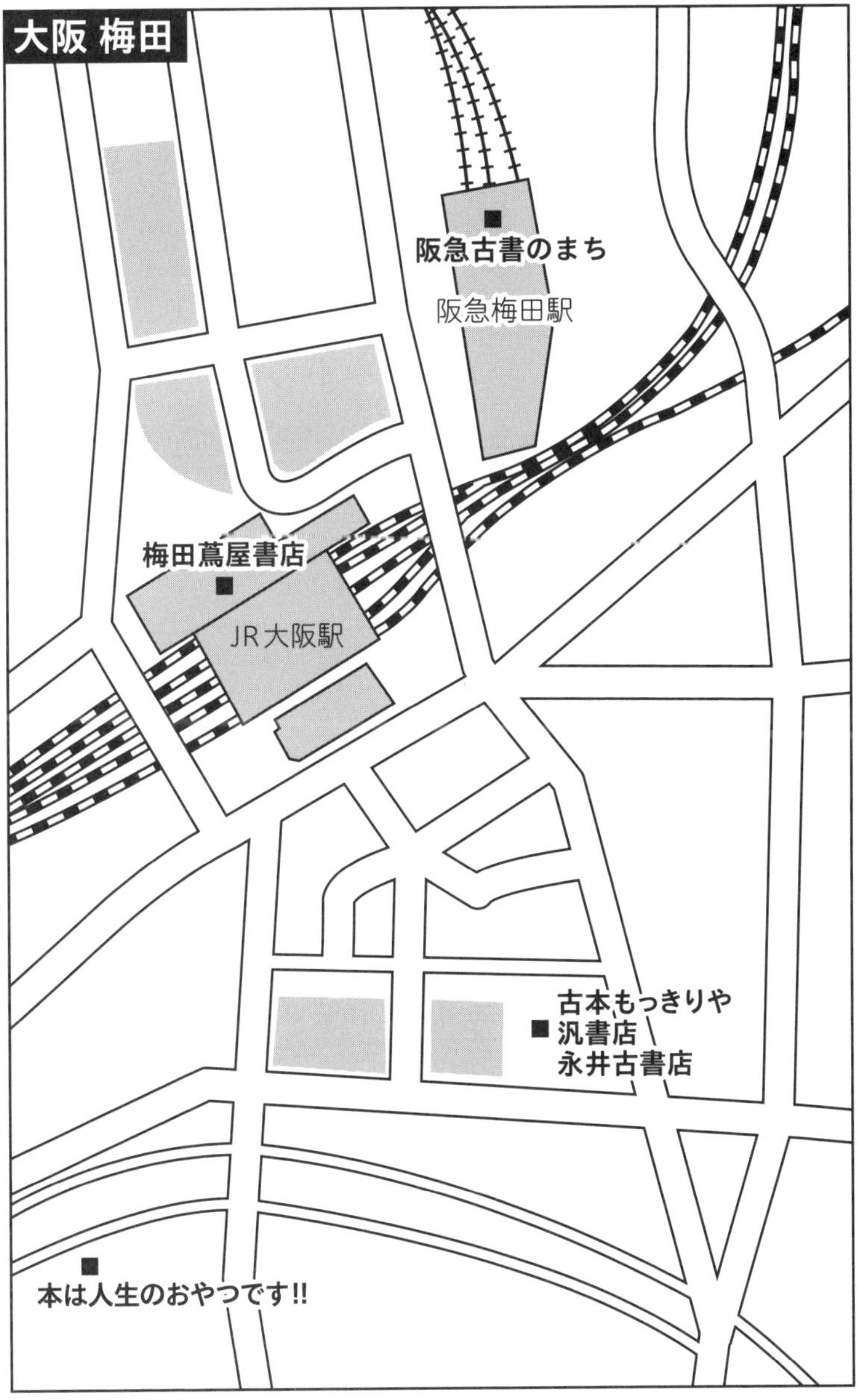
大阪 梅田
阪急古書のまち
阪急梅田駅
梅田蔦屋書店
JR大阪駅
古本もっきりや
汎書店
永井古書店
本は人生のおやつです!!

大阪 天神橋筋
天満
エンゼル書房
大川
大阪環状線
書苑よしむら
ジグソーハウス
栞書房
矢野書房
天牛書店
天神橋店
ハナ書房・杉本梁江堂
メガネヤ
駄楽屋書房
駒鳥文庫
矢野書房
天満橋店

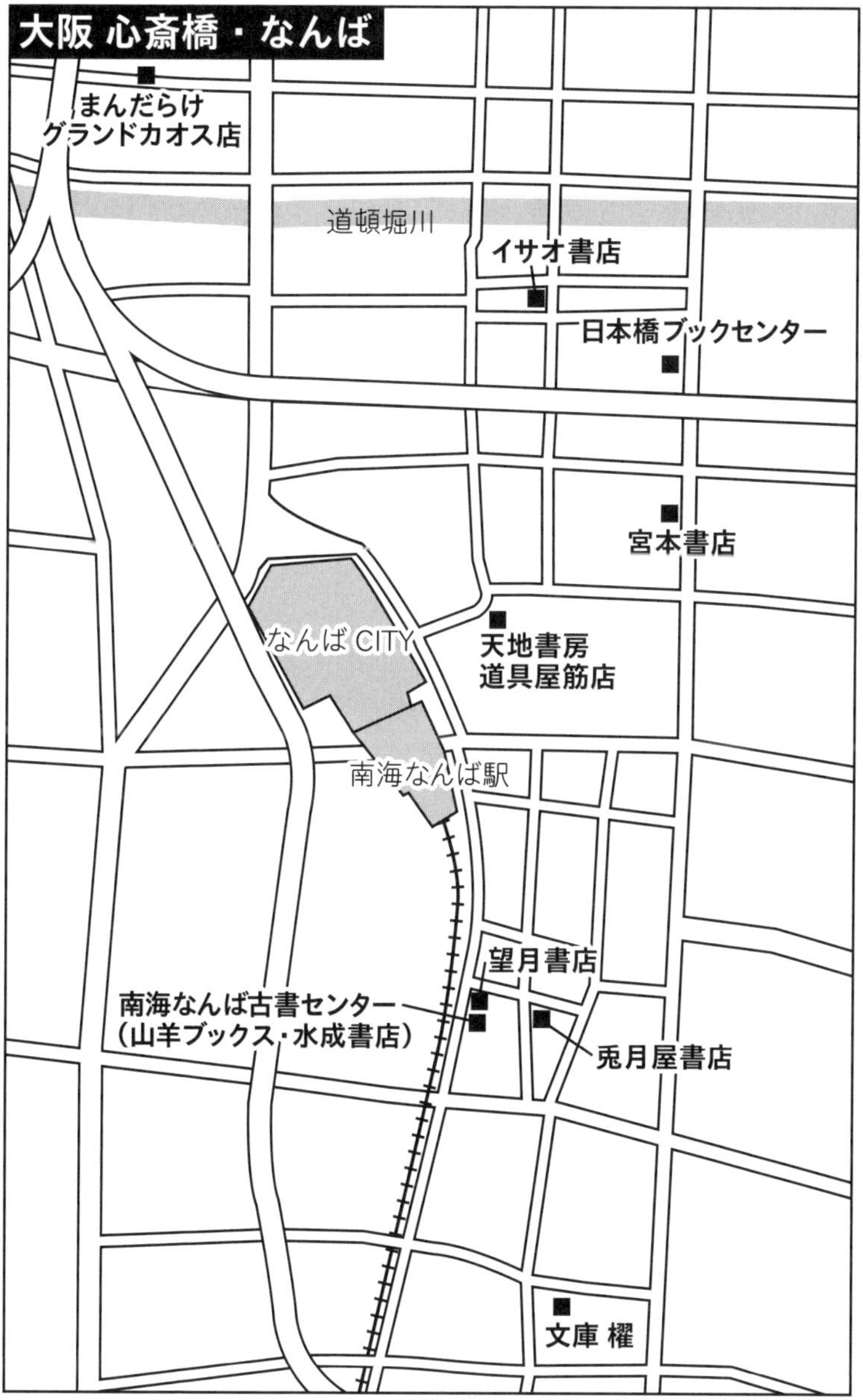
大阪 心斎橋・なんば
まんだらけ
グランドカオス店
道頓堀川
イサオ書店
日本橋ブックセンター
宮本書店
天地書房
道具屋筋店
なんばCITY
南海なんば駅
望月書店
南海なんば古書センター
（山羊ブックス・水成書店）
兎月屋書店
文庫 櫂

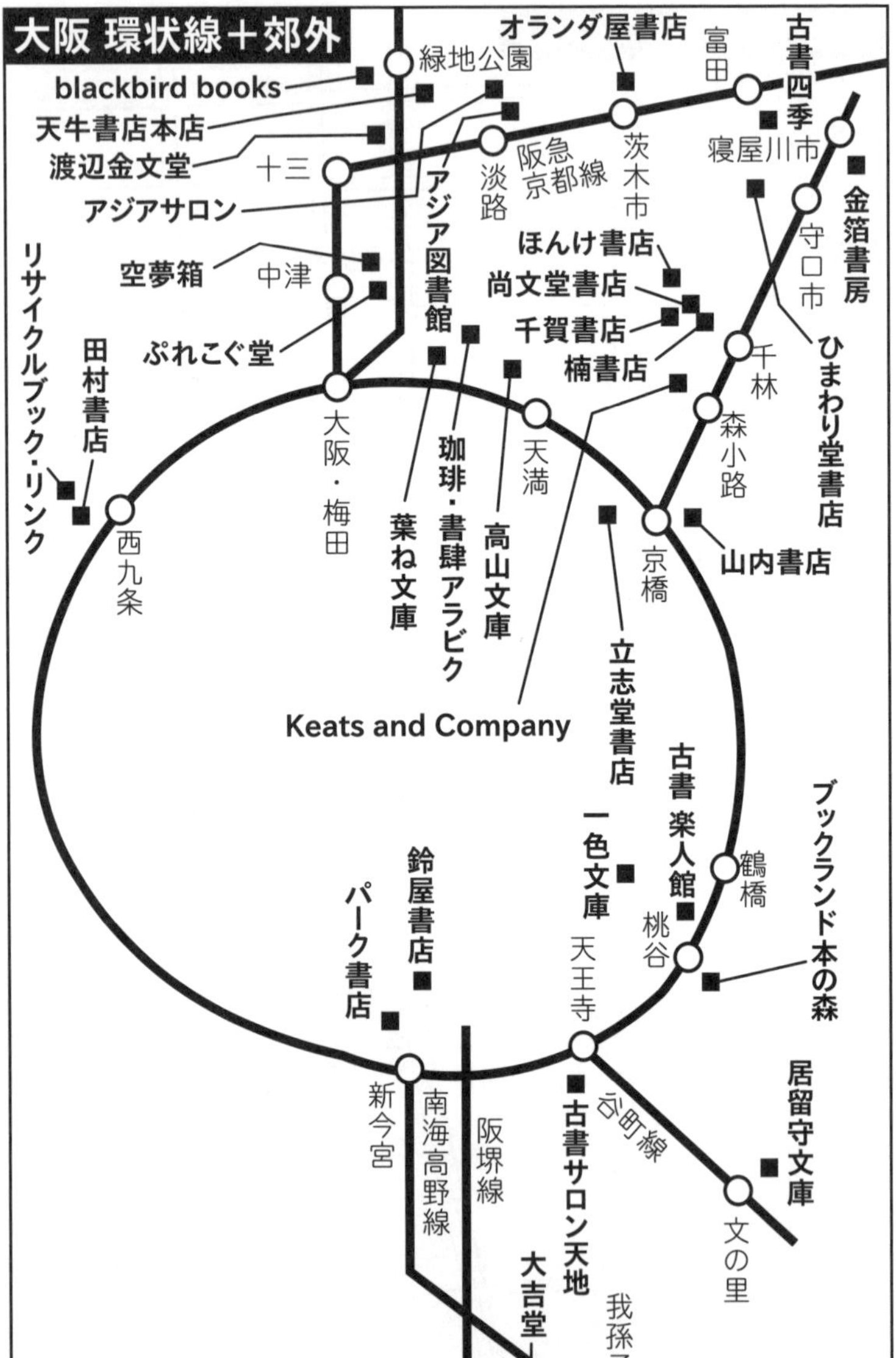
大阪 環状線＋郊外
blackbird books
天牛書店本店
渡辺金文堂
アジアサロン
空夢箱
ぷれこぐ堂
リサイクルブック・リンク
田村書店
アジア図書館
葉ね文庫
珈琲・書肆アラビク
高山文庫
オランダ屋書店
ほんけ書店
尚文堂書店
千賀書店
楠書店
古書四季
金箔書房
ひまわり堂書店
山内書店
Keats and Company
立志堂書店
古書 楽人館
一色文庫
ブックランド本の森
鈴屋書店
パーク書店
居留守文庫
古書サロン天地
大吉堂
大ギンガ書房
緑地公園
十三
中津
大阪・梅田
西九条
淡路
阪急京都線
茨木市
富田
寝屋川市
守口市
千林
森小路
天満
京橋
鶴橋
桃谷
天王寺
谷町線
文の里
新今宮
南海高野線
阪堺線
我孫子前
我孫子前

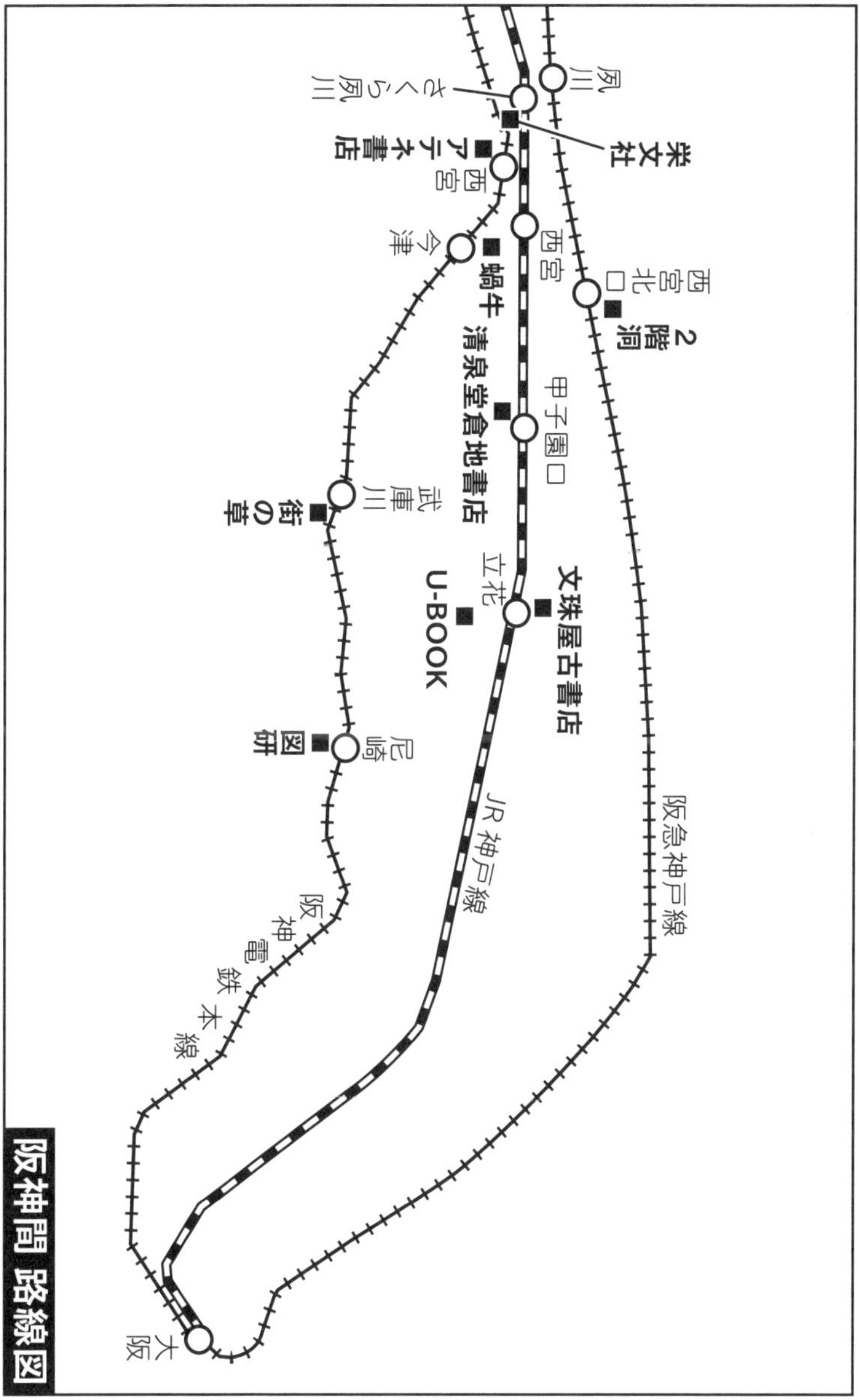
阪神間 路線図
夙川
さくら夙川
栄文社
アテネ書店
西宮
今津
蝸牛
西宮
西宮北口
2階洞
清泉堂倉地書店
甲子園口
武庫川
街の草
立花
文珠屋古書店
U-BOOK
尼崎
図研
阪急神戸線
JR神戸線
阪神電鉄本線
大阪

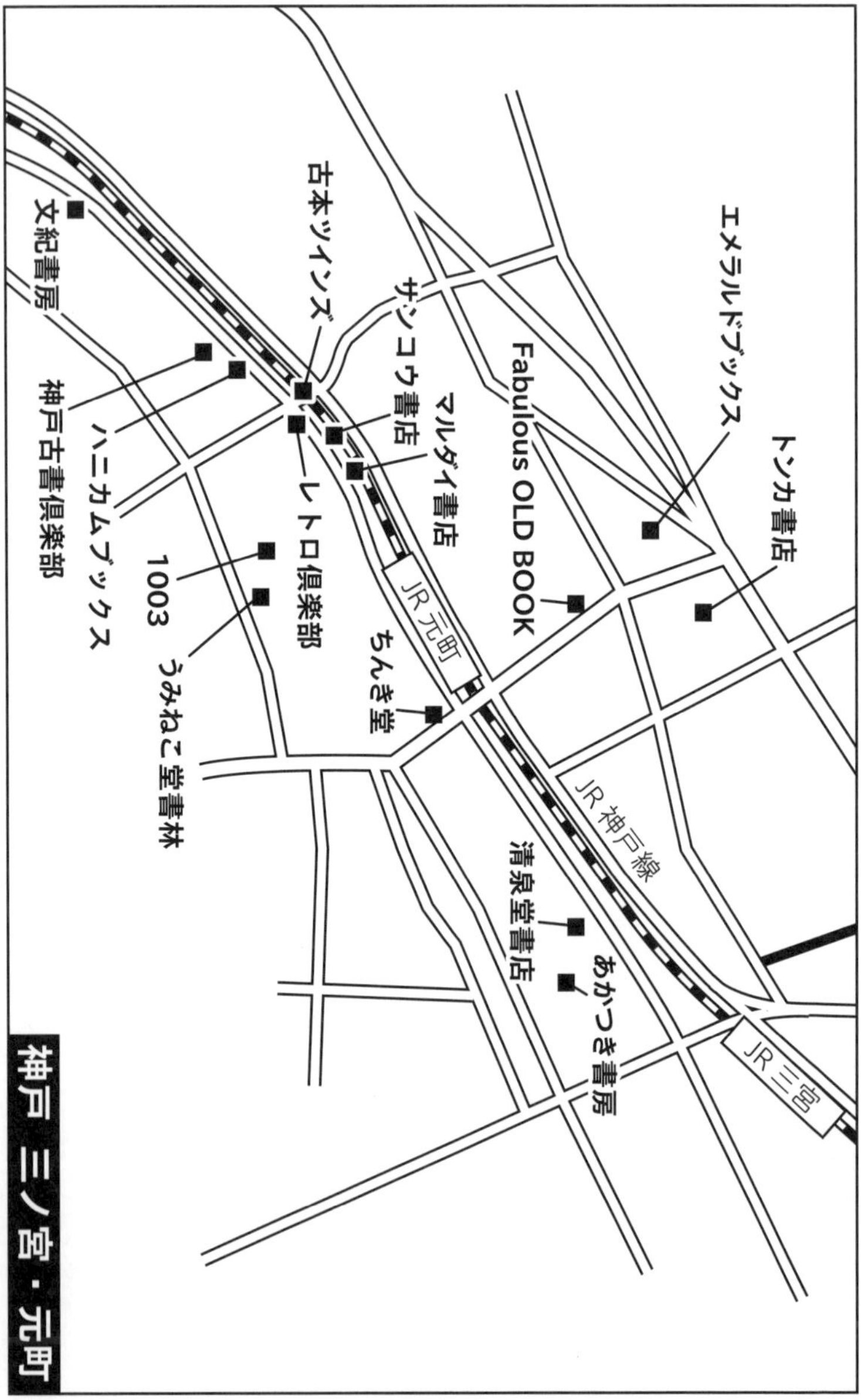
神戸 三ノ宮・元町
エメラルドブックス
トンカ書店
Fabulous OLD BOOK
マルダイ書店
サンコウ書店
古本ツインズ
文紀書房
神戸古書倶楽部
ハニカムブックス
レトロ倶楽部
1003
うみねこ堂書林
ちんき堂
JR元町
JR神戸線
清泉堂書店
あかつき書房
JR三宮

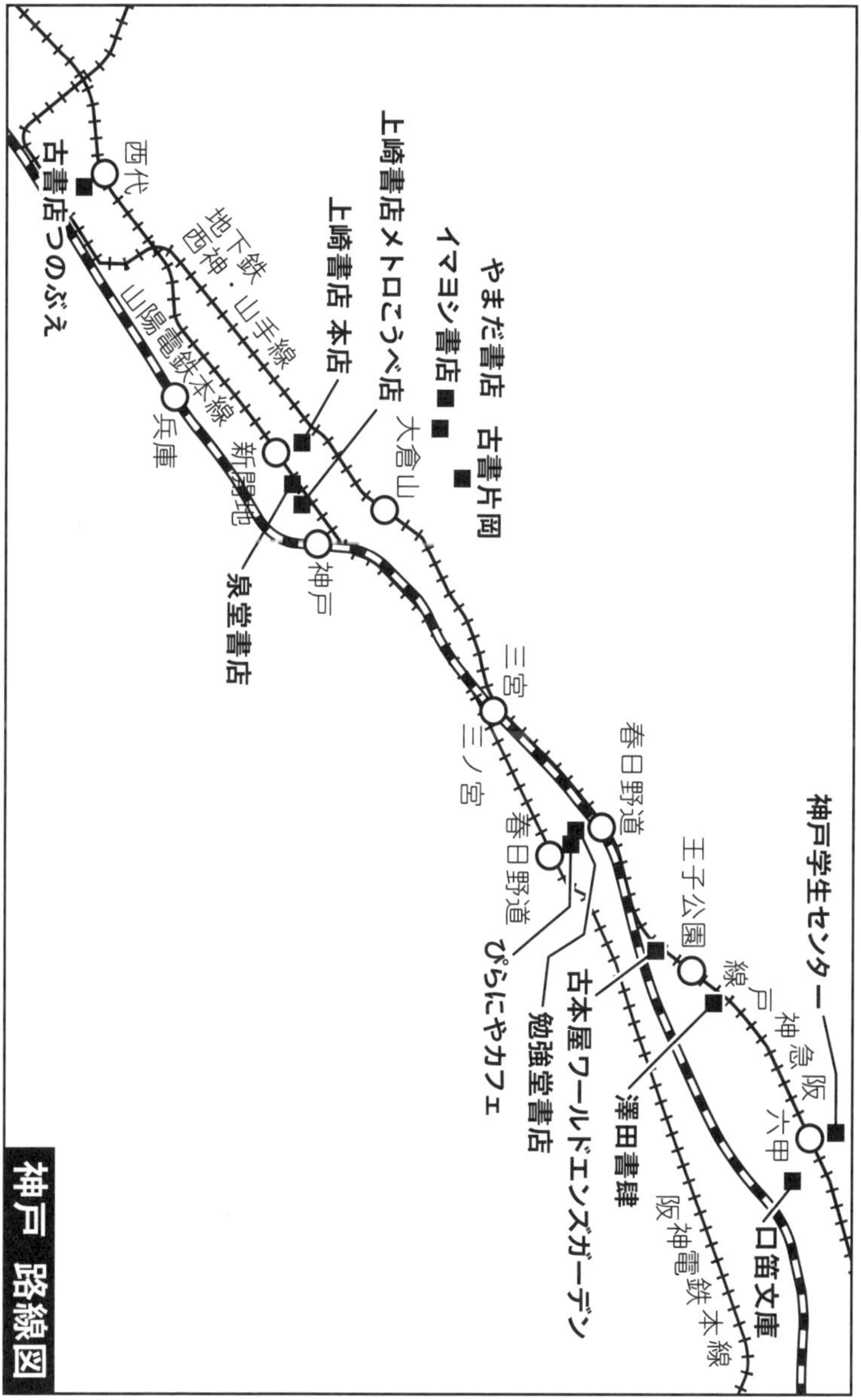
神戸 路線図
西代
古書店つのぶえ
上崎書店メトロこうべ店
イマヨシ書店
やまだ書店
古書片岡
上崎書店 本店
地下鉄 西神・山手線
山陽電鉄本線
大倉山
兵庫
新開地
神戸
泉堂書店
三宮
三ノ宮
春日野道
春日野道
ぴらにやカフェ
勉強堂書店
古本屋ワールドエンズガーデン
王子公園
澤田書肆
神戸学生センター
阪急神戸線
六甲
口笛文庫
阪神電鉄本線

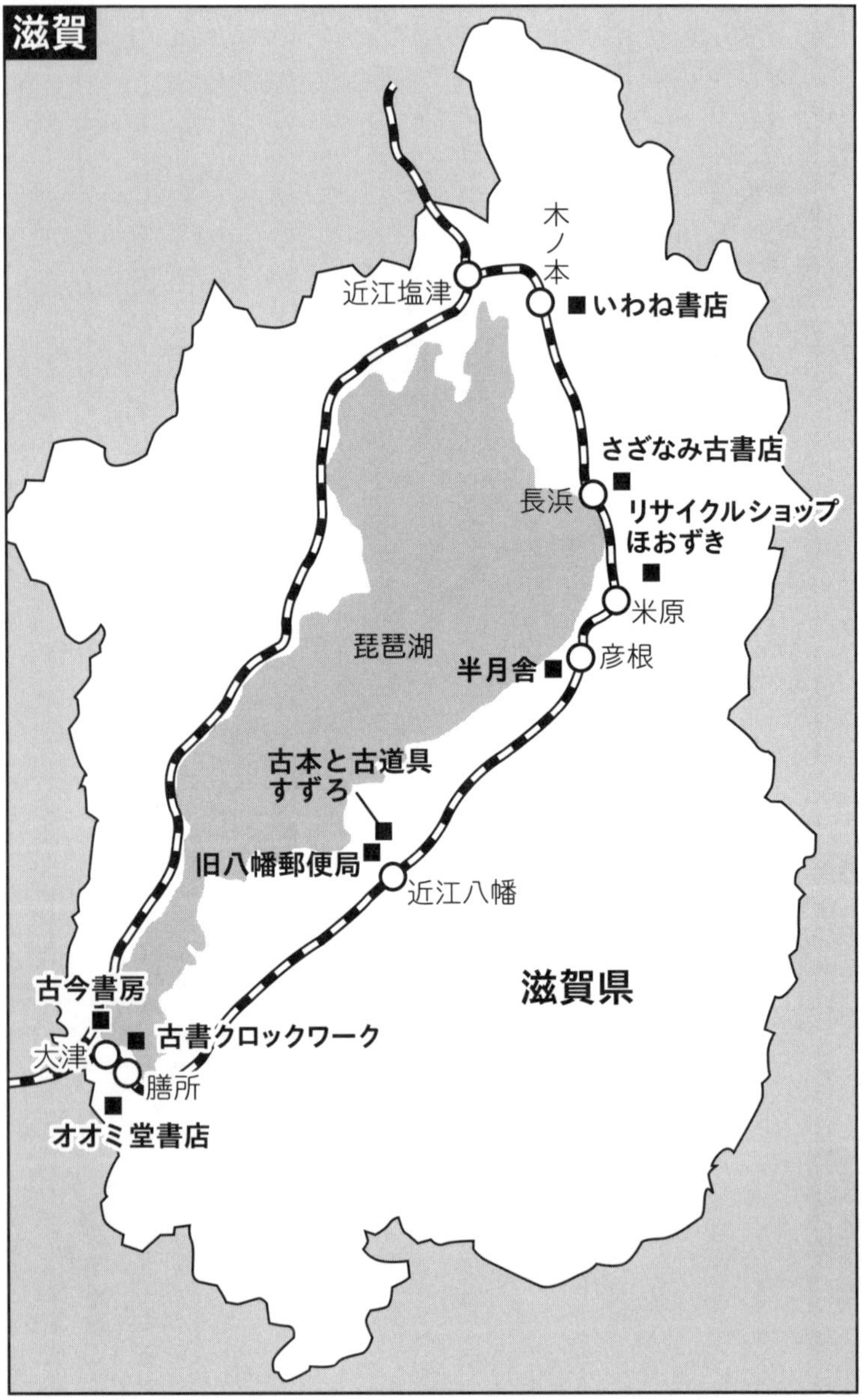

滋賀
木ノ本
近江塩津
いわね書店
さざなみ古書店
長浜
リサイクルショップ
ほおずき
米原
琵琶湖
彦根
半月舎
古本と古道具
すずろ
旧八幡郵便局
近江八幡
滋賀県
古今書房
古書クロックワーク
大津
膳所
オオミ堂書店

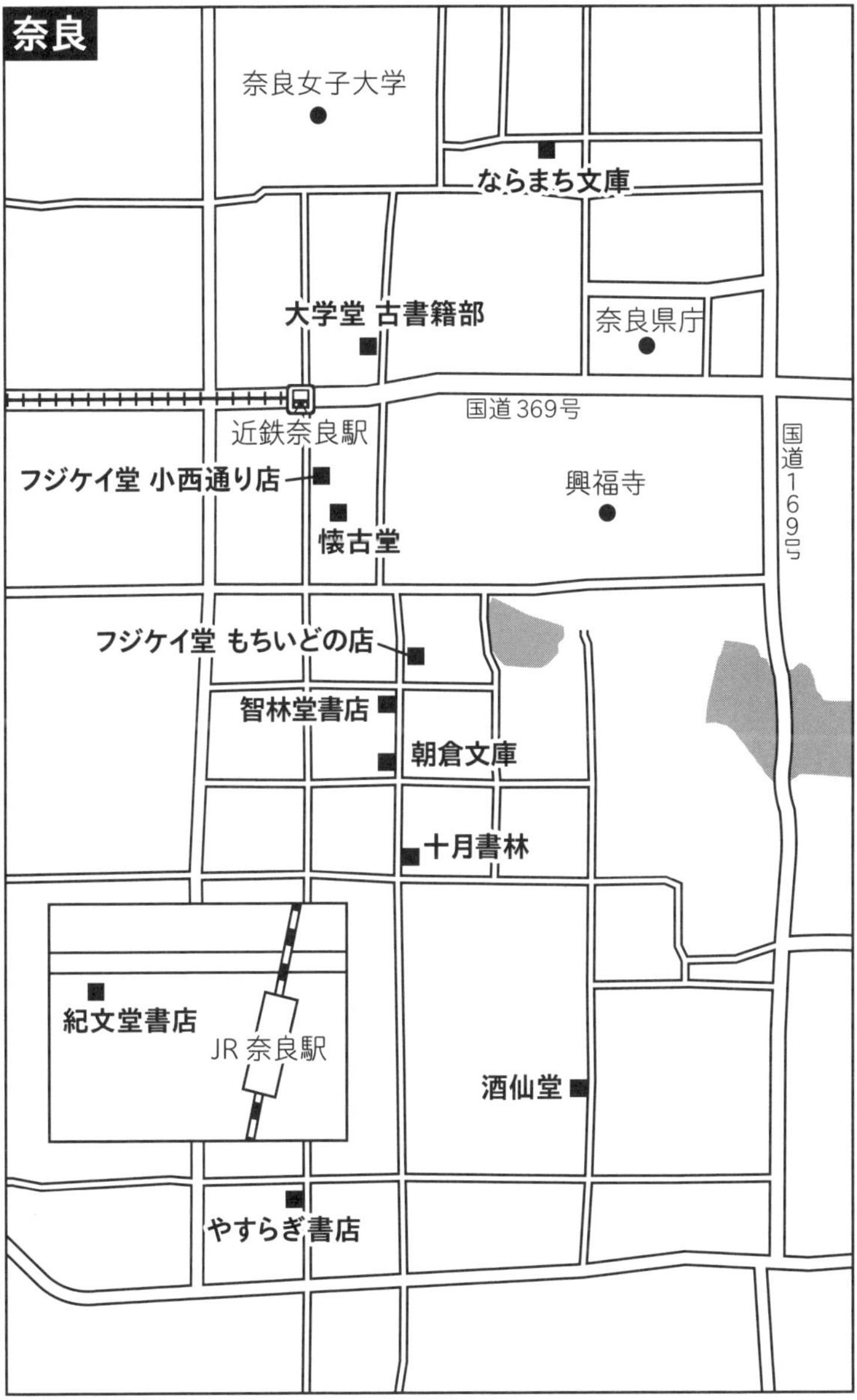
奈良
奈良女子大学
ならまち文庫
大学堂 古書籍部
奈良県庁
近鉄奈良駅
国道369号
国道169号
フジケイ堂 小西通り店
懐古堂
興福寺
フジケイ堂 もちいどの店
智林堂書店
朝倉文庫
十月書林
紀文堂書店
JR奈良駅
酒仙堂
やすらぎ書店

あとがき

ここで書くべきことは、すべて「制作日記」の中に、長いあとがきとしてダラダラと書き連ねられている。だから、何を書いても繰り返しになってしまうような気がする。だがそれでもあえて書くならば、夜行バスは大変だった……出張取材はまるで暗中の手探りだった……本当に古本屋しか行けなかった……まだまだ訪ねるべきお店があちこちに……まさか書き下ろしで本が出るとは……ということである。とにかく長い六ヶ月間の取材彷徨であった。

それにしても、京阪神は面白い。東京の神保町や中央線沿線は特殊な事例としても、それぞれの都市が、豊穣な古本屋シティであることを、充分に思い知らされた。またそれぞれを電車でつなげば、さらにその豊穣さは、深く薫り高くなるのが、大変に魅力的である。取材を始めた当初は、巨象に挑みかかる蟻の気分であったが、こうして本になった今は、どうにか猫ぐらいにはなれたような気がしている。

この本を作り始めるにあたって、重要なアドバイスをしてくれた岡崎武志氏、山本善行氏、南陀楼綾繁氏にまずは大いなる謝辞を捧げたい。特に善行氏には、長い取材中にも、対談や同行ツアーでもお世話になった。また、京阪神のお店を調べるにあたって、既存のガイドやネットなどを参考にしたが、中でもネットの「本と本屋さんに出会える場所：読読」「nekokichiのページ：関西古本屋マップ」は大いに役立ち活用させていただいた。ここに勝手ながらお礼申し上げる。そしてもはや古本屋ツアー本のチームと化したかのような、担当編集の宮里潤氏、小村雪岱研究家となってしまった古書マニアのデザイナー真田幸治氏、古本神である校正担当の田中栞氏にも、変わらぬ愛と感謝を捧げたい。

この本は、主役である切り盛りする古本屋さんたちと、これを携えお店を巡るみなさんへの、手前勝手な餞である。京阪神の古本屋さんの長い歴史の一瞬を、独自な目で切り取ったものとして、どうか自由自在に使い込んでいただければ、もっけの幸いである。

2016年9月　小山力也

神戸市灘区城内通5-6-8／11時～20時／第3火／078-779-9389
文紀書房(西元町)—187
神戸市中央区元町通6-6-4／10時半～19時／不定休／078-341-0698
勉強堂書店(春日野道)—182
神戸市中央区八雲通1-1-33／11時～20時／日／078-221-7137
マルダイ書店(元町)—184
神戸市中央区元町高架通2-160／11時～19時／木／078-391-1523
やまだ書店(大倉山)—178
神戸市兵庫区下三条町8-15／11時～20時／火／078-511-2203
レトロ倶楽部(元町)—186
神戸市中央区元町通3-17-6／12時～19時／火／078-332-7234

阪神間

アテネ書店(阪神西宮)—198
西宮市馬場町4-13／0798-33-3415
栄文社(さくら夙川)—200
西宮市宮西町9-16／10時半～19時半／月／0798-26-7226
蝸牛(今津)—203
西宮市津門宝津町6-15／12時～18時半／火土／0798-35-2103
図研(阪神尼崎)—194
尼崎市開明町1-17／10時～17時／不定休／06-6411-8279
清泉堂倉地書店(甲子園口)—202
西宮市甲子園口3-3-13／11時～19時／月木／0798-64-0141
2階洞(西宮北口)—203
西宮市北口町1-2アクタ西宮東館／11時～20時／コープの休みの日／0798-66-4096
街の草(武庫川)—196
尼崎市武庫川2-29／12時～19時半／火水／06-6418-3511
文殊屋古書店(立花)—202
尼崎市立花町1-5-19／12時～19時／土日
U-BOOK(立花)—202
尼崎市七松町1-20-28／06-6412-5771

滋賀

いわね書店(木ノ本)—212
長浜市木之本町木之本1115／8時半～18時／日／0749-82-2226
オオミ堂書店(膳所)—213
大津市馬場2-12-57／10時～21時／無休／077-525-2310
旧八幡郵便局(近江八幡)—213
近江八幡市仲屋町中8／10時～15時頃／火
古今書房(大津)—214
大津市中央1-5-5／11時半～18時半／日／077-523-2258
古書クロックワーク(膳所)—210
大津市馬場2-9-8／14時～19時／日月火／077-548-7460
さざなみ古書店(長浜)—206
長浜市元浜町14-23／10時～17時／火水木／080-1723-0987
半月舎(彦根)—208
彦根市中央町2-29／12時～19時／水木／0749-26-1201
古本と古道具すずろ(近江八幡)—212
近江八幡市永原町中12／11時～18時／木金／0748-32-5567
リサイクルショップほおずき(坂田)—212
米原市新庄672／9時半～16時／水日祝／0749-52-4659

奈良

朝倉文庫(近鉄奈良)—220
奈良市光明院町13／0742-27-0363
懐古堂(近鉄奈良)—225
奈良市小西町5アルテ館1-F／10時半～18時半／日／0774-86-4756
紀文堂書店(奈良)—218
奈良市三条宮前町1-38／夕方頃～22時／不定休／0742-35-2285
十月書林(近鉄奈良)—226
奈良市下御門町38／11時頃～19時半頃(木～18時頃)／無休／0742-26-3215
酒仙堂(近鉄奈良)—222
奈良市薬師堂町32-2／11時～日没(土日祝)、時々(平日)／不定休／0742-24-4514
大学堂 古書籍部(近鉄奈良)—224
奈良市東向北町8-4／10時半～20時／月／0742-24-4545
智林堂書店(近鉄奈良)—226
奈良市餅飯殿町39／11時～18時半／不定休／0742-24-2544
ならまち文庫(近鉄奈良)—224
奈良市南半田西町18-2／12時～19時／月火／0742-27-3130
フジケイ堂小西通り店(近鉄奈良)—224
奈良市小西町14-4／9時～21時／0742-27-7178
フジケイ堂もちいどの店(近鉄奈良)—225
奈良市餅飯殿町23 2F／10時～21時／0742-27-0012
やすらぎ書店(京終)—226
奈良市西木辻町

大阪市中央区谷町7-2-14／13時～23時／日月祝／06-6770-5269
ぷれこぐ堂（中津）—134
大阪市北区中津3-17-2／16時～24時（土日12時～21時）／月／06-6359-6020
山内書店（京橋）—114
大阪市都島区東野田町3-1-13／14時～23時／日・第2土／06-6352-4996
リサイクルブック・リンク（西九条）—138
大阪市此花区梅香1-26-10／11時～23時半／無休／06-6460-1110
立志堂書店（京橋）—135
大阪市都島区東野田町4-4-1／06-6351-8143、06-6351-9059
柳々堂書店（肥後橋）—126
大阪市西区京町堀1-12-3／8時半～19時（土～15時）／日祝／06-6443-0167

大阪
郊外

アジアサロン（阪急淡路）—142
大阪市中央区淡路町4-13-1／13時頃～20時頃／月祝／06-6325-1651
アジア図書館（阪急淡路）—142
大阪市中央区淡路5-9-16／06-6325-1146
居留守文庫（文の里）—152
大阪市阿倍野区文の里3-4-29／10時～19時／火／06-6654-3932
オランダ屋書店（茨木市）—158
茨木市宮元町2-7／11時～22時／無休／072-625-3314
Keats and Company（森小路）—144
大阪市旭区森小路2-11-4／13時～19時／日月／06-6952-5785
金箔書房（寝屋川市）—148
大阪市寝屋川市早子町18-1／10時～21時／日、第1・3月／072-822-0809
楠書店（千林）—157
大阪市旭区森小路2-7-16／10時～21時／火／06-6951-6553
古書四季（富田）—150
大阪市高槻市富田町6-8-13／12時～21時半（日～19時）／月／072-693-7074
尚文堂書店（千林大宮）—157
大阪市旭区大宮2-27-15／11時～20時／日／06-6953-3885
大吉堂（我孫子前）—159
大阪市住吉区遠里小野5-3-1／14時～19時（日祝12時～）／金
大ギンガ書房（我孫子道）—154
大阪市住之江区安立3-6-29／11時～19時／不定休／06-7710-1104
千賀書房（森小路）—156
大阪市旭区大宮1-17-14／12時～24時半／木／06-6953-0297
天牛書店 江坂本店（緑地公園）—140
大阪市吹田市江坂町5-14-7／11時～20時／無休（12月31日～1月3日休）／06-6330-7879
ひまわり堂書店守口店（守口市）—146
大阪市守口市早苗町2-19／12時～21時／水、第2・4日／06-6993-1340
blackbird books（緑地公園）—158
豊中市寺内2-12-1／11時～20時（土日祝10時～19時）／月／06-7173-9286
ほんけ書店（千林大宮）—157
大阪市旭区中宮2-25-16／11時～23時／06-6955-6073
渡辺金文堂書店（十三）—156
大阪市淀川区十三東4-3-9／9時～19時／06-6302-2708

神戸

あかつき書房（阪急三宮）—168
神戸市中央区三宮町1-5-21／10時半～19時／水／078-331-0879
泉堂書店（高速神戸）—188
神戸市中央区中町通4-2-23メトロこうべ古書のまち／10時～19時／不定休／078-371-6457
イマヨシ書店（大倉山）—189
神戸市兵庫区下三条町9-12／10時～19時／不定休／078-521-5652
上崎書店 本店（新開地）—176
神戸市兵庫区新開地1-3-32／11時～20時／無休／078-579-0553
上崎書店 メトロこうべ店（高速神戸）—188
神戸市中央区中町通4-2-23メトロこうべ古書のまち／10時～19時／078-371-6390
うみねこ堂書林（元町）—174
神戸市中央区栄町通2-7-5／11時半～19時／火金／078-381-7314
エメラルドブックス（元町）—184
神戸市中央区下山手通4-13-15／12時～19時／水木／078-392-7676
口笛文庫（六甲）—164
神戸市灘区八幡町1-3-6／10時半～19時／水／078-843-3814
神戸学生青年センター古本市（六甲）—162
神戸市灘区山田町3-1-1／9時～22時（毎年三月～五月開催）／078-851-2760、078-821-5878
神戸古書倶楽部（元町）—186
神戸市中央区元町4-6-5 B1／11時～18時半／1月1日・2日
古書片岡（大倉山）—189
神戸市兵庫区神田町10-10／13時～18時／木金／078-361-8766
古書店つのぶえ（西代）—180
神戸市長田区水笠通1-1-38／12時～18時／日水／078-766-4700
澤田書肆（王子公園）—182
神戸市灘区倉石通5-1-8／お昼前後～／無休／078-801-0008
サンコウ書店（元町）—185
神戸市中央区元町高架通2-175／11時～19時／水／078-332-0039
清泉堂書店（三宮）—183
神戸市中央区三宮町1-9-1センタープラザ206、223号／11時～20時（日祝～19時）／不定休／078-381-6633
1003（元町）—187
神戸市中央区元町通3-3-2 IMAGAWA BLDG.2F／12時～20時／火、第2・4水／050-3692-1329
ちんき堂（元町）—185
神戸市中央区元町通1-11-8千成堂ビル2F／12時～20時／水／078-332-3036
トンカ書店（元町）—170
神戸市中央区下山手通3-3-12元町福穂ビル2D／13時～18時（土日祝～19時）／火水／078-333-4720
ハニカムブックス（花隈）—187
神戸市中央区元町通4-6-22浦島ビル2F／12時～20時（土日祝～19時半）／水、第3火／078-362-1583
ぴらにやカフェ（春日野道）—183
神戸市中央区筒井町3-2-13／12時～22時／月／090-3711-5637
Fabulous OLD BOOK（元町）—184
神戸市中央区下山手4-1-19西阪ビル4F／13時～20時／不定休／078-327-7883
ブックス・カルボ（三宮）—182
神戸市中央区三宮町1-9-1センタープラザ2F（※2016年9月に灘区より現住所へ移転）／11時～20時／078-599-9857
古本ツインズ（元町）—185
神戸市中央区元町高架通2-189／11時～19時／木／078-362-2062
古本屋ワールドエンズ・ガーデン（王子公園）—166

大阪市北区天神橋4-4-9／11時～19時／無休／06-6356-3330
花月書房（天満橋）―91
大阪市中央区天満橋京町2-6／11時～19時／日祝／06-6314-6869
駒鳥文庫（大阪天満宮）―86
大阪市北区天神橋1-14-11／12時～19時／月その他／06-6360-4346
栞書房（天満）―88
大阪市北区天神橋3-6-16／11時～19時／不定休／06-6882-5220
ジグソーハウス（天満）―80
大阪市北区同心1-11-5同心ケーエスティービル2F／11時～18時／月～木／06-6881-0339
書苑よしむら（天満）―88
大阪市北区天神橋3-7-18三海ビル202／13時～19時／月／06-6881-3965
杉本梁江堂 天神橋店（南森町）―90
大阪市北区天神橋3-5-15天三おかげ館2F／11時～19時／日祝／06-6755-4697
駄楽屋書房（南森町）―90
大阪市北区天神橋3-1-20／12時～20時／不定休／06-6353-6933
天牛書店 天神橋店（南森町）―89
大阪市北区天神橋3-7-28／11時～20時／無休／06-6242-0155
ハナ書房（南森町）―89
大阪市北区天神橋3-5-15天三おかげ館2F／10時～17時／無休／06-6353-1487
伏見屋書林（大阪天満宮）―91
大阪市北区西天満4-1-23／06-6361-3188
メガネヤ（南森町）―84
大阪市北区南森町2-3-29ハイマート南森町208／090-7551-0689
矢野書房（天満）―82
大阪市北区天神橋3-6-14／11時～19時／無休／06-6352-1056
矢野書房 天満橋店（大阪天満宮）―90
大阪市北区天満4-4-10／12時～18時／日月／050-1048-8069

大阪
なんば＆心斎橋

アオツキ書房（西長堀）―104
大阪市西区北堀江2-5-10 2・3F／12時～20時（日～19時）／不定休／06-6648-8959
イサオ書店（日本橋）―105
大阪市中央区千日前1-7-2／06-6211-4766
colombo cornershop（本町）―104
大阪市中央区南久宝寺町4-3-9／13時～20時（日祝～19時）／水／06-6241-0903
天地書房 道具屋筋店（南海なんば）―98
大阪市中央区難波千日前10-9第5山下ビル2F／11時～21時／無休／06-6643-2222
兎月屋書店（南海なんば）―102
大阪市浪速区日本橋西1-4-16／11時～21時／無休／06-6633-6055
中尾書店 心斎橋筋本店（心斎橋）―104
大阪市中央区心斎橋筋1-2-14／10時～19時半／第2・4水／06-6271-0843
日本橋ブックセンター（日本橋）―105
大阪市中央区日本橋1-3-6／12時～23時（土11時～23時半、日11時～21時）／不定休／06-6213-0143
文庫櫂（恵美須町）―100
大阪市浪速区日本橋5-20-3／13時半～19時／日～水／06-6644-0026
まんだらけ グランドカオス店（なんば）―94
大阪市中央区西心斎橋2-9-22／12時～20時／06-6212-0771
水成書店（なんば）―106
大阪市浪速区日本橋西1-3-19／11時～20時／無休／06-6647-7369
宮本書店（日本橋）―96
大阪市中央区日本橋1-20-2／10時～21時／無休／06-6641-8449
望月書店（なんば）―105
大阪市浪速区日本橋西1-2-16／11時半～19時半／木／06-6647-7180
山羊ブックス（なんば）―106
大阪市浪速区日本橋西1-3-19／11時～20時／無休／06-6647-7135

大阪
環状線周辺

青空書房（天神橋筋六丁目）―108, 110
2016年7月閉店
一色文庫（鶴橋）―118
大阪市天王寺区東高津町9-24／12時～19時／木／06-6764-0881
ON THE BOOKS（阿波座）―137
大阪市西区江之子島2-1-34大阪府立江之子島文化芸術創造センターB1F／11時～20時／月／06-6443-8108
厚生書店（谷町六丁目）―136
大阪市中央区谷町6-3-12／13時～21時（土日祝12時～20時）／無休／06-6773-9360
珈琲舎・書肆アラビク（中崎町）―135
大阪市北区中崎3-2-14／13時半～21時（日祝～20時）／水（火不定休）／06-7500-5519
古書さろん天地（天王寺）―120
大阪市阿倍野区阿倍野筋2-1-29／11時～20時／12月30日～1月4日休／06-6654-4881
古書楽人館（鶴橋）―116
大阪市天王寺区東上町1-48／12時～21時／無休／06-6774-0741
鈴屋書店（新今宮）―122
大阪市浪速区恵美須東2-10-13／10時～20時／06-6641-1688
絶版漫画バナナクレープ（谷町九丁目）―132
大阪市中央区瓦屋町2-10-14第三天偉ビル4F／14時～20時（日祝12時～18時）／水／06-6765-7144
セブンイレブン 大阪立売堀4丁目店（阿波座）―137
大阪市西区立売堀4-1-8／無休／06-6531-7311
空夢箱（中津）―134
大阪市北区中津3-4-33／12時～22時／06-6372-7508
高山文庫（天神橋筋六丁目）―112
大阪市北区浪花町4-12／12時～20時半（日祝～20時）／不定休／06-6374-1837
田村書店（西九条）―138
大阪市此花区西九条1-32-17／06-6467-7300
天牛堺書店 船場店（堺筋本町）―128
大阪市中央区船場中央1-4-3-108船場センタービル3号館／9時半～18時半／日祝／06-6264-3356
中尾松泉堂書店（本町）―138
大阪市中央区淡路町3-4-4／10時～18時／日祝／06-6231-8797
パーク書店（新今宮）―124
大阪市浪速区恵美須西3-2-8／12時～21時／日祝／06-6631-8422
葉ね文庫（中崎町）―134
大阪市北区中崎西1-6-36／19時～21時半（土11時～）／月水日／090-9271-3708
FOLK old book store（北浜）―130
大阪市中央区平野町1-2-1／13時～19時（日～18時）／不定休／06-7172-5980
ブックランド本の森（桃谷）―136
大阪市東淀川区淡路5-2-17／06-6325-1146
古本屋さるやみ堂（谷町六丁目）―136

／13時〜19時／月〜木／090-2416-5504
星と蝙蝠(出町柳)—36
京都市左京区田中門前町90清水ビル3F／12時〜22時頃／不定休／080-6606-0500
ホホホ座(出町柳)—45
京都市左京区浄土寺馬場町71／11時半〜19時(2F古書・雑貨)／不定休／075-771-9833
舞妓骨董店(祇園四条)—49
京都市東山区小松町157／土日13時〜16時／平日は不定休／075-541-2626
マキムラ書店(神宮丸太町)—46
京都市左京区東丸太町丸太町通川端東入25／10時〜18時／不定休／075-771-2607
山崎書店(東山)—40
京都市左京区岡崎円勝寺町91-18／10時〜18時／月／075-762-0249
UNITÉ(神宮丸太町)—46
京都市左京区川端通り二条上ル東入新先斗町133／11時半〜19時／水、第3木／075-708-7153
吉岡書店(出町柳)—44
京都市左京区田中門前町87／9時半〜18時半／日祝／075-781-4747
臨川書店(出町柳)—43
京都市左京区田中下柳町8／9時〜17時半／第1〜4土、日祝／075-721-7111
ロマン商店(三条)—47
京都市左京区石原町280-2グランタック東山二条203／13時〜21時／無休／075-751-0236

京都
洛北

さらさ西陣(鞍馬口)—66
京都市北区紫野東藤ノ森町11-1／12時〜23時／水／075-432-5075
澤田書店(今出川)—54
京都市上京区烏丸通今出川上ル御所八幡町115／10時〜18時半／土日／075-451-0523
至成堂書店(北大路)—66
京都市北区小山南上総町55／9時〜17時／日祝／075-431-2345
上海ラヂオ古本市常設店(出町柳)—52
スーパーアイハート(桝形通出町西入二神町167)西隣／11時〜19時半／月
獺祭書房(今出川)—56
京都市上京区室町通今出川上ル裏築地町94／11時半〜20時半／火／075-431-1203
萩書房(鞍馬口)—66
京都市上京区上御霊前町烏丸通上御霊前下ル上霊前町412／075-431-3721

京都
洛西

あっぷる書店(二条)—67
京都市上京区千本通中立売下ル亀屋町56／13時〜20時／月／075-462-2507
町屋古本はんのき(二条)—60
京都市上京区鳳瑞町225／12時〜19時／不定休／075-205-3286
マヤルカ古書店(今出川)—58
京都市上京区上長者町通千本東入ル愛染寺町488-6／11時〜18時／木金／090-1039-5393
ふみ書房(西京極)—62
京都市右京区西京極西池田町33／10時〜20時／不定休／075-311-7084
London Books(嵐電嵯峨)—64
京都市右京区嵯峨天龍寺今堀町22／10時〜19時半／月、第3火／075-871-7617

京都
洛外

ヨドニカ文庫(長岡天神)—67
長岡京市開田4-8-1／10時〜20時半／不定休／075-956-4775

大阪
梅田

梅田蔦屋書店(大阪)—74
大阪市北区梅田3-1-3ルクアイーレ9F／7時〜23時／不定休／06-4799-1800
太田書店(梅田)—75
大阪市北区芝田1-6-2阪急古書のまち／11時〜20時／水／06-6374-2336
稀珍堂書店(梅田)—75
大阪市北区芝田1-6-2阪急古書のまち／11時〜20時／水／06-6373-1160
古銭切手 杉本梁江堂(梅田)—76
大阪市北区芝田1-6-2阪急古書のまち／11時〜20時／水／06-6371-1176
書砦 梁山泊(梅田)—77
大阪市北区芝田1-6-2阪急古書のまち／11時〜20時／水／06-6374-2582
永井古書店(大阪)—78
大阪市北区梅田1-1-3大阪駅前第3ビルB2F／11時〜／日／06-6373-0779
中尾松泉堂書店(梅田)—74
大阪市北区芝田1-6-2阪急古書のまち／11時〜20時／水／06-6373-1116
中尾書店(阪急梅田)—70
大阪市北区芝田1-6-2／11時〜20時／水／06-6373-1118
汎書店(大阪)—78
大阪市北区梅田1-1-3大阪駅前第3ビルB2F／11時〜／日／06-6373-0779
藤沢書店(梅田)—77
大阪市北区芝田1-6-2阪急古書のまち／11時〜20時／水／06-6373-0779
古本 もっきりや(大阪)—77
大阪市北区梅田1-1-3大阪駅前第3ビルB2F／11時〜20時(土〜19時半、日祝〜18時)／無休
本は人生のおやつです!!(北新地)—72
大阪市北区堂島2-2-22堂島永和ビル206／12時〜20時(土祝11時〜18時)／日月／06-6341-5335
萬字屋＋オリエントハウス萬字屋(梅田)—76
大阪市北区芝田1-6-2阪急古書のまち／11時〜20時／水／06-6371-7010(萬字屋)、06-6371-2008(オリエントハウス萬字屋)
まんだらけ梅田店(梅田)—77
大阪市北区堂山町9-28／12時〜20時／06-6363-7777
リーチアート(梅田)—74
大阪市北区芝田1-6-2阪急古書のまち／11時〜20時／水／06-6373-1117
リブレリアルカート(梅田)—75
大阪市北区芝田1-6-2阪急古書のまち／11時〜20時／水／06-6373-2524

大阪
天神橋筋

エル・ライブラリー(天満橋)—91
大阪市中央区北浜東3-14エル・おおさか4F／10時〜17時／日月祝(月が祝日の場合は直前の土)／06-6947-7722
エンゼル書房(天満)—88

古本屋索引

各店舗はエリアごとに五十音順に並べ、「店名(カッコ内は駅名)／住所／営業時間／定休日／電話番号」の順番で表記。不明の場合は表記していない。※データは2016年9月のものを参照

京都
洛中

赤尾照文堂(京都市役所前)—23
京都市中京区山崎町河原町通六角下ル256／11時～20時半／無休／075-221-1588
アスタルテ書房(京都市役所前)—14
京都市中京区御幸町通三条上ル丸屋町332／14時半～20時／木
今村書店(丸太町)—26
京都市上京区桝屋町353／10時半～19時／水／075-231-2943
Umwelt(京都市役所前)—27
京都市中京区夷川通御幸町西入達磨町588-1／10時～18時／不定休
ELEPHANT FACTORY COFFEE(河原町)—22
京都市中京区蛸薬師通木屋町西入ル備前島町309-4／13時～1時／木／075-212-1808
キクオ書店(京都市役所前)—23
京都市中京区河原町通三条上ル恵美須町430／10時～19時／日祝／075-231-7634
其中堂(京都市役所前)—24
京都市中京区寺町通三条上ル天性寺前町539／10時～19時(日祝12時～18時)／木／075-231-2971
京阪書房(京都市役所前)—16
京都市中京区河原町通三条上ル恵比須町439-3／10時半～19時(日祝13時～19時)／水／075-231-7673
三密堂書店(河原町)—22
京都市下京区寺町通仏光寺下ル恵美須之町541／10時～19時／第3水／075-351-9663
100000t(じゅうまんとん)アローントコ(京都市役所前)—25
京都市中京区上本能寺前町485／12時～20時／ほぼ無休／090-9877-7384
尚学堂書店(京都市役所前)—18
京都市中京区寺町通二条下ル榎木町99／9時半～20時半(第1・3・5日祝11時～20時半)／第2・4日／075-231-2764
書砦 梁山泊(五条)—10
京都市下京区寺町松原上ル京極町490／10時～18時／水／075-352-2566
大学堂書店(京都市役所前)—24
京都市中京区河原町通三条下ル／13時半～19時半／金／075-221-5063
竹苞書楼(京都市役所前)—24
京都市中京区下本能寺前町寺町通姉小路上ル511／10時～18時／木／075-231-2977
Book Fabulous(烏丸御池)—27
京都市中京区菱屋町36プラザコラムビル401／11時～19時／木／075-255-6099
文栄堂書店(京都市役所前)—24
京都市中京区寺町通三条上ル／10時半～19時／日／075-231-4712
文苑堂書店(丸太町)—26
京都市中京区寺町通夷川上ル久遠院前町676-1／075-241-2288
文華堂(丸太町)—25
京都市中京区河原町通竹屋町上ル／10時半～18時半／日祝／075-231-3288
平安堂書店(京都市役所前)—23
京都市中京区山崎町河原町通三条下ル233-2／9時～19時(日13時～)／無休／075-221-3084
ほんとレコード(丸太町)—26
京都市上京区丸太町通河原町西入信富町325-2吉成ビル4F／15時～22時／無休
森晴進堂(烏丸御池)—27
京都市中京区三条通西洞院角／075-221-4736
吉村大観堂(河原町)—12
京都市下京区恵美須之町寺町通仏光寺下ル545／10時～19時／無休／075-351-9335
ヨゾラ舎(京都市役所前)—20
京都市中京区東椹木町126-1／11時～19時／月／075-741-7546
レティシア書房(京都市役所前)—28
京都市中京区高倉通り二条下ル瓦町551／12時～20時／月／075-212-1772

京都
洛東

石川古本店(一乗寺)—42
京都市左京区一乗寺南大丸町95／13時～19時／不定休／075-711-5429
井上書店(出町柳)—32
京都市左京区田中門前町100／10時～19時／日／075-781-3352
欧文堂(茶山)—43
京都市左京区田中東高原39-2／075-724-4160
奥書房(三条)—48
京都市東山区古門前通大和大路東入元町359／11時～18時頃／日祝／075-525-8822
銀林堂(出町柳)—45
京都市左京区北白川東久保田町10／075-722-4177
恵文社一乗寺店(一乗寺)—42
京都市左京区一乗寺払殿町10／10時～21時／無休／075-711-5919
古書善行堂(出町柳)—34
京都市左京区浄土寺西田町82-2／12時～20時／火／075-771-0061
古書HERRING(神宮丸太町)—38
京都市左京区岡崎南御所町40-9／070-6680-1002
紫陽書院(茶山)—42
京都市左京区一乗寺西水干町15-2／11時～19時半／075-702-1052
鈴木古道具店(三条)—48
京都市東山区東大路通三条下ル西側／昼頃から夕方／不定休／075-525-5055
創造社書店(神宮丸太町)—46
京都市左京区東丸太町32／不定休／075-761-7025
竹岡書店(出町柳)—44
京都市左京区浄土寺西田町81-4／10時～19時(土日祝12時～18時)／不定休／075-761-4554
中井書房(三条)—47
京都市左京区二条通川端東入新車屋町16／11時～19時／不定休／075-751-5445
萩書房II(一乗寺)—30
京都市左京区一乗寺里ノ西町91-3／12時～20時／不定休／075-712-9664
福田屋書店(元田中)—43
京都市左京区田中里ノ前町55／10時～20時／不定休／075-781-3416
富山房書店(出町柳)—44
京都市左京区田中関田町2-14／11時～18時／日
Books&Things(三条)—47
京都市東山区古門前通大和大路下ル元町375-5／12時～19時／不定休／075-744-0555
homehome(清水五条)—49
京都市下京区六軒通高瀬川筋左入ル早尾町313-3五条モール2F201

◉本書は、書き下ろしです。

◉参考
本書に掲載した各種データは２０１６年9月現在のものです。データについては、「日本の古本屋」(https://www.kosho.or.jp/)や各店のホームページを参考にしています。

FURUHONYA TOUR IN KEIHANSHIN
KOYAMA

古本屋ツアー・イン・京阪神

二〇一六年十月二十日　初版第一刷発行

著　者　小山力也
発行人　浜本　茂
印　刷　株式会社シナノパブリッシングプレス
発行所　株式会社　本の雑誌社
〒101－0051
東京都千代田区神田神保町1－37 友田三和ビル5F
電話　03（3295）1071
振替　00150－3－50378

定価はカバーに表示してあります
ISBN978-4-86011-292-9　C0095